TRANSLATED
Translated Language Learning

The Adventures of Pinocchio

Przygody Pinokia

Carlo Collodi

English / Polsku

Copyright © 2024 Tranzlaty
All rights reserved
Published by Tranzlaty
ISBN: 978-1-83566-705-7
Le Avventure di Pinocchio. Storia di un Burattino
Original text by Carlo Callodi
First published in Italianin 1883
Illustrated By Alice Carsey
www.tranzlaty.com

The Piece of Wood that Laughed and Cried like a Child
Kawałek drewna, który śmiał się i płakał jak dziecko

Centuries ago there lived...
Przed wiekami mieszkał tam...
"A king!" my little readers will say immediately
"Król!" – powiedzą natychmiast moi mali czytelnicy
No, children, you are mistaken
Nie, dzieci, mylicie się
Once upon a time there was a piece of wood
Dawno, dawno temu był sobie kawałek drewna
the wood was in the shop of an old carpenter
Drewno znajdowało się w warsztacie starego stolarza
this old carpenter was named Master Antonio
ten stary cieśla nazywał się Mistrz Antonio
Everybody, however, called him Master. Cherry
Wszyscy jednak nazywali go Mistrzem. Wiśnia
they called him Master. Cherry on account of his nose
nazywali go Mistrzem. Wisienka na swój nos
his nose was always as red and polished as a ripe cherry
Jego nos był zawsze czerwony i wypolerowany jak dojrzała wiśnia
Master Cherry set eyes upon the piece of wood
Mistrz Wiśnia spojrzał na kawałek drewna
his face beamed with delight when he saw the log
Jego twarz promieniała z zachwytu, gdy zobaczył kłodę
he rubbed his hands together with satisfaction
Zatarł dłonie z satysfakcją
and the kind master softly spoke to himself
A miły mistrz cicho przemówił do siebie
"This wood has come to me at the right moment"
"To drewno trafiło do mnie w odpowiednim momencie"
"I have been planning to make a new table"
"Planowałem zrobić nowy stół"
"it is perfect for the leg of a little table"
"Idealnie nadaje się na nogę małego stolika"
He immediately went out to find a sharp axe

Natychmiast wyszedł na zewnątrz i znalazł ostrą siekierę
he was going to remove the bark of the wood first
Zamierzał najpierw usunąć korę z drewna
and then he was going to remove any rough surface
A potem zamierzał usunąć każdą szorstką powierzchnię
and he was just about to strike the wood with his axe
i już miał uderzyć siekierą w drewno
but just before he struck the wood he heard something
Ale tuż przed uderzeniem o drewno usłyszał coś
"Do not strike me so hard!" a small voice implored
"Nie uderzaj mnie tak mocno!" błagał cichy głos
He turned his terrified eyes all around the room
Odwrócił przerażone oczy po całym pokoju
where could the little voice possibly have come from?
Skąd mógł pochodzić ten cichy głos?
he looked everywhere, but he saw nobody!
Rozejrzał się wszędzie, ale nikogo nie zobaczył!
He looked under the bench, but there was nobody
Zajrzał pod ławkę, ale nie było tam nikogo
he looked into a cupboard that was always shut
Zajrzał do szafki, która zawsze była zamknięta
but there was nobody inside the cupboard either
Ale w szafce też nikogo nie było
he looked into a basket where he kept sawdust
Zajrzał do kosza, w którym trzymał trociny
there was nobody in the basket of sawdust either
W koszu z trocinami też nie było nikogo
at last he even opened the door of the shop
W końcu otworzył nawet drzwi sklepu
and he glanced up and down the empty street
I rozejrzał się po pustej ulicy
But there was no one to be seen in the street either
Ale i na ulicy nie było nikogo widać
"Who, then, could it be?" he asked himself
"Któż to więc może to być?" – pytał sam siebie
at last he laughed and scratched his wig
W końcu roześmiał się i podrapał się po peruce

"I see how it is," he said to himself, amused
— Widzę, jak to jest — rzekł do siebie rozbawiony
"evidently the little voice was all my imagination"
"Najwidoczniej ten cichy głos był tylko moją wyobraźnią"
"Let us set to work again," he concluded
"Zabierzmy się znowu do pracy" – zakończył
he picked up his axe again and set to work
Znów wziął do ręki siekierę i zabrał się do pracy
he struck a tremendous blow to the piece of wood
Zadał potężny cios w kawałek drewna
"Oh! oh! you have hurt me!" cried the little voice
— Och! och! Skrzywdziłeś mnie!" – zawołał cichy głosik
it was exactly the same voice as it was before
Był to dokładnie ten sam głos, co wcześniej
This time Master. Cherry was petrified
Tym razem Mistrz. Wiśnia była skamieniała
His eyes popped out of his head with fright
Oczy wyskoczyły mu z głowy ze strachu
his mouth remained open and his tongue hung out
Jego usta pozostały otwarte, a język zwisał
his tongue almost came to the end of his chin
Jego język prawie doszedł do końca podbródka
and he looked just like a face on a fountain
i wyglądał jak twarz na fontannie
Master. Cherry first had to recover from his fright
Pan. Cherry najpierw musiał dojść do siebie ze strachu
the use of his speech returned to him
Wróciła do niego posługiwanie się mową
and he began to talk in a stutter;
i zaczął mówić jąkając się;
"where on earth could that little voice have come from?"
"Skąd, u licha, mógł pochodzić ten cichy głos?"
"could it be that this piece of wood has learned to cry?"
– Czy to możliwe, że ten kawałek drewna nauczył się płakać?
"I cannot believe it," he said to himself
— Nie mogę w to uwierzyć — powiedział do siebie
"This piece of wood is nothing but a log for fuel"

"Ten kawałek drewna to nic innego jak kłoda na opał"
"it is just like all the logs of wood I have"
"Jest jak wszystkie kłody drewna, które posiadam"
"it would only just suffice to boil a saucepan of beans"
"Wystarczyłoby tylko zagotować w rondlu fasolę"
"Can anyone be hidden inside this piece of wood?"
– Czy ktoś może się ukryć w tym kawałku drewna?
"If anyone is inside, so much the worse for him"
"Jeśli ktokolwiek jest w środku, tym gorzej dla niego"
"I will finish him at once," he threatened the wood
— Zaraz go wykończę — zagroził drewnemu
he seized the poor piece of wood and beat it
Chwycił biedny kawałek drewna i pobił go
he mercilessly hit it against the walls of the room
Bezlitośnie uderzał nim o ściany pokoju
Then he stopped to see if he could hear the little voice
Potem zatrzymał się, by sprawdzić, czy słyszy cichy głos
He waited two minutes, nothing. Five minutes, nothing
Czekał dwie minuty, nic. Pięć minut, nic
he waited another ten minutes, still nothing!
Czekał jeszcze dziesięć minut, nadal nic!
"I see how it is," he then said to himself
"Widzę, jak to jest" – powiedział do siebie
he forced himself to laugh and pushed up his wig
Zmusił się do śmiechu i podciągnął perukę
"evidently the little voice was all my imagination!"
— Najwidoczniej ten cichy głos był tylko moją wyobraźnią!
"Let us set to work again," he decided, nervously
— Zabierzmy się znowu do pracy — zadecydował nerwowo
next he started to polish the bit of wood
Następnie zabrał się za polerowanie kawałka drewna
but while polishing he heard the same little voice
Ale podczas polerowania usłyszał ten sam cichy głos
this time the little voice was laughing uncontrollably
Tym razem cichy głosik śmiał się w niekontrolowany sposób
"Stop! you are tickling me all over!" it said
— Stój! Łaskoczesz mnie całego!" powiedziało

poor Master. Cherry fell down as if struck by lightning
biedny Mistrz. Cherry upadła na ziemię, jakby rażona piorunem
sometime later he opened his eyes again
Jakiś czas później znów otworzył oczy
he found himself seated on the floor of his workshop
Znalazł się na podłodze swojego warsztatu
His face was very changed from before
Jego twarz bardzo się zmieniła w porównaniu z wcześniejszymi wydarzeniami
and even the end of his nose had changed
i nawet koniec jego nosa się zmienił
his nose was not its usual bright crimson colour
Jego nos nie miał jak zwykle jaskrawego, szkarłatnego koloru
his nose had become icy blue from the fright
Jego nos stał się lodowato niebieski ze strachu

Master. Cherry Gives the Wood Away
Pan. Wiśnia oddaje drewno

At that moment someone knocked at the door
W tym momencie ktoś zapukał do drzwi
"Come in," said the carpenter to the visitor
— Niech pan wejdzie — rzekł cieśla do gościa
he didn't have the strength to rise to his feet
Nie miał siły, by wstać
A lively little old man walked into the shop
Do sklepu wszedł ruchliwy starszy mężczyzna
this lively little man was called Geppetto
ten ruchliwy człowieczek nazywał się Geppetto
although there was another name he was known by
Chociaż istniało inne imię, pod którym był znany
there was a group of naughty neighbourhood boys
Była tam grupa niegrzecznych chłopców z sąsiedztwa
when they wished to anger him they called him pudding
Kiedy chcieli go rozgniewać, nazywali go budyniem

there is a famous yellow pudding made from Indian corn
jest słynny żółty budyń z indyjskiej kukurydzy
and Geppetto's wig looks just like this famous pudding
a peruka Geppetto wygląda jak ten słynny budyń
Geppetto was a very fiery little old man
Geppetto był bardzo ognistym małym staruszkiem
Woe to him who called him pudding!
Biada temu, kto go nazwał budyniem!
when furious there was no holding him back
Kiedy był wściekły, nie można było go powstrzymać
"Good-day, Master. Antonio," said Geppetto
— Dzień dobry, Mistrzu. Antonio – powiedział Geppetto
"what are you doing there on the floor?"
– Co ty tam robisz na podłodze?
"I am teaching the alphabet to the ants"
"Uczę mrówki alfabetu"
"I can't imagine what good it does to you"
"Nie mogę sobie wyobrazić, co dobrego ci to daje"
"What has brought you to me, neighbour Geppetto?"
— Co cię do mnie przywiodło, sąsiedzie Geppetto?
"My legs have brought me here to you"
"Moje nogi przywiodły mnie tutaj, do Ciebie"
"But let me tell you the truth, Master. Antonio"
— Ale pozwól, że powiem ci prawdę, Mistrzu. Antonio"
"the real reason I came is to ask a favour of you"
"Prawdziwym powodem, dla którego przyszedłem, jest prośba o przysługę"
"Here I am, ready to serve you," replied the carpenter
— Oto jestem, gotów ci służyć — odparł cieśla
and he got off the floor and onto his knees
I podniósł się z podłogi i upadł na kolana
"This morning an idea came into my head"
"Dziś rano przyszedł mi do głowy pomysł"
"Let us hear the idea that you had"
"Pozwól nam usłyszeć, co miałeś"
"I thought I would make a beautiful wooden puppet"
"Myślałam, że zrobię piękną drewnianą kukiełkę"

"a puppet that could dance and fence"
"Marionetka, która potrafiła tańczyć i fechtować"
"a puppet that can leap like an acrobat"
"Marionetka, która potrafi skakać jak akrobata"
"With this puppet I could travel about the world!"
"Z tą lalką mógłbym podróżować po świecie!"
"the puppet would let me earn a piece of bread"
"Kukiełka pozwoliłaby mi zarobić kawałek chleba"
"and the puppet would let me earn a glass of wine"
"A kukiełka pozwoliłaby mi zarobić na kieliszek wina"
"What do you think of my idea, Antonio?"
– Co myślisz o moim pomyśle, Antonio?
"Bravo, pudding!" exclaimed the little voice
"Brawo, budyń!" wykrzyknął cichy głos
it was impossible to know where the voice had came from
Nie można było wiedzieć, skąd dobiegł głos
Geppetto didn't like hearing himself called pudding
Geppetto nie lubił, gdy mówiono o nim budyniu
you can imagine he became as red as a turkey
Możesz sobie wyobrazić, że stał się czerwony jak indyk
"Why do you insult me?" he asked his friend
"Dlaczego mnie obrażasz?" – zapytał swojego przyjaciela
"Who insults you?" his friend replied
"Kto cię obraża?" – odpowiedział jego przyjaciel
"You called me pudding!" Geppetto accused him
"Nazwałeś mnie budyniem!" Geppetto oskarżył go
"It was not I!" Antonio honestly said
— To nie byłem ja! Antonio szczerze powiedział
"Do you think I called myself pudding?"
– Myślisz, że nazwałem siebie budyniem?
"It was you, I say!", "No!", "Yes!", "No!"
"To byłeś ty, mówię!", "Nie!", "Tak!", "Nie!"
becoming more and more angry, they came to blows
Coraz bardziej rozgniewani doszli do rękoczynów
they flew at each other and bit and fought and scratched
Latały na siebie, gryzły, walczyły i drapały
as quickly as it had started the fight was over again

Tak szybko, jak się zaczęła, walka była skończona na nowo
Geppetto had the carpenter's grey wig between his teeth
Geppetto miał między zębami siwą perukę stolarza
and Master. Antonio had Geppetto's yellow wig
i Mistrza. Antonio miał żółtą perukę Geppetto
"Give me back my wig" screamed Master. Antonio
"Oddaj mi moją perukę" – krzyknął Mistrz. Antonio
"and you give me back my wig" screamed Master. Cherry
"A ty oddajesz mi moją perukę" – krzyknął Mistrz. Wiśnia
"let us be friends again" they agreed
"Zostańmy znowu przyjaciółmi" – zgodzili się
The two old men gave each other their wigs back
Dwaj starcy oddali sobie nawzajem swoje peruki
and the old men shook each other's hands
A starcy uścisnęli sobie dłonie
they swore that all had been forgiven
Przysięgali, że wszystko zostało przebaczone
they would remain friends to the end of their lives
Mieli pozostać przyjaciółmi do końca życia
"Well, then, neighbour Geppetto" said the carpenter
— A więc, sąsiedzie Geppetto — rzekł cieśla
he asked "what is the favour that you wish of me?"
Zapytał: "Jakiej łaski mi życzysz?"
this would prove that peace was made
Dowodziłoby to, że pokój został zawarty
"I want a little wood to make my puppet"
"Chcę trochę drewna, żeby zrobić moją marionetkę"
"will you give me some wood?"
– Dasz mi trochę drewna?
Master. Antonio was delighted to get rid of the wood
Pan. Antonio był zachwycony, że pozbył się drewna
he immediately went to his work bench
Natychmiast udał się do swojego stanowiska pracy
and he brought back the piece of wood
I przyniósł kawałek drewna
the piece of wood that had caused him so much fear
Kawałek drewna, który przysporzył mu tyle strachu

he was bringing the piece of wood to his friend
Przynosił kawałek drewna swojemu przyjacielowi
but then the piece of wood started to shake!
Ale potem kawałek drewna zaczął się trząść!
the piece of wood wriggled violently out of his hands
Kawałek drewna wykręcił mu się gwałtownie z rąk
this piece of wood knew how to make trouble!
Ten kawałek drewna wiedział, jak narobić kłopotów!
with all its might it struck against poor Geppetto
Z całej siły uderzył na biednego Geppetto
and it hit him right on his poor dried-up shins
i uderzyło go prosto w jego biedne, wysuszone golenie
you can imagine the cry that Geppetto gave
możesz sobie wyobrazić krzyk, który wydał Geppetto
"is that the courteous way you make your presents?"
– Czy to jest kurtuazyjny sposób, w jaki robisz prezenty?
"You have almost lamed me, Master. Antonio!"
— Prawie mnie okaleczyłeś, Mistrzu. Antonio!"
"I swear to you that it was not I!"
— Przysięgam ci, że to nie ja!
"Do you think I did this to myself?"
– Myślisz, że sobie to zrobiłem?
"The wood is entirely to blame!"
"Całkowicie winę za to ponosi drewno!"
"I know that it was the wood"
"Wiem, że to było drewno"
"but it was you that hit my legs with it!"
"Ale to ty uderzyłeś mnie nim w nogi!"
"I did not hit you with it!"
"Nie uderzyłem cię tym!"
"Liar!" exclaimed Geppetto
"Kłamca!" wykrzyknął Geppetto
"Geppetto, don't insult me or I will call you Pudding!"
"Geppetto, nie obrażaj mnie, bo będę cię nazywać Pudding!"
"Knave!", "Pudding!", "Donkey!"
"Łomot!", "Budyń!", "Osioł!"
"Pudding!", "Baboon!", "Pudding!"

"Budyń!", "Pawian!", "Budyń!"
Geppetto was mad with rage all over again
Geppetto znów oszalał z wściekłości
he had been called been called pudding three times!
Trzy razy nazywano go puddingiem!
he fell upon the carpenter and they fought desperately
Rzucił się na cieślę i walczyli rozpaczliwie
this battle lasted just as long as the first
Bitwa ta trwała tak samo długo jak pierwsza
Master. Antonio had two more scratches on his nose
Pan. Antonio miał jeszcze dwa zadrapania na nosie
his adversary had lost two buttons off his waistcoat
Jego przeciwnik zgubił dwa guziki od kamizelki
Their accounts being thus squared, they shook hands
Ustaliwszy w ten sposób swoje rachunki, uścisnęli sobie dłonie
and they swore to remain good friends for the rest of their lives
I przysięgli, że pozostaną dobrymi przyjaciółmi do końca życia
Geppetto carried off his fine piece of wood
Geppetto zabrał swój piękny kawałek drewna
he thanked Master. Antonio and limped back to his house
– podziękował Mistrzowi. Antonio i pokuśtykając wrócił do domu

Geppetto Names his Puppet Pinocchio
Geppetto nazywa swoją marionetkę Pinokio

Geppetto lived in a small ground-floor room
Geppetto mieszkał w małym pokoju na parterze
his room was only lighted from the staircase
Jego pokój był oświetlony tylko z klatki schodowej
The furniture could not have been simpler
Meble nie mogły być prostsze
a rickety chair, a poor bed, and a broken table
rozklekotane krzesło, biedne łóżko i zepsuty stół
At the end of the room there was a fireplace
Na końcu pomieszczenia znajdował się kominek
but the fire was painted, and gave no fire
Lecz ogień był pomalowany i nie dawał ognia
and by the painted fire was a painted saucepan
a przy pomalowanym ogniu stał malowany rondel
and the painted saucepan was boiling cheerfully
a malowany rondel gotował się wesoło
a cloud of smoke rose exactly like real smoke
Chmura dymu unosiła się dokładnie tak jak prawdziwy dym
Geppetto reached home and took out his tools
Geppetto dotarł do domu i wyjął narzędzia
and he immediately set to work on the piece of wood
I natychmiast zabrał się do pracy nad kawałkiem drewna
he was going to cut out and model his puppet
Zamierzał wyciąć i wymodelować swoją marionetkę
"What name shall I give him?" he said to himself
"Jakie imię mam mu nadać?" – zapytał sam do siebie
"I think I will call him Pinocchio"
"Myślę, że będę go nazywał Pinokio"
"It is a name that will bring him luck"
"To imię, które przyniesie mu szczęście"
"I once knew a whole family called Pinocchio"
"Znałem kiedyś całą rodzinę o imieniu Pinokio"
"There was Pinocchio the father and Pinocchio the mother"
"Był Pinokio ojciec i Pinokio matka"

"and there were Pinocchio the children"
"i były tam dzieci Pinokio"
"and all of them did well in life"
"I wszyscy dobrze sobie radzili w życiu"
"The richest of them was a beggar"
"Najbogatszy z nich był żebrakiem"
he had found a good name for his puppet
Znalazł dobre imię dla swojej marionetki
so he began to work in good earnest
Zabrał się więc do pracy na poważnie
he first made his hair, and then his forehead
Najpierw ułożył włosy, a potem czoło
and then he worked carefully on his eyes
A potem ostrożnie pracował nad oczami
Geppetto thought he noticed the strangest thing
Geppetto pomyślał, że zauważył najdziwniejszą rzecz
he was sure he saw the eyes move!
Był pewien, że widzi, jak oczy się poruszają!
the eyes seemed to look fixedly at him
Oczy zdawały się patrzeć na niego nieruchomo
Geppetto got angry from being stared at
Geppetto rozzłościł się, gdy się na niego gapiono
the wooden eyes wouldn't let him out of their sight
Drewniane oczy nie spuszczały go z oczu
"Wicked wooden eyes, why do you look at me?"
"Nikczemne drewniane oczy, dlaczego na mnie patrzysz?"
but the piece of wood made no answer
Ale kawałek drewna nie odpowiedział
He then proceeded to carve the nose
Następnie przystąpił do rzeźbienia nosa
but as soon as he had made the nose it began to grow
Ale gdy tylko zrobił nos, zaczął rosnąć
And the nose grew, and grew, and grew
I nos rósł, i rósł, i rósł
in a few minutes it had become an immense nose
W ciągu kilku minut stał się ogromnym nosem
it seemed as if it would never stop growing

Wyglądało na to, że nigdy nie przestanie rosnąć
Poor Geppetto tired himself out with cutting it off
Biedny Geppetto męczył się odcinaniem go
but the more he cut, the longer the nose grew!
Ale im bardziej ciął, tym dłuższy był mu nos!
The mouth was not even completed yet
Usta nie były jeszcze nawet ukończone
but it already began to laugh and deride him
Ale już zaczął się śmiać i szydzić z niego
"Stop laughing!" said Geppetto, provoked
"Przestań się śmiać!" powiedział sprowokowany Geppetto
but he might as well have spoken to the wall
Ale równie dobrze mógł przemówić do ściany
"Stop laughing, I say!" he roared in a threatening tone
"Przestań się śmiać, mówię!" ryknął groźnym tonem
The mouth then ceased laughing
Wtedy usta przestały się śmiać
but the face put out its tongue as far as it would go
Ale twarz wysunęła język tak daleko, jak tylko mogła się posunąć
Geppetto did not want to spoil his handiwork
Geppetto nie chciał zepsuć swojego dzieła
so he pretended not to see, and continued his labours
Udawał więc, że nic nie widzi, i kontynuował swoją pracę
After the mouth he fashioned the chin
Na wzór ust ukształtował podbródek

then the throat and then the shoulders
potem gardło, a potem ramiona
then he carved the stomach and made the arms hands
Potem wyrzeźbił brzuch i uczynił ramiona dłońmi
now Geppetto worked on making hands for his puppet
teraz Geppetto pracował nad wykonaniem rąk dla swojej marionetki
and in a moment he felt his wig snatched from his head
i po chwili poczuł, jak peruka zrywa mu się z głowy
He turned round, and what did he see?
Odwrócił się i co zobaczył?
He saw his yellow wig in the puppet's hand
Zobaczył swoją żółtą perukę w ręku marionetki
"Pinocchio! Give me back my wig instantly!"
"Pinokio! Oddaj mi natychmiast moją perukę!"
But Pinocchio did anything but return him his wig
Ale Pinokio nie zrobił nic, tylko oddał mu perukę
Pinocchio put the wig on his own head instead!
Pinokio zamiast tego założył perukę na własną głowę!
Geppetto didn't like this insolent and derisive behaviour
Geppetto nie podobało się to bezczelne i szydercze zachowanie
he felt sadder and more melancholy than he had ever felt
Czuł się smutniejszy i bardziej melancholijny niż kiedykolwiek
turning to Pinocchio, he said "You young rascal!"
Zwracając się do Pinokia, powiedział: "Ty młody łobuzie!"
"I have not even completed you yet"
"Jeszcze cię nawet nie ukończyłem"
"and you are already failing to respect to your father!"
"I już nie okazujesz szacunku swemu ojcu!"
"That is bad, my boy, very bad!"
— To źle, mój chłopcze, bardzo źle!
And he dried a tear from his cheek
I otarł łzę z policzka
The legs and the feet remained to be done
Nogi i stopy pozostały do zrobienia

but he soon regretted giving Pinocchio feet
Wkrótce jednak pożałował, że dał Pinokio stopy
as thanks he received a kick on the point of his nose
W podzięce dostał kopniaka w czubek nosa
"I deserve it!" he said to himself
"Zasługuję na to!" powiedział do siebie
"I should have thought of it sooner!"
"Powinienem był pomyśleć o tym wcześniej!"
"Now it is too late to do anything about it!"
"Teraz jest już za późno, aby coś z tym zrobić!"
He then took the puppet under the arms
Następnie wziął marionetkę pod ramiona
and he placed him on the floor to teach him to walk
I położył go na podłodze, aby nauczyć go chodzić
Pinocchio's legs were stiff and he could not move
Nogi Pinokia były sztywne i nie mógł się ruszać
but Geppetto led him by the hand
ale Geppetto prowadził go za rękę
and he showed him how to put one foot before the other
I pokazał mu, jak postawić jedną nogę przed drugą
eventually Pinocchio's legs became limber
w końcu nogi Pinokia stały się gibkie
and soon he began to walk by himself
i wkrótce zaczął chodzić o własnych siłach
and he began to run about the room
I zaczął biegać po pokoju
then he got out of the house door
Potem wyszedł przez drzwi domu
and he jumped into the street and escaped
Skoczył na ulicę i uciekł
poor Geppetto rushed after him
Biedny Geppetto rzucił się za nim
of course he was not able to overtake him
Oczywiście nie był w stanie go wyprzedzić
because Pinocchio leaped in front of him like a hare
bo Pinokio skoczył przed nim jak zając
and he knocked his wooden feet against the pavement

i uderzył drewnianymi nogami o bruk
it made as much clatter as twenty pairs of peasants' clogs
Brzęczało z niego tyle, co dwadzieścia par chłopskich chodaków
"Stop him! stop him!" shouted Geppetto
— Zatrzymaj go! Zatrzymaj go!" – krzyknął Geppetto
but the people in the street stood still in astonishment
Ale ludzie na ulicy stali nieruchomo w zdumieniu
they had never seen a wooden puppet running like a horse
Nigdy nie widzieli drewnianej kukiełki biegnącej jak koń
and they laughed and laughed at Geppetto's misfortune
i śmiali się i śmiali z nieszczęścia Geppetta
At last, as good luck would have it, a soldier arrived
W końcu, na szczęście, zjawił się żołnierz
the soldier had heard the uproar
Żołnierz słyszał wrzawę
he imagined that a colt had escaped from his master
Wyobrażał sobie, że źrebak uciekł od jego pana
he planted himself in the middle of the road
Usadowił się na środku drogi
he waited with the determined purpose of stopping him
Czekał z determinacją, by go powstrzymać
thus he would prevent the chance of worse disasters
W ten sposób zapobiegłby szansie na gorsze katastrofy
Pinocchio saw the soldier barricading the whole street
Pinokio zobaczył żołnierza barykadującego całą ulicę
so he endeavoured to take him by surprise
Starał się więc go zaskoczyć
he planned to run between his legs
Planował przebiec między nogami
but the soldier was too clever for Pinocchio
ale żołnierz był zbyt sprytny dla Pinokia
The soldier caught him cleverly by the nose
Żołnierz złapał go sprytnie za nos
and he gave Pinocchio back to Geppetto
i oddał Pinokia Geppetto
Wishing to punish him, Geppetto intended to pull his ears

Chcąc go ukarać, Geppetto zamierzał pociągnąć go za uszy
But he could not find Pinocchio's ears!
Ale nie mógł znaleźć uszu Pinokia!
And do you know the reason why?
A czy wiesz, dlaczego tak się dzieje?
he had forgotten to make him any ears
Zapomniał zrobić mu uszy
so then he took him by the collar
Wziął go więc za kołnierz
"We will go home at once," he threatened him
– Zaraz pójdziemy do domu – zagroził mu
"as soon as we arrive we will settle our accounts"
"Jak tylko przyjedziemy, rozliczymy się"
At this information Pinocchio threw himself on the ground
Na tę informację Pinokio rzucił się na ziemię
he refused to go another step
Nie chciał pójść o krok dalej
a crowd of inquisitive people began to assemble
Zaczął się zbierać tłum ciekawskich ludzi
they made a ring around them
Zrobili wokół nich krąg
Some of them said one thing, some another
Jedni mówili jedno, drudzy co innego
"Poor puppet!" said several of the onlookers
"Biedna marionetka!" – powiedziało kilku gapiów
"he is right not to wish to return home!"
— Ma słuszność, że nie chce wracać do domu!
"Who knows how Geppetto will beat him!"
"Kto wie, jak Geppetto go pokona!"
"Geppetto seems a good man!"
— Geppetto wydaje się dobrym człowiekiem!
"but with boys he is a regular tyrant!"
"Ale z chłopcami jest zwykłym tyranem!"
"don't leave that poor puppet in his hands"
"Nie zostawiaj tej biednej marionetki w jego rękach"
"he is quite capable of tearing him to pieces!"
"Jest w stanie rozerwać go na strzępy!"

from what was said the soldier had to step in again
Z tego, co zostało powiedziane, żołnierz musiał ponownie wkroczyć
the soldier gave Pinocchio his freedom
żołnierz dał Pinokiu wolność
and the soldier led Geppetto to prison
Żołnierz zaprowadził Geppetta do więzienia
The poor man was not ready to defend himself with words
Biedak nie był gotów bronić się słowami
he cried like a calf "Wretched boy!"
— zawołał jak cielę: — Nieszczęsny chłopiec!
"to think how I laboured to make him a good puppet!"
— Pomyśleć, ile się natrudziłem, żeby zrobić z niego dobrą marionetkę!
"But all I have done serves me right!"
"Ale wszystko, co zrobiłem, dobrze mi służy!"
"I should have thought of it sooner!"
"Powinienem był pomyśleć o tym wcześniej!"

The Talking Little Cricket Scolds Pinocchio
Gadający mały świerszcz beszta Pinokia

poor Geppetto was being taken to prison
Biedny Geppetto został zabrany do więzienia
all of this was not his fault, of course
Wszystko to oczywiście nie była jego wina
he had not done anything wrong at all
Nie zrobił nic złego
and that little imp Pinocchio found himself free
i ten mały chochlik Pinokio znalazł się wolny
he had escaped from the clutches of the soldier
Uciekł ze szponów żołnierza
and he ran off as fast as his legs could carry him
I uciekł tak szybko, jak tylko nogi mogły go ponieść
he wanted to reach home as quickly as possible
Chciał jak najszybciej dotrzeć do domu
therefore he rushed across the fields
Pędził więc przez pola
in his mad hurry he jumped over thorny hedges
W szaleńczym pośpiechu przeskakiwał przez kolczaste żywopłoty
and he jumped across ditches full of water
i przeskakiwał przez rowy pełne wody
Arriving at the house, he found the door ajar
Przybywszy do domu, zastał uchylone drzwi
He pushed it open, went in, and fastened the latch
Pchnął drzwi, wszedł do środka i zapiął zatrzask
he threw himself on the floor of his house
Rzucił się na podłogę swojego domu
and he gave a great sigh of satisfaction
I westchnął z satysfakcją
But soon he heard someone in the room
Wkrótce jednak usłyszał, że ktoś jest w pokoju
something was making a sound like "Cri-cri-cri!"
coś wydawało dźwięk w stylu "Cri-cri-cri!"
"Who calls me?" said Pinocchio in a fright

"Kto mnie woła?" zapytał Pinokio z przerażeniem
"It is I!" answered a voice
"To ja!" odpowiedział jakiś głos
Pinocchio turned round and saw a little cricket
Pinokio odwrócił się i zobaczył małego świerszcza
the cricket was crawling slowly up the wall
Świerszcz czołgał się powoli po ścianie
"Tell me, little cricket, who may you be?"
— Powiedz mi, świerszczku, kim jesteś?
"who I am is the talking cricket"
"kim jestem, to gadający świerszcz"
"and I have lived in this room a hundred years or more"
"A ja mieszkam w tym pokoju od stu lat albo i więcej"
"Now, however, this room is mine," said the puppet
— Teraz jednak ten pokój jest mój — powiedziała marionetka
"if you would do me the pleasure, go away at once"
"Jeśli chcesz sprawić mi przyjemność, odejdźcie natychmiast"
"and when you're gone, please never come back"
"A kiedy odejdziesz, proszę, nigdy nie wracaj"
"I will not go until I have told you a great truth"
"Nie pójdę, dopóki nie powiem wam wielkiej prawdy"
"Tell it me, then, and be quick about it"
"Powiedz mi to więc i nie spiesz się"
"Woe to those boys who rebel against their parents"
"Biada tym chłopcom, którzy buntują się przeciwko rodzicom"
"and woe to boys who run away from home"
"I biada chłopcom, którzy uciekają z domu"
"They will never come to any good in the world"
"Oni nigdy nie dojdą do żadnego dobra na świecie"
"and sooner or later they will repent bitterly"
"I prędzej czy później gorzko się nawrócą"
"Sing all you want you little cricket"
"Śpiewaj wszystko, co chcesz, mały świerszczu"
"and feel free to sing as long as you please"
"I nie krępuj się śpiewać tak długo, jak chcesz"
"For me, I have made up my mind to run away"
"Jeśli chodzi o mnie, postanowiłem uciec"

"tomorrow at daybreak I will run away for good"
"jutro o świcie ucieknę na dobre"
"if I remain I shall not escape my fate"
"jeśli pozostanę, nie ujdziem przed swoim losem"
"it is the same fate as all other boys"
"To taki sam los jak wszystkich innych chłopców"
"if I stay I shall be sent to school"
"jeśli zostanę, zostanę wysłany do szkoły"
"and I shall be made to study by love or by force"
"I będę zmuszony do studiowania przez miłość lub przez siłę"
"I tell you in confidence, I have no wish to learn"
"Mówię ci w zaufaniu, nie mam ochoty się uczyć"
"it is much more amusing to run after butterflies"
"O wiele zabawniej jest gonić za motylami"
"I prefer climbing trees with my time"
"Wolę wspinać się na drzewa ze swoim czasem"
"and I like taking young birds out of their nests"
"i lubię wyprowadzać młode ptaki z gniazd"
"Poor little goose" interjected the talking cricket
– Biedna mała gęś – wtrącił gadający świerszcz
"don't you know you will grow up a perfect donkey?"
– Nie wiesz, że wyrośniesz na doskonałego osła?
"and every one will make fun of you"
"I każdy będzie się z ciebie naśmiewał"
Pinocchio was not pleased with what he heard
Pinokio nie był zadowolony z tego, co usłyszał
"Hold your tongue, you wicked, ill-omened croaker!"
"Trzymaj język za zębami, nikczemny, złowrogi krakaczu!"
But the little cricket was patient and philosophical
Ale mały świerszcz był cierpliwy i filozoficzny
he didn't become angry at this impertinence
Nie rozgniewał się na tę impertynencję
he continued in the same tone as he had before
Kontynuował tym samym tonem, co poprzednio
"perhaps you really do not wish to go to school"
"Być może naprawdę nie chcesz chodzić do szkoły"
"so why not at least learn a trade?"

– To dlaczego przynajmniej nie nauczyć się fachu?
"a job will enable you to earn a piece of bread!"
"Praca pozwoli ci zarobić na kawałek chleba!"
"What do you want me to tell you?" replied Pinocchio
"Co chcesz, żebym ci powiedział?" odpowiedział Pinokio
he was beginning to lose patience with the little cricket
Zaczynał tracić cierpliwość do małego świerszcza
"there are many trades in the world I could do"
"Na świecie jest wiele zawodów, które mógłbym wykonywać"
"but only one calling really takes my fancy"
"Ale tylko jedno powołanie naprawdę mi się podoba"
"And what calling is it that takes your fancy?"
— A cóż to za powołanie, które ci się podoba?
"to eat, and to drink, and to sleep"
"jeść i pić, i spać"
"I am called to amuse myself all day"
"Jestem wezwany do tego, by bawić się przez cały dzień"
"to lead a vagabond life from morning to night"
"Prowadzić życie włóczęgi od rana do nocy"
the talking little cricket had a reply for this
Gadający mały świerszcz miał na to odpowiedź
"most who follow that trade end in hospital or prison"
"Większość tych, którzy podążają za tym zawodem, kończy w szpitalu lub więzieniu"
"Take care, you wicked, ill-omened croaker"
"Strzeż się, nikczemny, złowrogi krakaczu"
"Woe to you if I fly into a passion!"
"Biada wam, jeśli wpadnę w namiętność!"
"Poor Pinocchio I really pity you!"
"Biedny Pinokio, naprawdę mi cię żal!"
"Why do you pity me?"
"Czemu się nade mną litujesz?"
"I pity you because you are a puppet"
"Żal mi cię, bo jesteś marionetką"
"and I pity you because you have a wooden head"
"i żal mi cię, bo masz drewnianą głowę"
At these last words Pinocchio jumped up in a rage

Na te ostatnie słowa Pinokio podskoczył z wściekłości
he snatched a wooden hammer from the bench
Zerwał z ławki drewniany młotek

and he threw the hammer at the talking cricket
i rzucił młotkiem w gadającego świerszcza
Perhaps he never meant to hit him
Być może nigdy nie zamierzał go uderzyć
but unfortunately it struck him exactly on the head
Niestety, uderzyło go to dokładnie w głowę
the poor Cricket had scarcely breath to cry "Cri-cri-cri!"
biedny Świerszcz ledwo mógł zadyszać, by krzyknąć: "Cri-cri-cri!"
he remained dried up and flattened against the wall
Pozostał wysuszony i przyparty do ściany

The Flying Egg
Latające jajo

The night was quickly catching up with Pinocchio
Noc szybko doganiała Pinokia
he remembered that he had eaten nothing all day
Przypomniał sobie, że przez cały dzień nic nie jadł
he began to feel a gnawing in his stomach
Zaczął odczuwać ściskanie w żołądku
the gnawing very much resembled appetite
Gryzienie bardzo przypominało apetyt
After a few minutes his appetite had become hunger
Po kilku minutach jego apetyt zamienił się w głód
and in little time his hunger became ravenous
i w krótkim czasie jego głód stał się wilczy
Poor Pinocchio ran quickly to the fireplace
Biedny Pinokio pobiegł szybko do kominka
the fireplace where a saucepan was boiling
kominek, w którym gotował się rondel
he was going to take off the lid
Zamierzał zdjąć wieko
then he could see what was in it
Wtedy mógł zobaczyć, co się w nim znajduje
but the saucepan was only painted on the wall
Ale rondel był tylko namalowany na ścianie
You can imagine his feelings when he discovered this
Możesz sobie wyobrazić, co czuł, gdy to odkrył
His nose, which was already long, became even longer
Jego nos, który był już długi, stał się jeszcze dłuższy
it must have grown by at least three inches
Musiał urosnąć o co najmniej trzy cale
He then began to run about the room
Następnie zaczął biegać po pokoju
he searched in the drawers and every imaginable place
Przeszukał szuflady i każde możliwe miejsce
he hoped to find a bit of bread or crust
Miał nadzieję, że znajdzie trochę chleba lub skórki

perhaps he could find a bone left by a dog
Być może uda mu się znaleźć kość pozostawioną przez psa
a little moldy pudding of Indian corn
trochę spleśniałego budyniu z indyjskiej kukurydzy
somewhere someone might have left a fish bone
Gdzieś, gdzie ktoś mógł zostawić rybią kość
even a cherry stone would be enough
Wystarczyłaby nawet pestka wiśni
if only there was something that he could gnaw
Gdyby tylko było coś, co mógłby gryźć
But he could find nothing to get his teeth into
Nie mógł jednak znaleźć niczego, w co mógłby wbić zęby
And in the meanwhile his hunger grew and grew
A tymczasem jego głód rósł i rósł
Poor Pinocchio had no other relief than yawning
Biedny Pinokio nie miał innej ulgi niż ziewanie
his yawns were so big his mouth almost reached his ears
Jego ziewanie było tak duże, że usta sięgały mu prawie do uszu
and felt as if he were going to faint
i czuł się tak, jakby miał zemdleć
Then he began to cry desperately
Potem zaczął rozpaczliwie płakać
"The talking little cricket was right"
"Gadający mały świerszcz miał rację"
"I did wrong to rebel against my papa"
"Źle zrobiłem, buntując się przeciwko mojemu tacie"
"I should not have ran away from home"
"Nie powinnam była uciekać z domu"
"If my papa were here I wouldn't be dying of yawning!"
"Gdyby mój tata tu był, nie umarłbym z ziewania!"
"Oh! what a dreadful illness hunger is!"
— Och! Jakże straszliwą chorobą jest głód!"
Just then he thought he saw something in the dust-heap
W tej chwili wydało mu się, że widzi coś w stercie śmieci
something round and white that looked like a hen's egg
coś okrągłego i białego, co wyglądało jak kurze jajo

he sprung up to his feet and seized hold of the egg
Zerwał się na równe nogi i chwycił jajko
It was indeed a hen's egg, as he thought
To rzeczywiście było kurze jajo, jak mu się wydawało
Pinocchio's joy was beyond description
Radość Pinokia była nie do opisania
he had to make sure that he wasn't just dreaming
Musiał się upewnić, że nie śni tylko
so he kept turning the egg over in his hands
Przewracał więc jajko w swoich rękach
he felt and kissed the egg
Poczuł i pocałował jajko
"And now, how shall I cook it?"
"A teraz, jak mam to ugotować?"
"Shall I make an omelet?"
– Czy mam zrobić omlet?
"it would be better to cook it in a saucer!"
"Lepiej byłoby ugotować go na spodku!"
"Or would it not be more savory to fry it?"
— A może nie byłoby smaczniej go usmażyć?
"Or shall I simply boil the egg?"
– A może mam po prostu ugotować jajko?
"No, the quickest way is to cook it in a saucer"
"Nie, najszybszym sposobem jest ugotowanie go na spodku"
"I am in such a hurry to eat it!"
"Tak mi się spieszy, żeby to zjeść!"
Without loss of time he got an earthenware saucer
Nie tracąc czasu, dostał gliniany spodek
he placed the saucer on a brazier full of red-hot embers
Postawił spodek na kociołku pełnym rozżarzonych do czerwoności węgli
he didn't have any oil or butter to use
Nie miał przy sobie oleju ani masła
so he poured a little water into the saucer
Wlał więc trochę wody do spodka
and when the water began to smoke, crack!
A kiedy woda zaczęła dymić, trzask!

he broke the egg-shell over the saucer
Rozbił skorupkę jajka na spodku
and he let the contents of the egg drop into the saucer
i pozwolił, by zawartość jajka wpadła do spodka
but the egg was not full of white and yolk
Ale jajko nie było pełne białka i żółtka
instead, a little chicken popped out the egg
Zamiast tego mały kurczak wyskoczył z jajka

it was a very gay and polite little chicken
To był bardzo wesoły i grzeczny mały kurczak
the little chicken made a beautiful courtesy
Mały kurczak zrobił piękną uprzejmość
"A thousand thanks, Master. Pinocchio"
— Wielkie dzięki, Mistrzu. Pinokio"
"you have saved me the trouble of breaking the shell"
"Oszczędziłeś mi kłopotów z rozbiciem skorupy"
"Adieu, until we meet again" the chicken said
– Adieu, dopóki się znowu nie spotkamy – powiedział kurczak
"Keep well, and my best compliments to all at home!"
"Trzymajcie się dobrze i moje najlepsze wyrazy uznania dla wszystkich w domu!"
the little chicken spread its little wings
Mały kurczak rozłożył swoje małe skrzydełka
and the little chicken darted through the open window
A mały kurczak wyskoczył przez otwarte okno
and then the little chicken flew out of sight
A potem mały kurczak zniknął mu z oczu
The poor puppet stood as if he had been bewitched
Biedna marionetka stała, jakby została zaczarowana
his eyes were fixed, and his mouth was open
Jego oczy były utkwione, a usta otwarte
and he still had the egg-shell in his hand
A w ręku wciąż trzymał skorupkę jajka
slowly he Recovered from his stupefaction
Powoli otrząsnął się z osłupienia
and then he began to cry and scream
A potem zaczął płakać i krzyczeć
he stamped his feet on the floor in desperation
W akcie desperacji tupnął nogami o podłogę
amidst his sobs he gathered his thoughts
Wśród szlochów zebrał myśli
"Ah, indeed, the talking little cricket was right"
"Ach, rzeczywiście, gadający mały świerszcz miał rację"
"I should not have run away from home"

"Nie powinnam była uciekać z domu"
"then I would not now be dying of hunger!"
— Wtedy nie umierałbym teraz z głodu!
"and if my papa were here he would feed me"
"A gdyby mój tata tu był, nakarmiłby mnie"
"Oh! what a dreadful illness hunger is!"
— Och! Jakże straszliwą chorobą jest głód!"
his stomach cried out more than ever
Jego żołądek krzyczał bardziej niż kiedykolwiek
and he did not know how to quiet his hunger
i nie wiedział, jak uciszyć głód
he thought about leaving the house
Myślał o wyjściu z domu
perhaps he could make an excursion in the neighborhood
Być może mógłby zrobić wycieczkę po okolicy
he hoped to find some charitable person
Miał nadzieję, że znajdzie jakąś dobroczynną osobę
maybe they would give him a piece of bread
Może daliby mu kawałek chleba

Pinocchio's Feet Burn to Cinders
Stopy Pinokia płoną na popiół

It was an especially wild and stormy night
Była to szczególnie dzika i burzliwa noc
The thunder was tremendously loud and fearful
Grzmot był straszliwie głośny i przerażający
the lightning was so vivid that the sky seemed on fire
Błyskawice były tak żywe, że niebo zdawało się płonąć
Pinocchio had a great fear of thunder
Pinokio bardzo bał się grzmotów
but hunger can be stronger than fear
Ale głód może być silniejszy niż strach
so he closed the door of the house
Zamknął więc drzwi domu
and he made a desperate rush for the village

i rzucił się rozpaczliwie do wioski
he reached the village in a hundred bounds
Dotarł do wioski w stu kierunkach
his tongue was hanging out of his mouth
Jego język wystawał z ust
and he was panting for breath like a dog
i z trudem łapał oddech jak pies
But he found the village all dark and deserted
Znalazł jednak wioskę całą ciemną i opuszczoną
The shops were closed and the windows were shut
Zamknięto sklepy i zamknięto okna
and there was not so much as a dog in the street
A na ulicy nie było nawet psa
It seemed like he had arrived in the land of the dead
Wyglądało na to, że przybył do krainy umarłych
Pinocchio was urged on by desperation and hunger
Pinokio był popychany przez desperację i głód
he took hold of the bell of a house
Chwycił się dzwonu w domu
and he began to ring the bell with all his might
I zaczął bić w dzwon z całej siły
"That will bring somebody," he said to himself
"To kogoś przyprowadzi" – powiedział do siebie
And it did bring somebody!
I to kogoś przyprowadziło!
A little old man appeared at a window
W oknie pojawił się mały starszy mężczyzna
the little old man still had a night-cap on his head
Mały staruszek wciąż miał na głowie nocny czepek
he called to him angrily
— zawołał do niego ze złością
"What do you want at such an hour?"
— Czego chcesz o takiej porze?
"Would you be kind enough to give me a little bread?"
– Czy byłby pan na tyle uprzejmy i dałby mi trochę chleba?
the little old man was very obliging
Mały staruszek był bardzo uczynny

"Wait there, I will be back directly"
"Zaczekaj tam, zaraz wrócę"
he thought it was one of the local rascals
Myślał, że to jeden z miejscowych
they amuse themselves by ringing the house-bells at night
Zabawiają się, dzwoniąc w dzwony w nocy
After half a minute the window opened again
Po pół minucie okno otworzyło się ponownie
the voice of the same little old man shouted to Pinocchio
– krzyczał do Pinokia głos tego samego małego staruszka
"Come underneath and hold out your cap"
"Zejdź pod spód i wyciągnij czapkę"
Pinocchio pulled off his cap and held it out
Pinokio zdjął czapkę i wyciągnął ją
but Pinocchio's cap was not filled with bread or food
ale czapka Pinokia nie była wypełniona chlebem ani jedzeniem
an enormous basin of water was poured down on him
Wylano na niego ogromną misę z wodą
the water soaked him from head to foot
Woda przemoczyła go od stóp do głów
as if he had been a pot of dried-up geraniums
jakby był doniczką z wysuszonymi pelargoniami
He returned home like a wet chicken
Wrócił do domu jak mokry kurczak
he was quite exhausted with fatigue and hunger
Był bardzo wyczerpany zmęczeniem i głodem
he no longer had the strength to stand
Nie miał już siły stać na nogach
so he sat down and rested his damp and muddy feet
Usiadł więc i dał odpocząć wilgotnym i zabłoconym stopom
he put his feet on a brazier full of burning embers
Położył stopy na palenisku pełnym żarzących się węgli
and then he fell asleep, exhausted from the day
A potem zasnął, wyczerpany całym dniem
we all know that Pinocchio has wooden feet
wszyscy wiemy, że Pinokio ma drewniane nóżki

and we know what happens to wood on burning embers
A wiemy, co dzieje się z drewnem przy palącym się węglu
little by little his feet burnt away and became cinders
Stopniowo jego stopy wypaliły się i zamieniły w popiół
Pinocchio continued to sleep and snore
Pinokio nadal spał i chrapał
his feet might as well have belonged to someone else
Jego stopy równie dobrze mogły należeć do kogoś innego
At last he awoke because someone was knocking at the door
W końcu się obudził, bo ktoś pukał do drzwi
"Who is there?" he asked, yawning and rubbing his eyes
"Kto tam?" zapytał, ziewając i przecierając oczy
"It is I!" answered a voice
"To ja!" odpowiedział jakiś głos
And Pinocchio recognized Geppetto's voice
I Pinokio rozpoznał głos Geppetto

Geppetto Gives his own Breakfast to Pinocchio
Geppetto daje własne śniadanie Pinokio.

Poor Pinocchio's eyes were still half shut from sleep
Oczy biednego Pinokia były jeszcze na wpół przymknięte ze snu
he had not yet discovered what had happened
Nie dowiedział się jeszcze, co się stało
his feet had were completely burnt off
Jego stopy były całkowicie spalone
he heard the voice of his father at the door
Usłyszał głos ojca w drzwiach
and he jumped off the chair he had slept on
I zeskoczył z krzesła, na którym spał
he wanted to run to the door and open it
Miał ochotę podbiec do drzwi i je otworzyć
but he stumbled around and fell on the floor
Ale on się potknął i upadł na podłogę
imagine having a sack of wooden ladles

Wyobraź sobie, że masz worek drewnianych chochli
imagine throwing the sack off the balcony
Wyobraź sobie, że wyrzucasz worek z balkonu
that is was the sound of Pinocchio falling to the floor
to był odgłos Pinokia upadającego na podłogę
"Open the door!" shouted Geppetto from the street
"Otwórz drzwi!" – krzyknął Geppetto z ulicy
"Dear papa, I cannot," answered the puppet
– Drogi tatusiu, nie mogę – odparła kukiełka
and he cried and rolled about on the ground
A on płakał i tarzał się po ziemi
"Why can't you open the door?"
– Dlaczego nie możesz otworzyć drzwi?
"Because my feet have been eaten"
"Bo nogi moje zostały zjedzone"
"And who has eaten your feet?"
— A któż zjadł twoje nogi?
Pinocchio looked around for something to blame
Pinokio rozejrzał się, szukając czegoś winnego
eventually he answered "the cat ate my feet"
W końcu odpowiedział: "Kot zjadł moje stopy"
"Open the door, I tell you!" repeated Geppetto
— Otwórzcie drzwi, mówię ci! — powtórzył Geppetto
"If you don't open it, you shall have the cat from me!"
"Jeśli jej nie otworzysz, dostaniesz kota ode mnie!"
"I cannot stand up, believe me"
"Nie mogę ustać na nogach, uwierz mi"
"Oh, poor me!" lamented Pinocchio
"Och, biedny ja!" lamentował Pinokio
"I shall have to walk on my knees for the rest of my life!"
"Do końca życia będę musiał chodzić na kolanach!"
Geppetto thought this was another one of the puppet's tricks
Geppetto pomyślał, że to kolejna sztuczka marionetki
he thought of a means of putting an end to his tricks
Wymyślił sposób, aby położyć kres swoim sztuczkom
he climbed up the wall and got in through the window
Wspiął się na mur i dostał się do środka przez okno

He was very angry when he first saw Pinocchio
Był bardzo zły, kiedy po raz pierwszy zobaczył Pinokia
and he did nothing but scold the poor puppet
I nie zrobił nic innego, jak tylko zbeształ biedną marionetkę

but then he saw Pinocchio really was without feet
ale potem zobaczył, że Pinokio naprawdę jest bez nóg
and he was quite overcome with sympathy again
i znów ogarnęło go współczucie
Geppetto took his puppet in his arms
Geppetto wziął swoją marionetkę w ramiona
and he began to kiss and caress him
i zaczął go całować i pieścić
he said a thousand endearing things to him
Powiedział mu tysiąc ujmujących rzeczy
big tears ran down his rosy cheeks
Wielkie łzy spływały po jego zaróżowionych policzkach
"My little Pinocchio!" he comforted him
"Mój mały Pinokio!" pocieszał go

"how did you manage to burn your feet?"
– Jak udało ci się poparzyć sobie stopy?
"I don't know how I did it, papa"
"Nie wiem, jak to zrobiłem, tato"
"but it has been such a dreadful night"
"Ale to była taka straszna noc"
"I shall remember it as long as I live"
"Będę o tym pamiętać do końca życia"
"there was thunder and lightning all night"
"Przez całą noc słychać było grzmoty i błyskawice"
"and I was very hungry all night"
"i całą noc byłem bardzo głodny"
"and then the talking cricket scolded me"
"A potem gadający świerszcz mnie zbeształ"
"the talking cricket said 'it serves you right'"
"Gadający świerszcz powiedział: »To ci dobrze służy«"
"he said; 'you have been wicked and deserve it'"
— Powiedział; Byłeś niegodziwy i zasługujesz na to'"
"and I said to him: 'Take care, little Cricket!'"
"A ja powiedziałem do niego: 'Trzymaj się, mały świerszczku!'"
"and he said; 'You are a puppet'"
"A on powiedział; Jesteś marionetką'"
"and he said; 'you have a wooden head'"
"A on powiedział; Masz drewnianą głowę'"
"and I threw the handle of a hammer at him"
"i rzuciłem w niego trzonkiem młota"
"and then the talking little cricket died"
"A potem gadający mały świerszcz zdechł"
"but it was his fault that he died"
"Ale to była jego wina, że umarł"
"because I didn't wish to kill him"
"bo nie chciałem go zabić"
"and I have proof that I didn't mean to"
"i mam dowód, że nie chciałem"
"I had put an earthenware saucer on burning embers"
"Położyłem gliniany spodek na rozżarzonym węglu"

"but a chicken flew out of the egg"
"Ale z jajka wyleciała kura"
"the chicken said; 'Adieu, until we meet again'"
— Kura rzekła; Adieu, dopóki się znowu nie spotkamy'"
'send my compliments to all at home'
"Przesyłam pozdrowienia wszystkim w domu"
"and then I got even more hungry"
"a potem zrobiło mi się jeszcze bardziej głodnie"
"then there was that little old man in a night-cap"
"Był tam też ten mały staruszek w nocnym czepku"
"he opened the window up above me"
"Otworzył okno nade mną"
"and he told me to hold out my hat"
"I kazał mi wyciągnąć kapelusz"
"and he poured a basinful of water on me"
"I wylał na mnie miskę pełną wody"
"asking for a little bread isn't a disgrace, is it?"
– Proszenie o trochę chleba nie jest hańbą, prawda?
"and then I returned home at once"
"a potem natychmiast wróciłem do domu"
"I was hungry and cold and tired"
"Byłem głodny, zmarznięty i zmęczony"
"and I put my feet on the brazier to dry them"
"i położyłem stopy na palenisku, aby je wysuszyć"
"and then you returned in the morning"
"A potem wróciłeś rano"
"and I found my feet were burnt off"
"i znalazłem nogi moje spalone"
"and I am still hungry"
"a ja wciąż jestem głodny"
"but I no longer have any feet!"
"Ale ja już nie mam stóp!"
And poor Pinocchio began to cry and roar
A biedny Pinokio zaczął płakać i ryczeć
he cried so loudly that he was heard five miles off
Krzyczał tak głośno, że słyszano go w odległości pięciu mil
Geppetto, only understood one thing from all this

Geppetto, zrozumiał z tego wszystkiego tylko jedną rzecz
he understood that the puppet was dying of hunger
Zrozumiał, że marionetka umiera z głodu
so he drew from his pocket three pears
Wyjął więc z kieszeni trzy gruszki
and he gave the pears to Pinocchio
i dał gruszki Pinokio
"These three pears were intended for my breakfast"
"Te trzy gruszki były przeznaczone na moje śniadanie"
"but I will give you my pears willingly"
"ale chętnie dam ci moje gruszki"
"Eat them, and I hope they will do you good"
"Zjedz je, a mam nadzieję, że dobrze ci zrobią"
Pinocchio looked at the pears distrustfully
Pinokio patrzył nieufnie na gruszki
"but you can't expect me to eat them like that"
"Ale nie możesz oczekiwać, że zjem je w ten sposób"
"be kind enough to peel them for me"
"Bądź na tyle miły, aby mi je obrać"
"Peel them?" said Geppetto, astonished
"Obrać je?" zapytał Geppetto zdziwiony
"I didn't know you were so dainty and fastidious"
"Nie wiedziałam, że jesteś taka delikatna i wybredna"
"These are bad habits to have, my boy!"
— To złe nawyki, mój chłopcze!
"we must accustom ourselves to like and to eat everything"
"Musimy przyzwyczaić się do tego, że wszystko lubimy i jemy"
"there is no knowing to what we may be brought"
"Nie wiadomo, do czego możemy być przyprowadzeni"
"There are so many chances!"
"Jest tak wiele szans!"
"You are no doubt right," interrupted Pinocchio
— Bez wątpienia masz słuszność — przerwał mu Pinokio
"but I will never eat fruit that has not been peeled"
"ale nigdy nie zjem owocu, który nie jest obrany"
"I cannot bear the taste of rind"

"Nie mogę znieść smaku skórki"
So good Geppetto peeled the three pears
Tak dobry Geppetto obrał trzy gruszki
and he put the pear's rinds on a corner of the table
I położył skórki gruszki na rogu stołu
Pinocchio had eaten the first pear
Pinokio zjadł pierwszą gruszkę
he was about to throw away the pear's core
Już miał wyrzucić rdzeń gruszki
but Geppetto caught hold of his arm
ale Geppetto chwycił go za ramię
"Do not throw the core of the pear away"
"Nie wyrzucaj pestki gruszki"
"in this world everything may be of use"
"Na tym świecie wszystko może się przydać"
But Pinocchio refused to see the sense in it
Ale Pinokio nie chciał widzieć w tym sensu
"I am determined I will not eat the core of the pear"
"Jestem zdecydowany, że nie zjem pestki gruszki"
and Pinocchio turned upon him like a viper
a Pinokio rzucił się na niego jak żmija
"Who knows!" repeated Geppetto
— Kto wie — powtórzył Geppetto
"there are so many chances," he said
"Jest tak wiele szans" – powiedział
and Geppetto never lost his temper even once
a Geppetto ani razu nie stracił panowania nad sobą
And so the three pear cores were not thrown out
I tak trzy rdzenie gruszek nie zostały wyrzucone
they were placed on the corner of the table with the rinds
Kładziono je na rogu stołu ze skórkami
after his small feast Pinocchio yawned tremendously
po swojej małej uczcie Pinokio ziewnął przeraźliwie
and he spoke again in a fretful tone
I odezwał się znowu niespokojnym tonem
"I am as hungry as ever!"
"Jestem głodny jak zawsze!"

"But, my boy, I have nothing more to give you!"
— Ależ, mój chłopcze, nie mam ci nic więcej do dania!
"You have nothing? Really? Nothing?"
— Nie masz nic? Naprawdę? Nic?
"I have only the rind and the cores of the pears"
"Mam tylko skórkę i rdzenie gruszek"
"One must have patience!" said Pinocchio
"Trzeba mieć cierpliwość!" powiedział Pinokio
"if there is nothing else I will eat the pear's rind"
"jeśli nie będzie nic innego, zjem skórkę gruszki"
And he began to chew the rind of the pear
I zaczął żuć skórkę gruszki
At first he made a wry face
W pierwszej chwili zrobił krzywą minę
but then, one after the other, he quickly ate them
Ale potem, jeden po drugim, szybko je zjadał
and after the pear's rinds he even ate the cores
a po skórkach gruszki jadł nawet ogryzki
when he had eaten everything he rubbed his belly
Kiedy już wszystko zjadł, potarł sobie brzuch
"Ah! now I feel comfortable again"
— Ach! teraz znów czuję się komfortowo"
"Now you see I was right," smiled Gepetto
— Teraz widzisz, że miałem rację — uśmiechnął się Gepetto
"it's not good to accustom ourselves to our tastes"
"Nie jest dobrze przyzwyczajać się do własnych gustów"
"We can never know, my dear boy, what may happen to us"
"Nigdy nie wiemy, mój drogi chłopcze, co może się z nami stać"
"There are so many chances!"
"Jest tak wiele szans!"

Geppetto Makes Pinocchio New Feet
Geppetto sprawia, że Pinokio ma nowe stopy

the puppet had satisfied his hunger
Marionetka zaspokoiła jego głód
but he began to cry and grumble again
Ale on znowu zaczął płakać i marudzić
he remembered he wanted a pair of new feet
Przypomniał sobie, że chciał mieć parę nowych stóp
But Geppetto punished him for his naughtiness
Ale Geppetto ukarał go za jego niegrzeczność
he allowed him to cry and to despair a little
Pozwolił mu płakać i trochę rozpaczać
Pinocchio had to accept his fate for half the day
Pinokio musiał pogodzić się ze swoim losem przez pół dnia
at the end of the day he said to him:
Pod koniec dnia powiedział do niego:
"Why should I make you new feet?"
"Dlaczego miałbym ci stawiać nowe stopy?"
"To enable you to escape again from home?"
— Żeby ci znowu uciec z domu?
Pinocchio sobbed at his situation
Pinokio szlochał na widok swojej sytuacji
"I promise you that for the future I will be good"
"Obiecuję ci, że na przyszłość będę dobry"
but Geppetto knew Pinocchio's tricks by now
ale Geppetto znał już sztuczki Pinokia
"All boys who want something say the same thing"
"Wszyscy chłopcy, którzy czegoś chcą, mówią to samo"
"I promise you that I will go to school"
"Obiecuję ci, że pójdę do szkoły"
"and I will study and bring home a good report"
"A ja będę się uczył i przyniosę do domu dobre sprawozdanie"
"All boys who want something repeat the same story"
"Wszyscy chłopcy, którzy czegoś chcą, powtarzają tę samą historię"
"But I am not like other boys!" Pinocchio objected

"Ale ja nie jestem taki jak inni chłopcy!" Pinokio zaprotestował
"I am better than all of them," he added
"Jestem lepszy od nich wszystkich" – dodał
"and I always speak the truth," he lied
– A ja zawsze mówię prawdę – skłamał
"I promise you, papa, that I will learn a trade"
"Obiecuję ci, tato, że nauczę się fachu"
"I promise that I will be the consolation of your old age"
"Obiecuję, że będę pociechą waszej starości"
Geppetto's eyes filled with tears on hearing this
Oczy Geppetto napełniły się łzami, słysząc to
his heart was sad at seeing his son like this
Jego serce było smutne, gdy widział swojego syna w takim stanie
Pinocchio was in such a pitiable state
Pinokio był w tak opłakanym stanie
He did not say another word to Pinocchio
Nie odezwał się ani słowem do Pinokia
he got his tools and two small pieces of seasoned wood
Wziął swoje narzędzia i dwa małe kawałki sezonowanego drewna
he set to work with great diligence
Zabrał się do pracy z wielką pilnością
In less than an hour the feet were finished
W niecałą godzinę stopy były gotowe
They might have been modelled by an artist of genius
Być może wymodelował je genialny artysta
Geppetto then spoke to the puppet
Następnie Geppetto przemówił do marionetki
"Shut your eyes and go to sleep!"
"Zamknij oczy i idź spać!"
And Pinocchio shut his eyes and pretended to sleep
A Pinokio zamknął oczy i udawał, że śpi
Geppetto got an egg-shell and melted some glue in it
Geppetto wziął skorupkę jajka i stopił w niej trochę kleju
and he fastened Pinocchio's feet in their place
i umocował stopy Pinokia na ich miejscu

it was masterfully done by Geppetto
mistrzowsko zrobił to Geppetto
not a trace could be seen of where the feet were joined
Nie było widać żadnego śladu po tym, gdzie stopy były złączone
Pinocchio soon realized that he had feet again
Pinokio szybko zdał sobie sprawę, że znów ma stopy
and then he jumped down from the table
A potem zeskoczył ze stołu
he jumped around the room with energy and joy
Skakał po pokoju z energią i radością
he danced as if he had gone mad with his delight
Tańczył, jakby oszalał z zachwytu
"thank you for all you have done for me"
"Dziękuję za wszystko, co dla mnie zrobiłeś"
"I will go to school at once," Pinocchio promised
– Zaraz pójdę do szkoły – obiecał Pinokio
"but to go to school I shall need some clothes"
"ale żeby iść do szkoły, będę potrzebował trochę ubrań"
by now you know that Geppetto was a poor man
Wiesz już, że Geppetto był biednym człowiekiem
he had not so much as a penny in his pocket
W kieszeni nie miał nawet grosza
so he made him a little dress of flowered paper
Zrobił mu więc małą sukienkę z kwiecistego papieru
a pair of shoes from the bark of a tree
Para butów z kory drzewa
and he made a hat out of the bread
I zrobił kapelusz z chleba

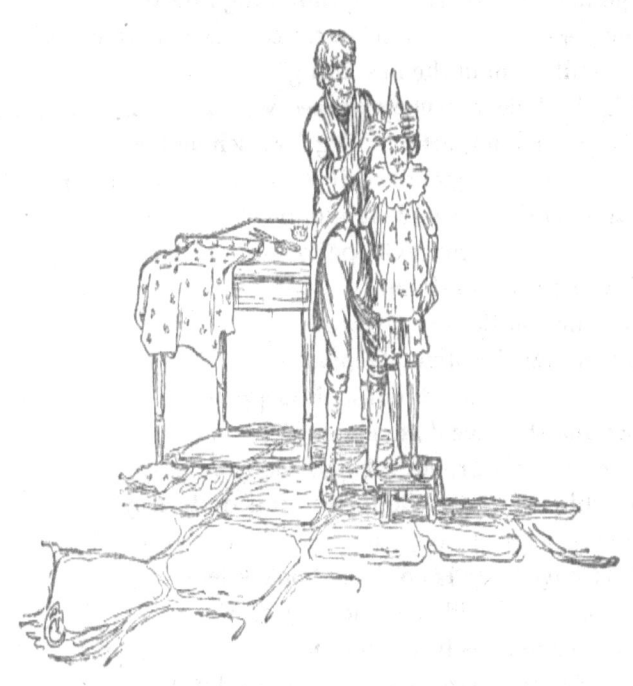

Pinocchio ran to look at himself in a crock of water
Pinokio pobiegł, by spojrzeć na siebie w garnku z wodą
he was ever so pleased with his appearance
Był bardzo zadowolony ze swojego wyglądu
and he strutted about the room like a peacock
i przechadzał się po pokoju jak paw
"I look quite like a gentleman!"
"Wyglądam całkiem jak dżentelmen!"
"Yes, indeed," answered Geppetto
— Tak — odparł Geppetto
"it is not fine clothes that make the gentleman"
"To nie piękne ubrania czynią dżentelmena"
"rather, it is clean clothes that make a gentleman"
"To raczej czyste ubrania czynią dżentelmena"
"By the way," added the puppet
— A tak przy okazji — dodała marionetka

"to go to school there's still something I need"
"żeby pójść do szkoły, jest jeszcze coś, czego potrzebuję"
"I am still without the best thing"
"Wciąż brakuje mi najlepszej rzeczy"
"it is the most important thing for a school boy"
"To jest najważniejsze dla chłopca w wieku szkolnym"
"And what is it?" asked Geppetto
"A cóż to jest?" zapytał Geppetto
"I have no spelling-book"
"Nie mam książki do ortografii"
"You are right" realized Geppetto
– Masz rację – uświadomił sobie Geppetto
"but what shall we do to get one?"
— Ale co mamy zrobić, żeby go zdobyć?
Pinocchio comforted Geppetto, "It is quite easy"
Pinokio pocieszał Geppetto: "To całkiem proste"
"all we have to do is go to the bookseller's"
"Wystarczy, że pójdziemy do księgarni"
"all I have to do is buy from them"
"wszystko, co muszę zrobić, to kupić od nich"
"but how do we buy it without money?"
"Ale jak to kupić bez pieniędzy?"
"I have got no money," said Pinocchio
– Nie mam pieniędzy – powiedział Pinokio
"Neither have I," added the good old man, very sadly
— Ja też nie — dodał poczciwy starzec z wielkim smutkiem
although he was a very merry boy, Pinocchio became sad
chociaż był bardzo wesołym chłopcem, Pinokio stał się smutny
poverty, when it is real, is understood by everybody
Ubóstwo, jeśli jest realne, jest rozumiane przez wszystkich
"Well, patience!" exclaimed Geppetto, rising to his feet
"No, cierpliwości!" wykrzyknął Geppetto, wstając
and he put on his old corduroy jacket
i włożył swoją starą sztruksową kurtkę
and he ran out of the house into the snow
I wybiegł z domu na śnieg

He returned back to the house soon after
Wkrótce potem wrócił do domu
in his hand he held a spelling-book for Pinocchio
w ręku trzymał książkę do ortografii dla Pinokia
but the old jacket he had left with was gone
Ale stara kurtka, z którą odszedł, zniknęła
The poor man was in his shirt-sleeves
Biedak był w rękawach koszuli
and outdoors it was cold and snowing
A na zewnątrz było zimno i padał śnieg
"And your jacket, papa?" asked Pinocchio
"A twoja kurtka, tato?" zapytał Pinokio
"I have sold it," confirmed old Geppetto
— Sprzedałem go — potwierdził stary Geppetto
"Why did you sell it?" asked Pinocchio
"Dlaczego to sprzedałeś?" zapytał Pinokio
"Because I found my jacket was too hot"
"Bo stwierdziłem, że moja kurtka jest za gorąca"
Pinocchio understood this answer in an instant
Pinokio zrozumiał tę odpowiedź w jednej chwili
Pinocchio was unable to restrain the impulse of his heart
Pinokio nie był w stanie powstrzymać impulsu serca
Because Pinocchio did have a good heart after all
Bo Pinokio miał przecież dobre serce
he sprang up and threw his arms around Geppetto's neck
zerwał się i zarzucił ramiona na szyję Geppetto
and he kissed him again and again a thousand times
i całował go raz po tysiąc razy

Pinocchio Goes to See a Puppet Show
Pinokio idzie na przedstawienie kukiełkowe

eventually it stopped snowing outside
W końcu na zewnątrz przestał padać śnieg
and Pinocchio set out to go to school
a Pinokio wyruszył do szkoły
and he had his fine spelling-book under his arm
A pod pachą trzymał swój piękny zeszyt do ortografii
he walked along with a thousand ideas in his head
Szedł z tysiącem pomysłów w głowie
his little brain thought of all the possibilities
Jego mały mózg rozmyślał o wszystkich możliwościach
and he built a thousand castles in the air
i zbudował tysiąc zamków w powietrzu
each castle was more beautiful than the other
Każdy zamek był piękniejszy od drugiego
And, talking to himself, he said;
I, mówiąc do siebie, powiedział;
"Today at school I will learn to read at once"
"Dziś w szkole od razu nauczę się czytać"
"then tomorrow I will begin to write"
"to jutro zacznę pisać"
"and the day after tomorrow I will learn the numbers"
"a pojutrze poznam liczby"
"all of these things will prove very useful"
"Wszystkie te rzeczy okażą się bardzo przydatne"
"and then I will earn a great deal of money"
"a wtedy zarobię dużo pieniędzy"
"I already know what I will do with the first money"
"Już wiem, co zrobię z pierwszymi pieniędzmi"
"I will immediately buy a beautiful new cloth coat"
"Natychmiast kupię piękny nowy płaszcz z tkaniny"
"my papa will not have to be cold anymore"
"Mój tata nie będzie już musiał marznąć"
"But what am I saying?" he realized
"Ale co ja mówię?" – zdał sobie sprawę

"It shall be all made of gold and silver"
"Wszystko będzie ze złota i srebra"
"and it shall have diamond buttons"
"I będzie miał diamentowe guziki"
"That poor man really deserves it"
"Ten biedny człowiek naprawdę na to zasługuje"
"he bought me books and is having me taught"
"Kupił mi książki i każe mi się uczyć"
"and to do so he has remained in a shirt"
"I w tym celu pozostał w koszuli"
"he has done all this for me in such cold weather"
"On zrobił to wszystko dla mnie w tak zimną pogodę"
"only papas are capable of such sacrifices!"
"Tylko tatusiowie są zdolni do takich poświęceń!"
he said all this to himself with great emotion
Mówił to wszystko do siebie z wielkim wzruszeniem
but in the distance he thought he heard music
Ale w oddali zdawało mu się, że słyszy muzykę
it sounded like pipes and the beating of a big drum
Brzmiało to jak piszczałki i bicie w wielki bęben
He stopped and listened to hear what it could be
Zatrzymał się i nasłuchiwał, co to może być
The sounds came from the end of a street
Odgłosy dochodziły z końca ulicy
and the street led to a little village on the seashore
Ulica prowadziła do małej wioski nad brzegiem morza
"What can that music be?" he wondered
"Co to może być za muzyka?" – zastanawiał się
"What a pity that I have to go to school"
"Jaka szkoda, że muszę iść do szkoły"
"if only I didn't have to go to school..."
"gdybym tylko nie musiała chodzić do szkoły..."
And he remained irresolute
I pozostał niezdecydowany
It was, however, necessary to come to a decision
Trzeba było jednak podjąć decyzję
"Should I go to school?" he asked himself

"Czy powinienem iść do szkoły?" – zadał sobie pytanie
"or should I go after the music?"
"A może powinienem zająć się muzyką?"
"Today I will go and hear the music" he decided
"Dzisiaj pójdę i posłucham muzyki" – zdecydował
"and tomorrow I will go to school"
"a jutro pójdę do szkoły"
the young scapegrace of a boy had decided
Młoda ofiara chłopca zdecydowała
and he shrugged his shoulders at his choice
i wzruszył ramionami, słysząc swój wybór
The more he ran the nearer came the sounds of the music
Im dłużej biegł, tym bardziej zbliżały się dźwięki muzyki
and the beating of the big drum became louder and louder
a bicie w wielki bęben stawało się coraz głośniejsze
At last he found himself in the middle of a town square
W końcu znalazł się na środku miejskiego rynku
the square was quite full of people
Plac był dość pełen ludzi
all the people were all crowded round a building
Wszyscy ludzie tłoczyli się wokół budynku
and the building was made of wood and canvas
a budynek był wykonany z drewna i płótna
and the building was painted a thousand colours
a budynek został pomalowany na tysiąc kolorów
"What is that building?" asked Pinocchio
"Co to za budynek?" zapytał Pinokio
and he turned to a little boy
I odwrócił się do małego chłopca
"Read the placard," the boy told him
– Przeczytaj plakat – powiedział mu chłopiec
"it is all written there," he added
"Tam wszystko jest napisane" - dodał
"read it and and then you will know"
"przeczytaj, a wtedy będziesz wiedział"
"I would read it willingly," said Pinocchio
— Chętnie bym to przeczytał — rzekł Pinokio

"but it so happens that today I don't know how to read"
"ale tak się składa, że dziś nie umiem czytać"
"Bravo, blockhead! Then I will read it to you"
"Brawo, głupku! Potem ci to przeczytam"
"you see those words as red as fire?"
— Widzisz te słowa czerwone jak ogień?
"The Great Puppet Theatre," he read to him
– Wielki Teatr Lalek – przeczytał mu
"Has the play already begun?"
— Czy sztuka już się zaczęła?
"It is beginning now," confirmed the boy
— Teraz się zaczyna — potwierdził chłopiec
"How much does it cost to go in?"
"Ile kosztuje wejście?"
"A dime is what it costs you"
"Grosz to tyle, ile cię to kosztuje"
Pinocchio was in a fever of curiosity
Pinokio był w gorączce ciekawości
full of excitement he lost all control of himself
Pełen podniecenia stracił nad sobą wszelką kontrolę
and Pinocchio lost all sense of shame
a Pinokio stracił wszelkie poczucie wstydu
"Would you lend me a dime until tomorrow?"
– Czy mógłbyś mi pożyczyć grosz do jutra?
"I would lend it to you willingly," said the boy
— Chętnie bym ci go pożyczył — odparł chłopiec
"but unfortunately today I cannot give it to you"
"ale niestety dzisiaj nie mogę ci tego dać"
Pinocchio had another idea to get the money
Pinokio wpadł na inny pomysł, aby zdobyć pieniądze
"I will sell you my jacket for a dime"
"Sprzedam ci moją kurtkę za grosze"
"but your jacket is made of flowered paper"
"Ale twoja kurtka jest zrobiona z kwiecistego papieru"
"what use could I have for such a jacket?"
"Na co mi się przyda taka kurtka?"
"imagine it rained and the jacket got wet"

"Wyobraź sobie, że pada deszcz i kurtka jest mokra"
"it would be impossible to get it off my back"
"Nie da się tego z moich pleców zdjąć"
"Will you buy my shoes?" tried Pinocchio
"Kupisz mi buty?" – spytał Pinokio
"They would only be of use to light the fire"
"Przydałyby się tylko do rozpalenia ognia"
"How much will you give me for my cap?"
– Ile mi dasz za moją czapkę?
"That would be a wonderful acquisition indeed!"
"To byłby naprawdę wspaniały nabytek!"
"A cap made of bread crumb!" joked the boy
"Czapka z okruchów chleba!" zażartował chłopiec
"There would be a risk of the mice coming to eat it"
"Istniałoby ryzyko, że myszy przyjdą go zjeść"
"they might eat it whilst it was still on my head!"
"Mogą go zjeść, kiedy jest jeszcze na mojej głowie!"
Pinocchio was on thorns about his predicament
Pinokio był wściekły z powodu swojego położenia
He was on the point of making another offer
Już miał złożyć kolejną propozycję
but he had not the courage to ask him
Nie miał jednak odwagi go o to zapytać
He hesitated, felt irresolute and remorseful
Zawahał się, czuł się niezdecydowany i miał wyrzuty sumienia
At last he raised the courage to ask
W końcu zebrał się na odwagę, by zapytać
"Will you give me a dime for this new spelling-book?"
– Czy dasz mi grosz za tę nową książkę do ortografii?
but the boy declined this offer too
Ale chłopiec również odrzucił tę propozycję
"I am a boy and I don't buy from boys"
"Jestem chłopcem i nie kupuję od chłopców"
a hawker of old clothes had overheard them
Podsłuchał ich sprzedawca starych ubrań
"I will buy the spelling-book for a dime"

"Kupię książkę do ortografii za grosze"
And the book was sold there and then
I książka była tam sprzedawana i wtedy
poor Geppetto had remained at home trembling with cold
Biedny Geppetto pozostał w domu, trzęsąc się z zimna
in order that his son could have a spelling-book
aby jego syn mógł mieć książkę do ortografii

The Puppets Recognize their Brother Pinocchio
Marionetki rozpoznają swojego brata Pinokia

Pinocchio was in the little puppet theatre
Pinokio był w małym teatrzyku kukiełkowym
an incident occurred that almost produced a revolution
Zdarzył się incydent, który omal nie doprowadził do rewolucji
The curtain had gone up and the play had already begun
Kurtyna poszła w górę, a sztuka już się rozpoczęła
Harlequin and Punch were quarrelling with each other
Arlekin i Punch kłócili się ze sobą
every moment they were threatening to come to blows
W każdej chwili grozili, że dojdzie do rękoczynów
All at once Harlequin stopped and turned to the public
Nagle Arlekin zatrzymał się i odwrócił do publiczności
he pointed with his hand to someone far down in the pit
Wskazał ręką na kogoś znajdującego się głęboko w dole
and he exclaimed in a dramatic tone
i wykrzyknął dramatycznym tonem
"Gods of the firmament!"
"Bogowie firmamentu!"
"Do I dream or am I awake?"
"Czy śnię, czy jestem na jawie?"
"But, surely that is Pinocchio!"
"Ale to na pewno Pinokio!"
"It is indeed Pinocchio!" cried Punch
"To rzeczywiście Pinokio!" zawołał Punch
And Rose peeped out from behind the scenes

A Rose wyjrzała zza kulis
"It is indeed himself!" screamed Rose
"To naprawdę on sam!" krzyknęła Róża
and all the puppets shouted in chorus
i wszystkie marionetki krzyczały chórem
"It is Pinocchio! it is Pinocchio!"
"To jest Pinokio! to jest Pinokio!"
and they leapt from all sides onto the stage
i wyskakiwali ze wszystkich stron na scenę
"It is Pinocchio!" all the puppets exclaimed
"To Pinokio!" – wykrzyknęły wszystkie marionetki
"It is our brother Pinocchio!"
— To nasz brat Pinokio!
"Long live Pinocchio!" they cheered together
"Niech żyje Pinokio!" – wiwatowali razem
"Pinocchio, come up here to me," cried Harlequin
— Pinokio, chodź tu do mnie — zawołał Arlekin
"throw yourself into the arms of your wooden brothers!"
"Rzuć się w ramiona swoich drewnianych braci!"
Pinocchio couldn't decline this affectionate invitation
Pinokio nie mógł odrzucić tego serdecznego zaproszenia
he leaped from the end of the pit into the reserved seats
Skoczył z końca boksu na zarezerwowane miejsca
another leap landed him on the head of the drummer
Kolejny skok wylądował na głowie perkusisty
and he then sprang upon the stage
A potem wskoczył na scenę
The embraces and the friendly pinches
Uściski i przyjazne szczypanie
and the demonstrations of warm brotherly affection
i okazywanie serdecznych uczuć braterskich
Pinocchio reception from the puppets was beyond description
Odbiór Pinokia przez lalki był nie do opisania
The sight was doubtless a moving one
Widok ten był bez wątpienia wzruszający
but the public in the pit had become impatient

Ale publiczność w dole stała się niecierpliwa
they began to shout, "we came to watch a play"
Zaczęli krzyczeć: "Przyszliśmy obejrzeć sztukę"
"go on with the play!" they demanded
"Kontynuuj zabawę!" – zażądali
but the puppets didn't continue the recital
Ale marionetki nie kontynuowały recitalu
the puppets doubled their noise and outcries
Marionetki podwoiły swój hałas i krzyki
they put Pinocchio on their shoulders
położyli Pinokia na swoich ramionach
and they carried him in triumph before the footlights
i nieśli Go triumfalnie przed światłami
At that moment the ringmaster came out
W tym momencie wyszedł konferansjer
He was a big and ugly man
Był dużym i brzydkim mężczyzną
the sight of him was enough to frighten anyone
Sam jego widok wystarczył, by przestraszyć każdego
His beard was as black as ink and long
Jego broda była jak atrament i długa
and his beard reached from his chin to the ground
a broda mu sięgała od brody do ziemi
and he trod upon his beard when he walked
i nadepnął na brodę, gdy szedł
His mouth was as big as an oven
Jego usta były wielkie jak piekarnik
and his eyes were like two lanterns of burning red glass
a oczy jego były jak dwie latarnie z płonącego czerwonego szkła
He carried a large whip of twisted snakes and foxes' tails
Niósł przy sobie duży bicz z powykręcanych węży i lisich ogonów
and he cracked his whip constantly
i trzaskał biczem bez przerwy
At his unexpected appearance there was a profound silence
Przy jego niespodziewanym pojawieniu się zapadła głęboka

cisza
no one dared to even breathe
Nikt nie śmiał nawet oddychać
A fly could have been heard in the stillness
W ciszy słychać było muchę
The poor puppets of both sexes trembled like leaves
Biedne marionetki obojga płci drżały jak liście
"have you come to raise a disturbance in my theatre?"
— Przyszedłeś wszcząć awanturę w moim teatrze?
he had the gruff voice of a goblin
Miał szorstki głos goblina
a goblin suffering from a severe cold
Goblin cierpiący na silne przeziębienie
"Believe me, honoured sir, it it not my fault!"
— Wierz mi, szanowny panie, to nie moja wina!
"That is enough from you!" he blared
"Dość tego od ciebie!" ryknął
"Tonight we will settle our accounts"
"Dziś wieczorem rozliczymy się"
soon the play was over and the guests left
Wkrótce zabawa dobiegła końca i goście opuścili salę
the ringmaster went into the kitchen
Wodzirej poszedł do kuchni
a fine sheep was being prepared for his supper
Na wieczerzę przygotowywano mu piękną owcę
it was turning slowly on the fire
Powoli obracał się na ogniu
there was not enough wood to finish roasting the lamb
Nie było wystarczająco dużo drewna, aby dokończyć pieczenie jagnięciny
so he called for Harlequin and Punch
wezwał więc Arlekina i Puncha
"Bring that puppet here," he ordered them
— Przyprowadźcie tu tę marionetkę — rozkazał im
"you will find him hanging on a nail"
"Znajdziesz go wiszącego na gwoździu"
"It seems to me that he is made of very dry wood"

"Wydaje mi się, że jest zrobiony z bardzo suchego drewna"
"I am sure he would make a beautiful blaze"
"Jestem pewna, że rozpaliłby piękny płomień"
At first Harlequin and Punch hesitated
Na początku Arlekin i Punch wahali się
but they were appalled by a severe glance from their master
Byli jednak przerażeni surowym spojrzeniem swego pana
and they had no choice but to obey his wishes
i nie mieli innego wyboru, jak tylko być posłusznymi Jego życzeniom
In a short time they returned to the kitchen
Po krótkim czasie wrócili do kuchni
this time they were carrying poor Pinocchio
tym razem nieśli biednego Pinokia
he was wriggling like an eel out of water
Wił się jak węgorz wyjęty z wody
and he was screaming desperately
A on krzyczał rozpaczliwie
"Papa! papa! save me! I will not die!"
"Tato! tata! Uratuj mnie! Nie umrę!"

The Fire-Eater Sneezes and Pardons Pinocchio
Połykacz Ognia i wybacza Pinokiu

The ringmaster looked like a wicked man
Wodzirej wyglądał jak zły człowiek
and he was known by all as Fire-eater
i wszyscy znali go jako Połykacza Ognia
his black beard covered his chest and legs
broda zakrywała mu klatkę piersiową i nogi
it was like he was wearing an apron
Wyglądało to tak, jakby miał na sobie fartuch
and this made him look especially wicked
A to sprawiało, że wyglądał na szczególnie złego
On the whole, however, he did not have a bad heart
Ogólnie jednak rzecz biorąc, nie miał złego serca

he saw poor Pinocchio brought before him
Zobaczył biednego Pinokia, którego przyprowadzono przed niego
he saw the puppet struggling and screaming
Zobaczył, jak marionetka szarpie się i krzyczy
"I will not die, I will not die!"
"Nie umrę, nie umrę!"
and he was quite moved by what he saw
i był bardzo poruszony tym, co zobaczył
he felt very sorry for the helpless puppet
Było mu bardzo żal bezbronnej marionetki
he tried to hold his sympathies within himself
Starał się zachować w sobie współczucie
but after a little they all came out
Ale po chwili wszyscy wyszli
he could contain his sympathy no longer
Nie mógł już dłużej powstrzymywać swojego współczucia
and he let out an enormous violent sneeze
i wypuścił z siebie ogromne, gwałtowne kichnięcie
up until that moment Harlequin had been worried
Do tej chwili Arlekin był zaniepokojony
he had been bowing down like a weeping willow
Kłaniał się jak wierzba płacząca
but when he heard the sneeze he became cheerful
Ale kiedy usłyszał kichnięcie, rozweselił się
he leaned towards Pinocchio and whispered;
pochylił się ku Pinokiu i szepnął;
"Good news, brother, the ringmaster has sneezed"
"Dobra wiadomość, bracie, wodzirej kichnął"
"that is a sign that he pities you"
"To znak, że się nad tobą lituje"
"and if he pities you, then you are saved"
"A jeśli się nad tobą ulituje, jesteś zbawiony"
most men weep when they feel compassion
Większość mężczyzn płacze, gdy odczuwa współczucie
or at least they pretend to dry their eyes
A przynajmniej udają, że wysuszają oczy

Fire-Eater, however, had a different habit
Połykacz Ognia miał jednak inny zwyczaj
when moved by emotion his nose would tickle him
Poruszony emocjami, łaskotał go nos
the ringmaster didn't stop acting the ruffian
Wodzirej nie przestawał zachowywać się jak
"are you quite done with all your crying?"
– Już skończyłaś z tym całym swoim płaczem?
"my stomach hurts from your lamentations"
"Brzuch boli mnie od twoich lamentów"
"I feel a spasm that almost..."
"Czuję skurcz, który prawie..."
and the ringmaster let out another loud sneeze
A konferansjer wypuścił z siebie kolejne głośne kichnięcie
"Bless you!" said Pinocchio, quite cheerfully
"Na zdrowie!" powiedział Pinokio całkiem wesoło
"Thank you! And your papa and your mamma?"
"Dziękuję! A twój tata i twoja mama?
"are they still alive?" asked Fire-Eater
"Czy oni jeszcze żyją?" zapytał Połykacz Ognia
"My papa is still alive and well," said Pinocchio
– Mój tata wciąż żyje i ma się dobrze – powiedział Pinokio
"but my mamma I have never known," he added
"Ale mojej mamy nigdy nie znałem" – dodał
"good thing I did not have you thrown on the fire"
"Dobrze, że nie wrzuciłem cię do ognia"
"your father would have lost all who he still had"
"Twój ojciec straciłby wszystko, co jeszcze miał"
"Poor old man! I pity him!"
— Biedny staruszek! Żal mi go!"
"Etchoo! etchoo! etchoo!" Fire-eater sneezed
"Etchoo! itdhoo! itd!" Połykacz Ognia kichnął
and he sneezed again three times
I znowu kichnął trzy razy
"Bless you," said Pinocchio each time
– Na zdrowie, powtarzał za każdym razem Pinokio
"Thank you! Some compassion is due to me"

"Dziękuję! Trochę współczucia mi się należy"
"as you can see I have no more wood"
"Jak widzisz, nie mam już drewna"
"so I will struggle to finish roasting my mutton"
"więc będę miał trudności z dokończeniem pieczenia baraniny"
"you would have been of great use to me!"
— Bardzo byś mi się przydał!
"However, I have had pity on you"
"Ulitowałem się jednak nad tobą"
"so I must have patience with you"
"Muszę więc mieć do ciebie cierpliwość"
"Instead of you I will burn another puppet"
"Zamiast ciebie spalę kolejną marionetkę"
At this call two wooden gendarmes immediately appeared
Na to wezwanie natychmiast pojawili się dwaj drewniani żandarmi
They were very long and very thin puppets
Były to bardzo długie i bardzo cienkie kukiełki
and they had wonky hats on their heads
a na głowach mieli chwiejne kapelusze
and they held unsheathed swords in their hands
a w rękach trzymali miecze bez pochwy
The ringmaster said to them in a hoarse voice:
Wodzirej rzekł do nich ochrypłym głosem:
"Take Harlequin and bind him securely"
"Weź Arlekina i zwiąż go mocno"
"and then throw him on the fire to burn"
"A potem wrzuć go do ognia, żeby się spalił"
"I am determined that my mutton shall be well roasted"
"Jestem zdecydowany, że moja baranina będzie dobrze upieczona"
imagine how poor Harlequin must have felt!
Wyobraź sobie, jak biedny musiał się czuć Arlekin!
His terror was so great that his legs bent under him
Jego przerażenie było tak wielkie, że nogi ugięły się pod nim
and he fell with his face on the ground

i upadł z twarzą na ziemię
Pinocchio was agonized by what he was seeing
Pinokio był przerażony tym, co widział
he threw himself at the ringmaster's feet
Rzucił się do stóp wodzireja
he bathed his long beard with his tears
Łzami obmył swoją długą brodę
and he tried to beg for Harlequin's life
i próbował błagać o życie Arlekina
"Have pity, Sir Fire-Eater!" Pinocchio begged
— Zlituj się, panie Połykaczu Ognia! — błagał Pinokio
"Here there are no sirs," the ringmaster answered severely
— Tu nie ma panów — odparł surowo konferansjer
"Have pity, Sir Knight!" Pinocchio tried
— Zlituj się, panie rycerzu! Pinokio próbował
"Here there are no knights!" the ringmaster answered
"Tu nie ma rycerzy!" odpowiedział konferansjer
"Have pity, Commander!" Pinocchio tried
— Zlituj się, komandorze! Pinokio próbował
"Here there are no commanders!"
— Tu nie ma dowódców!
"Have pity, Excellence!" Pinocchio pleaded
— Zlituj się, Ekscelencjo! Pinokio błagał
Fire-eater quite liked what he had just heard
Połykaczowi ognia bardzo podobało się to, co właśnie usłyszał
Excellence was something he did aspire to
Doskonałość była czymś, do czego dążył
and the ringmaster began to smile again
A wodzirej znów zaczął się uśmiechać
and he became at once kinder and more tractable
i od razu stał się milszy i bardziej uległy
Turning to Pinocchio, he asked:
Zwracając się do Pinokia, zapytał:
"Well, what do you want from me?"
— A czego ode mnie chcesz?
"I implore you to pardon poor Harlequin"
— Błagam cię, przebacz biednemu Arlekinowi.

"For him there can be no pardon"
"Dla niego nie może być przebaczenia"
"I have spared you, if you remember"
"Oszczędziłem cię, jeśli pamiętasz"
"so he must be put on the fire"
"Trzeba go więc wrzucić do ognia"
"I am determined that my mutton shall be well roasted"
"Jestem zdecydowany, że moja baranina będzie dobrze upieczona"
Pinocchio stood up proudly to the ringmaster
Pinokio stanął dumnie przed wodzirejem
and he threw away his cap of bread crumb
I wyrzucił swoją czapkę z okruchami chleba
"In that case I know my duty"
"W takim razie znam swój obowiązek"
"Come on, gendarmes!" he called the soldiers
"Chodźcie, żandarmi!" – zawołał do żołnierzy
"Bind me and throw me amongst the flames"
"Zwiąż mnie i wrzuć w płomienie"
"it would not be just for Harlequin to die for me!"
— Nie tylko Arlekin miałby za mnie umrzeć!
"he has been a true friend to me"
"Był dla mnie prawdziwym przyjacielem"
Pinocchio had spoken in a loud, heroic voice
Pinokio przemówił donośnym, heroicznym głosem
and his heroic actions made all the puppets cry
A jego heroiczne czyny sprawiły, że wszystkie marionetki zaczęły płakać
Even though the gendarmes were made of wood
Mimo że żandarmi byli z drewna
they wept like two newly born lambs
Płakali jak dwa nowo narodzone baranki
Fire-eater at first remained as hard and unmoved as ice
Połykacz Ognia z początku pozostał twardy i nieruchomy jak lód
but little by little he began to melt and sneeze
Ale stopniowo zaczął się topić i kichać

he sneezed again four or five times
Kichnął znowu cztery czy pięć razy
and he opened his arms affectionately
I czule rozłożył ramiona
"You are a good and brave boy!" he praised Pinocchio
"Jesteś dobrym i odważnym chłopcem!" pochwalił Pinokia
"Come here and give me a kiss"
"Chodź tu i daj mi buziaka"
Pinocchio ran to the ringmaster at once
Pinokio natychmiast pobiegł do wodzireja
he climbed up the ringmaster's beard like a squirrel
Wspiął się po brodzie wodzireja jak wiewiórka
and he deposited a hearty kiss on the point of his nose
i złożył serdeczny pocałunek na czubku nosa
"Then the pardon is granted?" asked poor Harlequin
"A więc ułaskawienie zostało udzielone?" zapytał biedny Arlekin
in a faint voice that was scarcely audible
słabym głosem, ledwo słyszalnym
"The pardon is granted!" answered Fire-Eater
"Przebaczenie zostało udzielone!" odpowiedział Połykacz Ognia
he then added, sighing and shaking his head:
Potem dodał, wzdychając i potrząsając głową:
"I must have patience with my puppets!"
"Muszę mieć cierpliwość do moich marionetek!"
"Tonight I shall have to eat the mutton half raw;"
— Dziś wieczorem będę musiał zjeść baraninę na wpół surową.
"but another time, woe to him who displeases me!"
"A innym razem biada temu, kto mi się nie podoba!"
At the news of the pardon the puppets all ran to the stage
Na wieść o ułaskawieniu wszystkie kukiełki pobiegły na scenę
they lit all the lamps and chandeliers of the show
Zapalili wszystkie lampy i żyrandole na pokazie
it was as if there was a full-dress performance
Wyglądało to tak, jakby odbywał się występ w pełnym stroju

they began to leap and to dance merrily
Zaczęli skakać i wesoło tańczyć
when dawn had come they were still dancing
Gdy nastał świt, wciąż jeszcze tańczyli

Pinocchio Receives Five Gold Pieces
Pinokio otrzymuje pięć sztuk złota

The following day Fire-eater called Pinocchio over
Następnego dnia Połykacz Ognia wezwał Pinokia do siebie
"What is your father's name?" he asked Pinocchio
"Jak ma na imię twój ojciec?" zapytał Pinokia
"My father is called Geppetto," Pinocchio answered
— Mój ojciec nazywa się Geppetto — odparł Pinokio
"And what trade does he follow?" asked Fire-eater
"A jakim zawodem on się zajmuje?" zapytał Połykacz Ognia
"He has no trade, he is a beggar"
"On nie ma rzemiosła, jest żebrakiem"
"Does he earn much?" asked Fire-eater
"Czy on dużo zarabia?" zapytał Połykacz Ognia
"No, he has never a penny in his pocket"

"Nie, on nigdy nie ma grosza w kieszeni"
"once he bought me a spelling-book"
"Kiedyś kupił mi książkę do ortografii"
"but he had to sell the only jacket he had"
"Ale musiał sprzedać jedyną kurtkę, jaką miał"
"Poor devil! I feel almost sorry for him!"
"Biedny diabeł! Prawie mi go żal!"
"Here are five gold pieces for him"
"Oto pięć sztuk złota dla niego"
"Go at once and take the gold to him"
"Idź natychmiast i zanieś mu złoto"
Pinocchio was overjoyed by the present
Pinokio był zachwycony prezentem
he thanked the ringmaster a thousand times
Dziękował wodzirejowi tysiąc razy
He embraced all the puppets of the company
Objął wszystkie marionetki w towarzystwie
he even embraced the troop of gendarmes
Objął nawet oddział żandarmów
and then he set out to return straight home
A potem wyruszył w drogę powrotną prosto do domu
But Pinocchio didn't get very far
Ale Pinokio nie zaszedł zbyt daleko
on the road he met a Fox with a lame foot
na drodze spotkał Lisa z kulawą nogą
and he met a Cat blind in both eyes
i spotkał kota ślepego w obu oczach
they were going along helping each other
Szli razem, pomagając sobie nawzajem
they were good companions in their misfortune
Byli dobrymi towarzyszami w swoim nieszczęściu
The Fox, who was lame, walked leaning on the Cat
Lis, który był kulawy, szedł opierając się o Kota
and the Cat, who was blind, was guided by the Fox
a Kot, który był niewidomy, był prowadzony przez Lisa
the Fox greeted Pinocchio very politely
Lis przywitał się z Pinokiem bardzo grzecznie

"Good-day, Pinocchio," said the Fox
– Dzień dobry, Pinokio – powiedział Lis
"How do you come to know my name?" asked the puppet
"Skąd wiesz, jak się nazywam?" – zapytała marionetka
"I know your father well," said the fox
— Znam dobrze twego ojca — rzekł lis
"Where did you see him?" asked Pinocchio
"Gdzie go widziałeś?" zapytał Pinokio
"I saw him yesterday, at the door of his house"
"Widziałem go wczoraj przy drzwiach jego domu"
"And what was he doing?" asked Pinocchio
"I co on robił?" zapytał Pinokio
"He was in his shirt and shivering with cold"
"Był w koszuli i trząsł się z zimna"
"Poor papa! But his suffering is over now"
— Biedny tatuś! Ale jego cierpienie już się skończyło"
"in the future he shall shiver no more!"
"W przyszłości już się nie zadrży!"
"Why will he shiver no more?" asked the fox
"Dlaczego już nie będzie drżał?" – zapytał lis
"Because I have become a gentleman" replied Pinocchio
— Bo stałem się dżentelmenem — odparł Pinokio
"A gentleman—you!" said the Fox
— Dżentelmen — ty! – rzekł Lis
and he began to laugh rudely and scornfully
i zaczął się śmiać niegrzecznie i pogardliwie
The Cat also began to laugh with the fox
Kot też zaczął się śmiać z lisem
but she did better at concealing her laughter
Lepiej jednak radziła sobie z ukrywaniem śmiechu
and she combed her whiskers with her forepaws
i przeczesała swoje wąsy przednimi łapami
"There is little to laugh at," cried Pinocchio angrily
— Nie ma się z czego śmiać — zawołał gniewnie Pinokio
"I am really sorry to make your mouth water"
"Naprawdę przepraszam, że ślinka cieknie"
"if you know anything then you know what these are"

"Jeśli coś wiesz, to wiesz, co to jest"
"you can see that they are five pieces of gold"
"Widzisz, że to pięć sztuk złota"
And he pulled out the money that Fire-eater had given him
I wyciągnął pieniądze, które dał mu Połykacz Ognia
for a moment the fox and the cat did a strange thing
Przez chwilę lis i kot robili dziwną rzecz
the jingling of the money really got their attention
Brzęk pieniędzy naprawdę przykuł ich uwagę
the Fox stretched out the paw that seemed crippled
Lis wyciągnął łapę, która wydawała się kaleka
and the Cat opened wide her two eyes
Kot otworzył szeroko oczy.
her eyes looked like two green lanterns
Jej oczy wyglądały jak dwie zielone latarnie

it is true that she shut her eyes again
To prawda, że znowu zamknęła oczy
she was so quick that Pinocchio didn't notice
Była tak szybka, że Pinokio tego nie zauważył
the Fox was very curious about what he had seen
Lis był bardzo ciekawy tego, co zobaczył
"what are you going to do with all that money?"
– Co zamierzasz zrobić z tymi wszystkimi pieniędzmi?
Pinocchio was all too proud to tell them his plans
Pinokio był zbyt dumny, by opowiedzieć im o swoich planach
"First of all, I intend to buy a new jacket for my papa"
"Przede wszystkim zamierzam kupić nową kurtkę dla taty"
"the jacket will be made of gold and silver"
"Kurtka będzie wykonana ze złota i srebra"
"and the coat will come with diamond buttons"
"A płaszcz będzie miał diamentowe guziki"
"and then I will buy a spelling-book for myself"
"a potem kupię sobie książkę do ortografii"
"You will buy a spelling book for yourself?"
– Kupisz sobie książkę do ortografii?
"Yes indeed, for I wish to study in earnest"
"W rzeczy samej, bo pragnę studiować na poważnie"
"Look at me!" said the Fox
"Spójrz na mnie!" powiedział Lis
"Through my foolish passion for study I have lost a leg"
"Przez moją głupią pasję do nauki straciłem nogę"
"Look at me!" said the Cat
"Spójrz na mnie!" powiedział Kot
"Through my foolish passion for study I have lost my eyes"
"Przez moją głupią pasję do nauki straciłem wzrok"
At that moment a white Blackbird began his usual song
W tym momencie biały kos zaczął swoją zwykłą pieśń
"Pinocchio, don't listen to the advice of bad companions"
"Pinokio, nie słuchaj rad złych towarzyszy"
"if you listen to their advice you will repent it!"
"Jeśli posłuchasz ich rady, odpokutujesz tego!"
Poor Blackbird! If only he had not spoken!

Biedny kos! Gdyby tylko się nie odezwał!
The Cat, with a great leap, sprang upon him
Kot z wielkim skokiem skoczył na niego
she didn't even give him time to say "Oh!"
Nie dała mu nawet czasu, żeby powiedział: "Och!".
she ate him in one mouthful, feathers and all
Zjadła go jednym kęsem, pióra i wszystko
Having eaten him, she cleaned her mouth
Po zjedzeniu go oczyściła usta
and then she shut her eyes again
A potem znowu zamknęła oczy
and she feigned blindness just as before
I udawała ślepotę, tak jak przedtem
"Poor Blackbird!" said Pinocchio to the Cat
"Biedny kos!" powiedział Pinokio do Kota
"why did you treat him so badly?"
— Dlaczego tak źle go potraktowałaś?
"I did it to give him a lesson"
"Zrobiłem to, żeby dać mu nauczkę"
"He will learn not to meddle in other people's affairs"
"Nauczy się nie wtrącać w cudze sprawy"
by now they had gone almost half-way home
Byli już prawie w połowie drogi do domu
the Fox, halted suddenly, and spoke to the puppet
Lis zatrzymał się nagle i przemówił do marionetki
"Would you like to double your money?"
"Czy chciałbyś podwoić swoje pieniądze?"
"In what way could I double my money?"
"W jaki sposób mogę podwoić swoje pieniądze?"
"Would you like to multiply your five miserable coins?"
— Czy chciałby pan pomnożyć swoje pięć nędznych monet?
"I would like that very much! but how?"
"Bardzo bym tego chciała! Ale jak?
"The way to do it is easy enough"
"Sposób, aby to zrobić, jest dość prosty"
"Instead of returning home you must go with us"
"Zamiast wracać do domu, musisz iść z nami"

"And where do you wish to take me?"
— A dokąd chcesz mnie zabrać?
"We will take you to the land of the Owls"
"Zabierzemy cię do krainy sów"
Pinocchio reflected a moment to think
Pinokio zastanowił się przez chwilę
and then he said resolutely "No, I will not go"
a potem powiedział stanowczo: "Nie, nie pójdę"
"I am already close to the house"
"Jestem już blisko domu"
"and I will return home to my papa"
"i wrócę do domu, do taty"
"he has been waiting for me in the cold"
"Czekał na mnie na mrozie"
"all day yesterday I did not come back to him"
"Cały dzień wczoraj do niego nie wróciłem"
"Who can tell how many times he sighed!"
— Któż może powiedzieć, ile razy westchnął!
"I have indeed been a bad son"
"Naprawdę byłem złym synem"
"and the talking little cricket was right"
"A gadający mały świerszcz miał rację"
"Disobedient boys never come to any good"
"Nieposłuszni chłopcy nigdy nie dochodzą do niczego dobrego"
"what the talking little cricket said is true"
"To, co powiedział gadający mały świerszcz, jest prawdą"
"many misfortunes have happened to me"
"Spotkało mnie wiele nieszczęść"
"Even yesterday in fire-eater's house I took a risk"
"Nawet wczoraj w domu połykacza ognia zaryzykowałem"
"Oh! it makes me shudder to think of it!"
— Och! Aż mnie ciarki przechodzą na samą myśl o tym!"
"Well, then," said the Fox, "you've decided to go home?"
— A więc — rzekł Lis — zdecydowałeś się iść do domu?
"Go, then, and so much the worse for you"
"Idź więc, a tym gorzej dla ciebie"

"So much the worse for you!" repeated the Cat
"Tym gorzej dla ciebie!" powtórzył Kot
"Think well of it, Pinocchio," they advised him
– Dobrze o tym pomyśl, Pinokio – poradzili mu
"because you are giving a kick to fortune"
"Bo dajesz kopa fortunie"
"a kick to fortune!" repeated the Cat
"Kopniak fortuny!" powtórzył Kot
"all it would have taken would have been a day"
"Wystarczyłby jeden dzień"
"by tomorrow your five coins could have multiplied"
"Do jutra twoje pięć monet mogłoby się pomnożyć"
"your five coins could have become two thousand"
"Twoje pięć monet mogło stać się dwoma tysiącami"
"Two thousand sovereigns!" repeated the Cat
— Dwa tysiące suwerenów — powtórzył Kot
"But how is it possible?" asked Pinocchio
"Ale jak to możliwe?" zapytał Pinokio
and he remained with his mouth open from astonishment
i pozostał z ustami otwartymi ze zdumienia
"I will explain it to you at once," said the Fox
— Zaraz ci to wyjaśnię — rzekł Lis
"in the land of the Owls there is a sacred field"
"w krainie Sów jest święte pole"
"everybody calls it the field of miracles"
"Wszyscy nazywają to Pole Cudów"
"In this field you must dig a little hole"
"Na tym polu musisz wykopać mały dół"
"and you must put a gold coin into the hole"
"I musisz włożyć złotą monetę do"
"then you cover up the hole with a little earth"
"Potem zasypujesz dziurę odrobiną ziemi"
"you must get water from the fountain nearby"
"Musisz nabrać wody z pobliskiej fontanny"
"you must water they hole with two pails of water"
"Musisz podlać ich dziurę dwoma wiadrami wody"
"then sprinkle the hole with two pinches of salt"

"Następnie posyp dziurę dwiema szczyptami soli"
"and when night comes you can go quietly to bed"
"A gdy nadejdzie noc, możesz spokojnie iść spać"
"during the night the miracle will happen"
"W nocy zdarzy się cud"
"the gold pieces you planted will grow and flower"
"Złote monety, które zasadziłeś, będą rosły i kwitły"
"and what do you think you will find in the morning?"
— A jak myślisz, co znajdziesz rano?
"You will find a beautiful tree where you planted it"
"Znajdziesz piękne drzewo tam, gdzie je zasadziłeś"
"they tree will be laden with gold coins"
"Drzewo to będzie obładowane złotymi monetami"
Pinocchio grew more and more bewildered
Pinokio stawał się coraz bardziej oszołomiony
"let's suppose I bury my five coins in that field"
"Załóżmy, że zakopuję moje pięć monet na tym polu"
"how many coins might I find the following morning?"
"Ile monet mogę znaleźć następnego ranka?"
"That is an exceedingly easy calculation," replied the Fox
— To niezmiernie łatwe obliczenie — odparł Lis
"a calculation you can make with your hands"
"Kalkulacja, którą możesz wykonać własnymi rękami"
"Every coin will give you an increase of five-hundred"
"Każda moneta da ci wzrost o pięćset"
"multiply five hundred by five and you have your answer"
"Pomnóż pięćset przez pięć, a otrzymasz odpowiedź"
"you will find two-thousand-five-hundred shining gold pieces"
"Znajdziesz dwa tysiące pięćset lśniących złotych monet"
"Oh! how delightful!" cried Pinocchio, dancing for joy
— Och! jak rozkoszny!" zawołał Pinokio, tańcząc z radości
"I will keep two thousand for myself"
"Dwa tysiące zatrzymam dla siebie"
"and the other five hundred I will give you two"
"A pozostałych pięciuset dam wam dwa"
"A present to us?" cried the Fox with indignation

"Prezent dla nas?" zawołał Lis z oburzeniem
and he almost appeared offended at the offer
i prawie wyglądał na urażonego tą propozycją
"What are you dreaming of?" asked the Fox
"O czym marzysz?" zapytał Lis
"What are you dreaming of?" repeated the Cat
"O czym marzysz?" powtórzył Kot
"We do not work to accumulate interest"
"Nie pracujemy po to, aby gromadzić odsetki"
"we work solely to enrich others"
"Pracujemy wyłącznie po to, aby ubogacać innych"
"to enrich others!" repeated the Cat
"By wzbogacić innych!" powtórzył Kot
"What good people!" thought Pinocchio to himself
"Co za dobrzy ludzie!" pomyślał Pinokio
and he forgot all about his papa and the new jacket
I zupełnie zapomniał o swoim tacie i nowej kurtce
and he forgot about the spelling-book
i zapomniał o książce do ortografii
and he forgot all of his good resolutions
i zapomniał o wszystkich swoich dobrych postanowieniach
"Let us be off at once" he suggested
— Chodźmy natychmiast — zaproponował
"I will go with you two to the field of Owls"
"Pójdę z wami dwoma na pole sów"

The Inn of the Red Craw-Fish
Gospoda Pod Czerwonym Rakiem

They walked, and walked, and walked
Szli i szli, i szli
all tired out, they finally arrived at an inn
Zmęczeni dotarli w końcu do gospody
The Inn of The Red Craw-Fish
Gospoda Pod Czerwonym Rakiem
"Let us stop here a little," said the Fox

— Zatrzymajmy się tu na chwilę — rzekł Lis
"we should have something to eat," he added
"Powinniśmy mieć co jeść" – dodał
"we need to rest ourselves for an hour or two"
"Musimy odpocząć przez godzinę lub dwie"
"and then we will start again at midnight"
"A potem zaczniemy znowu o północy"
"we'll arrive at the Field of Miracles in the morning"
"Rano dotrzemy na Pole Cudów"
Pinocchio was also tired from all the walking
Pinokio też był zmęczony tymi wszystkimi spacerami
so he was easily convinced to go into the inn
Łatwo więc dał się przekonać do pójścia do gospody
all three of them sat down at a table
Wszyscy trzej zasiedli do stołu
but none of them really had any appetite
Ale żaden z nich tak naprawdę nie miał apetytu

The Cat was suffering from indigestion
Kot cierpiał na niestrawność
and she was feeling seriously indisposed
i czuła się poważnie niedysponowana
she could only eat thirty-five fish with tomato sauce
Mogła zjeść tylko trzydzieści pięć ryb z sosem pomidorowym
and she had just four portions of noodles with Parmesan
i zjadła tylko cztery porcje makaronu z parmezanem
but she thought the noodles weres not seasoned enough
Uważała jednak, że makaron nie jest wystarczająco doprawiony
so she asked three times for the butter and grated cheese!
Poprosiła więc trzy razy o masło i tarty ser!
The Fox could also have gone without eating
Lis mógł też obejść się bez jedzenia
but his doctor had ordered him a strict diet
Ale lekarz zalecił mu ścisłą dietę
so he was forced to content himself simply with a hare
Był więc zmuszony zadowolić się po prostu zającem
the hare was dressed with a sweet and sour sauce
Zając był ubrany w sos słodko-kwaśny
it was garnished lightly with fat chickens
Był lekko przyozdobiony tłustymi kurczakami
then he ordered a dish of partridges and rabbits
Potem zamówił danie z kuropatwami i królikami
and he also ate some frogs, lizards and other delicacies
Jadł też żaby, jaszczurki i inne przysmaki
he really could not eat anything else
Naprawdę nie mógł jeść niczego innego
He cared very little for food, he said
Powiedział, że bardzo mało dbał o jedzenie
and he said he struggled to put it to his lips
Powiedział, że z trudem podnosi to do ust
The one who ate the least was Pinocchio
Tym, który jadł najmniej, był Pinokio
He asked for some walnuts and a hunch of bread
Poprosił o trochę orzechów włoskich i garb chleba

and he left everything on his plate
i zostawił wszystko na swoim talerzu
The poor boy's thoughts were not with the food
Biedny chłopiec nie myślał o jedzeniu
he continually fixed his thoughts on the Field of Miracles
nieustannie skupiał swoje myśli na Polu Cudów
When they had supped, the Fox spoke to the host
Kiedy się posili, Lis przemówił do gospodarza
"Give us two good rooms, dear inn-keeper"
— Daj nam dwa dobre pokoje, drogi karczmarzu!
"please provide us one room for Mr. Pinocchio"
"Proszę o jeden pokój dla Pana Pinokia"
"and I will share the other room with my companion"
"a drugi pokój będę dzielił z moim towarzyszem"
"We will snatch a little sleep before we leave"
"Prześpimy się trochę, zanim wyjdziemy"
"Remember, however, that we wish to leave at midnight"
"Pamiętaj jednak, że chcemy wyjechać o północy"
"so please call us, to continue our journey"
"Więc proszę zadzwoń do nas, aby kontynuować naszą podróż"
"Yes, gentlemen," answered the host
— Tak jest, panowie — odparł gospodarz
and he winked at the Fox and the Cat
i mrugnął do Lisa i Kota
it was as if he said "I know what you are up to"
To było tak, jakby powiedział: "Wiem, co robisz"
the wink seemed to say, "we understand one another!"
Mrugnięcie zdawało się mówić: "Rozumiemy się nawzajem!"
Pinocchio was very tired from the day
Pinokio był bardzo zmęczony po całym dniu
he fell asleep as soon as he got into his bed
Zasnął, gdy tylko znalazł się w łóżku
and as soon as he started sleeping he started to dream
A gdy tylko zaczął spać, zaczął śnić
he dreamed that he was in the middle of a field
Śniło mu się, że znajduje się na środku pola

the field was full of shrubs as far as the eye could see
Jak okiem sięgnąć, pole było pełne krzewów
the shrubs were covered with clusters of gold coins
Krzewy pokryte były kiściami złotych monet
the gold coins swung in the wind and rattled
Złote monety kołysały się na wietrze i grzechotały
and they made a sound like, "tzinn, tzinn, tzinn"
I wydali z siebie dźwięk w stylu: "Tzinn, Tzinn, Tzinn"
they sounded as if they were speaking to Pinocchio
brzmiały tak, jakby rozmawiały z Pinokiem
"Let who whoever wants to come and take us"
"Kto kto chce, niech przyjdzie i nas zabierze"
Pinocchio was just about to stretch out his hand
Pinokio miał właśnie wyciągnąć rękę
he was going to pick handfuls of those beautiful gold pieces
Zamierzał zbierać garściami te piękne złote monety
and he almost was able to put them in his pocket
i prawie udało mu się je schować do kieszeni
but he was suddenly awakened by three knocks on the door
Nagle jednak obudziło go trzykrotne pukanie do drzwi
It was the host who had come to wake him up
To gospodarz przyszedł go obudzić
"I have come to let you know it's midnight"
"Przyszedłem dać ci znać, że jest północ"
"Are my companions ready?" asked the puppet
"Czy moi towarzysze są gotowi?" zapytała marionetka
"Ready! Why, they left two hours ago"
"Gotowe! Przecież wyjechali dwie godziny temu"
"Why were they in such a hurry?"
– Dlaczego tak się spieszyli?
"Because the Cat had received a message"
"Bo Kot otrzymał wiadomość"
"she got news that her eldest kitten was ill"
"Dostała wiadomość, że jej najstarszy kociak jest chory"
"Did they pay for the supper?"
– Zapłacili za kolację?
"What are you thinking of?"

– O czym myślisz?
"They are too well educated to dream of insulting you"
"Są zbyt dobrze wykształceni, by marzyć o tym, by cię obrazić"
"a gentleman like you would not let his friends pay"
"Taki dżentelmen jak ty nie pozwoliłby swoim przyjaciołom zapłacić"
"What a pity!" thought Pinocchio
"Jaka szkoda!" pomyślał Pinokio
"such an insult would have given me much pleasure!"
— Taka zniewaga sprawiłaby mi wiele przyjemności!
"And where did my friends say they would wait for me?"
– A gdzie moi przyjaciele powiedzieli, że będą na mnie czekać?
"At the Field of Miracles, tomorrow morning at daybreak"
"Na Polu Cudów, jutro o świcie"
Pinocchio paid a coin for the supper of his companions
Pinokio zapłacił monetę za kolację swoich towarzyszy
and then he left for the field of Miracles
a potem odszedł na pole Cudów
Outside the inn it was almost pitch black
Na zewnątrz gospody było prawie ciemno jak smoła
Pinocchio could only make progress by groping his way
Pinokio mógł robić postępy tylko poprzez poruszanie się po omacku
it was impossible to see his hand's in front of him
Nie można było dostrzec jego dłoni przed sobą
Some night-birds flew across the road
Jakieś nocne ptaki przelatywały przez drogę
they brushed Pinocchio's nose with their wings
musnęli skrzydłami nos Pinokia
it caused him a terrible fright
Wywołało to w nim straszliwy strach
springing back, he shouted: "who goes there?"
Odskoczył i krzyknął: "Kto tam idzie?"
and the echo in the hills repeated in the distance
i echo na wzgórzach rozbrzmiewające w oddali

"Who goes there?" - "Who goes there?" - "Who goes there?"
"Kto tam idzie?" - "Kto tam idzie?" - "Kto tam idzie?"
on the trunk of the tree he saw a little light
Na pniu drzewa zobaczył małe światełko
it was a little insect he saw shining dimly
Był to mały owad, który widział świecącego słabo
like a night-light in a lamp of transparent china
jak lampka nocna w lampie z przezroczystej porcelany
"Who are you?" asked Pinocchio
"Kim jesteś?" zapytał Pinokio
the insect answered in a low voice;
Owad odpowiedział ściszonym głosem;
"I am the ghost of the talking little cricket"
"Jestem duchem gadającego małego świerszcza"
the voice was fainter than can be described
Głos był słabszy, niż można to opisać
the voice seemed to come from the other world
Głos zdawał się pochodzić z innego świata
"What do you want with me?" said the puppet
"Czego ode mnie chcesz?" zapytała marionetka
"I want to give you some advice"
"Chcę ci coś poradzić"
"Go back and take the four coins that you have left"
"Wróć i weź cztery monety, które ci zostały"
"take your coins to your poor father"
"Zanieś swoje monety swojemu biednemu ojcu"
"he is weeping and in despair at home"
"Płacze i jest zrozpaczony w domu"
"because you have not returned to him"
"bo nie wróciliście do Niego"
but Pinocchio had already thought of this
ale Pinokio już o tym pomyślał
"By tomorrow my papa will be a gentleman"
"Do jutra mój tata będzie dżentelmenem"
"these four coins will become two thousand"
"Z tych czterech monet powstanie dwa tysiące"
"Don't trust those who promise to make you rich in a day"

"Nie ufaj tym, którzy obiecują, że w ciągu jednego dnia uczynią cię bogatym"
"Usually they are either mad or rogues!"
"Zazwyczaj są albo szaleńcami, albo!"
"Give ear to me, and go back, my boy"
"Nadstaw ucha i wróć mój chłopcze"
"On the contrary, I am determined to go on"
"Wręcz przeciwnie, jestem zdecydowany iść dalej"
"The hour is late!" said the cricket
"Godzina jest późna!" powiedział świerszcz
"I am determined to go on"
"Jestem zdecydowany iść dalej"
"The night is dark!" said the cricket
"Noc jest ciemna!" powiedział świerszcz
"I am determined to go on"
"Jestem zdecydowany iść dalej"
"The road is dangerous!" said the cricket
"Droga jest niebezpieczna!" powiedział świerszcz
"I am determined to go on"
"Jestem zdecydowany iść dalej"
"boys are bent on following their wishes"
"Chłopcy są zdeterminowani, by podążać za swoimi życzeniami"
"but remember, sooner or later they repent it"
"Ale pamiętaj, że prędzej czy później tego żałują"
"Always the same stories. Good-night, little cricket"
"Zawsze te same historie. Dobranoc, mały świerszczu"
The Cricket wished Pinocchio a good night too
Świerszcz też życzył Pinokio dobrej nocy
"may Heaven preserve you from dangers and assassins"
"Niech Niebo zachowa cię od niebezpieczeństw i zabójców"
then the talking little cricket vanished suddenly
Potem gadający mały świerszcz nagle zniknął
like a light that has been blown out
jak światło, które zostało zdmuchnięte
and the road became darker than ever
a droga stała się ciemniejsza niż kiedykolwiek

Pinocchio Falls into the Hands of the Assassins
Pinokio wpada w ręce zabójców

Pinocchio resumed his journey and spoke to himself
Pinokio wznowił swoją podróż i przemówił do siebie
"how unfortunate we poor boys are"
"Jakże nieszczęśliwi jesteśmy my, biedni chłopcy"
"Everybody scolds us and gives us good advice"
"Wszyscy nas besztają i dają dobre rady"
"but I don't choose to listen to that tiresome little cricket"
"ale ja nie wybieram słuchania tego męczącego małego świerszcza"
"who knows how many misfortunes are to happen to me!"
"Kto wie, ile nieszczęść mi się przydarzy!"
"I haven't even met any assassins yet!"
"Nie spotkałem jeszcze nawet żadnych zabójców!"
"That is, however, of little consequence"
"Nie ma to jednak większego znaczenia"
"for I don't believe in assassins"
"bo nie wierzę w zabójców"
"I have never believed in assassins"
"Nigdy nie wierzyłem w zabójców"
"I think that assassins have been invented purposely"
"Myślę, że zabójcy zostali wymyśleni celowo"
"papas use them to frighten little boys"
"Tatusiowie używają ich, by straszyć małych chłopców"
"and then little boys are scared of going out at night"
"A potem mali chłopcy boją się wychodzić w nocy"
"Anyway, let's suppose I was to come across assassins"
"W każdym razie, załóżmy, że natknąłbym się na zabójców"
"do you imagine they would frighten me?"
– Wyobrażasz sobie, że by mnie przestraszyli?
"they would not frighten me in the least"
"W najmniejszym stopniu by mnie nie przestraszyli"
"I will go to meet them and call to them"
"Pójdę im na spotkanie i zawołam ich"
'Gentlemen assassins, what do you want with me?'

– Panowie zabójcy, czego chcecie ode mnie?
'Remember that with me there is no joking'
"Pamiętaj, że ze mną nie ma żartów"
'Therefore, go about your business and be quiet!'
– A więc zajmij się swoimi sprawami i bądź cicho!
"At this speech they would run away like the wind"
"Na to przemówienie uciekną jak wiatr"
"it could be that they are badly educated assassins"
"Możliwe, że są źle wykształconymi asasynami"
"then the assassins might not run away"
"Wtedy zabójcy mogą nie uciec"
"but even that isn't a great problem"
"Ale nawet to nie jest wielkim problemem"
"then I would just run away myself"
"Wtedy sam bym uciekł"
"and that would be the end of that"
"I to byłby koniec tego"
But Pinocchio had no time to finish his reasoning
Ale Pinokio nie miał czasu, aby dokończyć swoje rozumowanie
he thought that he heard a slight rustle of leaves
Zdawało mu się, że słyszy lekki szelest liści
He turned to look where the noise had come from
Odwrócił się, by sprawdzić, skąd dobiegł hałas
and he saw in the gloom two evil-looking black figures
i zobaczył w mroku dwie złowieszczo wyglądające czarne postacie
they were completely enveloped in charcoal sacks
Byli całkowicie owinięci w worki z węglem drzewnym
They were running after him on their tiptoes
Biegli za nim na palcach
and they were making great leaps like two phantoms
i czynili wielkie skoki jak dwa zjawy
"Here they are in reality!" he said to himself
"Oto są w rzeczywistości!" powiedział do siebie
he didn't have anywhere to hide his gold pieces
Nie miał gdzie schować swoich złotych monet

so he put them in his mouth, under his tongue
Włożył je więc do ust swoich, pod język
Then he turned his attention to escaping
Potem skupił się na ucieczce
But he did not manage to get very far
Nie udało mu się jednak zajść daleko
he felt himself seized by the arm
Poczuł, że chwyta go za ramię

and he heard two horrid voices threatening him
i usłyszał dwa straszliwe głosy, które mu groziły
"Your money or your life!" they threatened
"Twoje pieniądze albo twoje życie!" – grozili
Pinocchio was not able to answer in words
Pinokio nie był w stanie odpowiedzieć słowami
because he had put his money in his mouth
bo włożył pieniądze do ust
so he made a thousand low bows

Zrobił więc tysiąc niskich ukłonów
and he offered a thousand pantomimes
i zaproponował tysiąc pantomim
He tried to make the two figures understand
Starał się, by te dwie postacie zrozumiały
he was just a poor puppet without any money
Był tylko biedną marionetką bez pieniędzy
he had not as much as a nickel in his pocket
W kieszeni nie miał nawet pięciocentówki
but the two robbers were not convinced
Ale dwaj rabusie nie byli przekonani
"Less nonsense and out with the money!"
"Mniej bzdur i precz z pieniędzmi!"
And the puppet made a gesture with his hands
A marionetka wykonała gest rękami
he pretended to turn his pockets inside out
Udawał, że wywraca kieszenie na lewą stronę
Of course Pinocchio didn't have any pockets
Oczywiście Pinokio nie miał żadnych kieszeni
but he was trying to signify, "I have no money"
ale próbował dać do zrozumienia: "Nie mam pieniędzy"
slowly the robbers were losing their patience
Zbójcy powoli tracili cierpliwość
"Deliver up your money or you are dead," said the taller one
— Oddaj swoje pieniądze, bo zginiesz — powiedział wyższy
"Dead!" repeated the smaller one
— Nie żyje! — powtórzył mniejszy
"And then we will also kill your father!"
— A potem zabijemy też twojego ojca!
"Also your father!" repeated the smaller one again
— Także twój ojciec! — powtórzył znowu mniejszy
"No, no, no, not my poor papa!" cried Pinocchio in despair
"Nie, nie, nie, nie mój biedny tata!" zawołał zrozpaczony Pinokio
and as he said it the coins clinked in his mouth
A gdy to mówił, monety brzęczały mu w ustach
"Ah! you rascal!" realized the robbers

— Ach! Ty łobuzie!" – uświadomili sobie rabusie
"you have hidden your money under your tongue!"
"Ukryłeś swoje pieniądze pod językiem!"
"Spit it out at once!" he ordered him
"Wypluj to natychmiast!" – rozkazał mu
"spit it out," repeated the smaller one
— Wypluj to — powtórzył mniejszy
Pinocchio was obstinate to their commands
Pinokio był uparty w stosunku do ich rozkazów
"Ah! you pretend to be deaf, do you?"
— Ach! Udajesz, że jesteś głuchy, prawda?
"leave it to us to find a means"
"Zostaw nam znalezienie sposobu"
"we will find a way to make you give up your money"
"Znajdziemy sposób, aby zmusić Cię do rezygnacji z pieniędzy"
"We will find a way," repeated the smaller one
— Znajdziemy sposób — powtórzył mniejszy
And one of them seized the puppet by his nose
I jeden z nich chwycił kukłę za nos
and the other took him by the chin
a drugi wziął go za brodę
and they began to pull brutally
i zaczęli brutalnie ciągnąć
one pulled up and the other pulled down
Jeden podjechał w górę, a drugi w dół
they tried to force him to open his mouth
Próbowali zmusić go do otwarcia ust
But it was all to no purpose
Ale to wszystko na nic się zdało,
Pinocchio's mouth seemed to be nailed together
Usta Pinokia wydawały się być przybite gwoździami
Then the shorter assassin drew out an ugly knife
Wtedy niższy zabójca wyciągnął brzydki nóż
and he tried to put it between his lips
i próbował włożyć ją między usta
But Pinocchio, as quick as lightning, caught his hand

Ale Pinokio, szybki jak błyskawica, złapał go za rękę
and he bit him with his teeth
i ugryzł go zębami
and with one bite he bit the hand clean off
i jednym kęsem odgryzł rękę do czysta
but it wasn't a hand that he spat out
Ale to nie była ręka, którą wypluł
it was hairier than a hand, and had claws
Był bardziej owłosiony niż ręka i miał pazury
imagine Pinocchio's astonishment when saw a cat's paw
wyobraź sobie zdumienie Pinokia, gdy zobaczył łapę kota
or at least that's what he thought he saw
A przynajmniej tak mu się wydawało, że widzi
Pinocchio was encouraged by this first victory
Pinokio był podbudowany tym pierwszym zwycięstwem
now he used his fingernails to break free
Teraz użył paznokci, by się uwolnić
he succeeded in liberating himself from his assailants
Udało mu się wyzwolić z rąk napastników
he jumped over the hedge by the roadside
Przeskoczył przez żywopłot przy drodze
and began to run across the fields
i zaczął biec przez pola
The assassins ran after him like two dogs chasing a hare
Zabójcy biegli za nim jak dwa psy w pogoni za zającem
and the one who had lost a paw ran on one leg
A ten, który stracił łapę, biegł na jednej nodze
and no one ever knew how he managed it
I nikt nigdy nie wiedział, jak mu się to udało
After a race of some miles Pinocchio could run no more
Po kilkukilometrowym wyścigu Pinokio nie mógł już biec
he thought his situation was lost
Myślał, że jego sytuacja jest stracona
he climbed the trunk of a very high pine tree
Wspiął się na pień bardzo wysokiej sosny
and he seated himself in the topmost branches
i usiadł na najwyższych gałęziach

The assassins attempted to climb after him
Zabójcy próbowali wspiąć się za nim
when they reached half-way up the tree they slid down again
Kiedy dotarli do połowy wysokości drzewa, zsunęli się znowu w dół
and they arrived on the ground with their skin grazed
i przybyli na ziemię z obdartą skórą
But they didn't give up so easily
Ale nie poddali się tak łatwo
they piled up some dry wood beneath the pine
Pod sosną ułożyli trochę suchego drewna
and then they set fire to the wood
A potem podpalili drewno
very quickly the pine began to burn higher
Bardzo szybko sosna zaczęła palić się wyżej
like a candle blown by the wind
jak świeca zdmuchiwana przez wiatr
Pinocchio saw the flames rising higher and higher
Pinokio widział, jak płomienie wznoszą się coraz wyżej i wyżej
he did not wish to end his life like a roasted pigeon
Nie chciał zakończyć swojego życia jak upieczony gołąb
so he made a stupendous leap from the top of the tree
Skoczył więc z wierzchołka drzewa
and he ran across the fields and vineyards
i biegł przez pola i winnice
The assassins followed him again
Zabójcy ruszyli za nim ponownie
and they kept behind him without giving up
i trzymali się za nim, nie poddając się
The day began to break and they were still pursuing him
Dzień zaczynał świtać, a oni wciąż go ścigali
Suddenly Pinocchio found his way barred by a ditch
Nagle Pinokio znalazł drogę zagrodzoną przez rów
it was full of stagnant water the colour of coffee
Pełno w nim stojącej wody o barwie kawy

What was our Pinocchio to do now?
Co miał teraz zrobić nasz Pinokio?
"One! two! three!" cried the puppet
— Jeden! Dwa! trzy!" – zawołała kukła
making a rush, he sprang to the other side
Pędząc w pośpiechu, skoczył na drugą stronę
The assassins also tried to jump over the ditch
Zamachowcy próbowali też przeskoczyć przez rów
but they had not measured the distance
Nie zmierzyli jednak odległości
splish splash! they fell into the middle of the ditch
Splish plusk! Wpadli do środka rowu

Pinocchio heard the plunge and the splashing
Pinokio usłyszał zanurzanie się i plusk
"A fine bath to you, gentleman assassins"
"Wyborna kąpiel dla was, panowie zabójcy"
And he felt convinced that they were drowned
I był przekonany, że utonęli
but it's good that Pinocchio did look behind him
ale dobrze, że Pinokio spojrzał za siebie
because his two assassins had not drowned
ponieważ jego dwaj zabójcy nie utonęli
the two assassins had got out the water again
Dwaj zamachowcy ponownie wydostali się z wody
and they were both still running after him
i obaj wciąż biegli za nim
they were still enveloped in their sacks
Wciąż byli owinięci w worki
and the water was dripping from them
a woda z nich kapała
as if they had been two hollow baskets
jakby to były dwa puste kosze

The Assassins Hang Pinocchio to the Big Oak Tree
Asasyni wieszają Pinokia na wielkim dębie

At this sight, the puppet's courage failed him
Na ten widok odwaga marionetki go opuściła
he was on the point of throwing himself on the ground
Był bliski rzucenia się na ziemię
and he wanted to give himself over for lost
i chciał oddać się za straconego
he turned his eyes in every direction
Odwrócił oczy na wszystkie strony
he saw a small house as white as snow
Zobaczył mały domek biały jak śnieg
"If only I had breath to reach that house"
"Gdybym tylko miał oddech, żeby dotrzeć do tego domu"

"perhaps then I might be saved"
"Może wtedy będę zbawiony"
without delaying an instant he recommenced running
Nie zwlekając ani chwili, powrócił do biegu
poor little Pinocchio was running for his life
biedny mały Pinokio uciekał, by ratować swoje życie
he ran through the wood with the assassins after him
Biegł przez las, a za nim ścigali go zabójcy
there was a desperate race of nearly two hours
Trwał on prawie dwie godziny desperacki wyścig
and finally he arrived quite breathless at the door
W końcu dotarł do drzwi zdyszany
he desperately knocked on the door of the house
Rozpaczliwie zapukał do drzwi domu
but no one answered Pinocchio's knock
ale nikt nie odpowiedział na pukanie Pinokia
He knocked at the door again with great violence
Znowu zapukał do drzwi z wielką gwałtownością
because he heard the sound of steps approaching him
bo usłyszał odgłos zbliżających się kroków
and he heard the the heavy panting of his persecutors
i usłyszał ciężkie dyszenie swoich prześladowców
there was the same silence as before
Panowała taka sama cisza jak przedtem
he saw that knocking was useless
Zobaczył, że pukanie jest bezużyteczne
so he began in desperation to kick and pommel the door
Zaczął więc w desperacji kopać i uderzać w drzwi
The window next to the door then opened
Okno obok drzwi otworzyło się
and a beautiful Child appeared at the window
a w oknie ukazało się piękne Dzieciątko
the beautiful child had blue hair
Piękne dziecko miało niebieskie włosy
and her face was as white as a waxen image
a twarz jej była biała jak woskowy posąg
her eyes were closed as if she was asleep

Jej oczy były zamknięte, jakby spała
and her hands were crossed on her breast
a ręce miała skrzyżowane na piersiach
Without moving her lips in the least, she spoke
Nie poruszając wargami, odezwała się
"In this house there is no one, they are all dead"
"W tym domu nie ma nikogo, wszyscy umarli"
and her voice seemed to come from the other world
a jej głos zdawał się pochodzić z innego świata
but Pinocchio shouted and cried and implored
ale Pinokio krzyczał, płakał i błagał
"Then at least open the door for me"
"To przynajmniej otwórz mi drzwi"
"I am also dead," said the waxen image
— Ja też nie żyję — rzekł woskowy posąg
"Then what are you doing there at the window?"
– To co ty robisz przy oknie?
"I am waiting to be taken away"
"Czekam, aż mnie zabiorą"
Having said this she immediately disappeared
To powiedziawszy, natychmiast zniknęła
and the window was closed again without the slightest noise
i okno zamknęło się znowu bez najmniejszego hałasu
"Oh! beautiful Child with blue hair," cried Pinocchio"
— Och! Piękne Dzieciątko o niebieskich włosach – zawołał Pinokio –
"open the door, for pity's sake!"
— Otwórz drzwi, na litość boską!
"Have compassion on a poor boy pursued..."
"Zmiłuj się nad biednym chłopcem, którego ścigano..."
But he could not finish the sentence
Nie mógł jednak dokończyć zdania
because he felt himself seized by the collar
bo poczuł, że chwyta go za kołnierz
the same two horrible voices said to him threateningly:
Te same dwa straszliwe głosy mówiły do niego groźnie:
"You shall not escape from us again!"

"Już od nas nie uciekniesz!"
"You shall not escape," panted the little assassin
— Nie uciekniesz — wydyszał mały zabójca
The puppet saw death was staring him in the face
Marionetka zobaczyła, że śmierć patrzy mu w twarz
he was taken with a violent fit of trembling
Ogarnął go gwałtowny atak drżenia
the joints of his wooden legs began to creak
Stawy jego drewnianych nóg zaczęły skrzypieć
and the coins hidden under his tongue began to clink
a monety ukryte pod jego językiem zaczęły brzęczeć
"will you open your mouth — yes or no?" demanded the assassins
"Otworzysz usta – tak czy nie?" – zapytali zabójcy
"Ah! no answer? Leave it to us"
— Ach! Nie ma odpowiedzi? Zostaw to nam"
"this time we will force you to open it!"
"Tym razem zmusimy cię do jej otwarcia!"
"we will force you," repeated the second assassin
— Zmusimy cię do tego — powtórzył drugi zabójca
And they drew out two long, horrid knives
I wyciągnęli dwa długie, okropne noże
and the knifes were as sharp as razors
A noże były ostre jak brzytwa
they attempted to stab him twice
Próbowali go dźgnąć dwa razy nożem
but the puppet was lucky in one regard
Ale marionetka miała szczęście pod jednym względem
he had been made from very hard wood
Został wykonany z bardzo twardego drewna
the knives broke into a thousand pieces
Noże rozpadły się na tysiąc kawałków
and the assassins were left with just the handles
A zabójcom pozostały tylko uchwyty
for a moment they could only stare at each other
Przez chwilę mogli tylko wpatrywać się w siebie
"I see what we must do," said one of them

— Rozumiem, co musimy zrobić — rzekł jeden z nich
"He must be hung! Let us hang him!"
— Trzeba go powiesić! Powieśmy go!"
"Let us hang him!" repeated the other
— Powieśmy go! — powtórzył drugi
Without loss of time they tied his arms behind him
Nie tracąc czasu, związali mu ręce z tyłu
and they passed a running noose round his throat
i założyli mu pętlę na gardło
and they hung him to the branch of the Big Oak
i powiesili go na gałęzi Wielkiego Dębu
They then sat down on the grass watching Pinocchio
Następnie usiedli na trawie i obserwowali Pinokia
and they waited for his struggle to end
i czekali, aż skończy się jego walka
but three hours had already passed
Ale minęły już trzy godziny
the puppet's eyes were still open
Oczy marionetki były wciąż otwarte
his mouth was closed just as before
Jego usta były zamknięte tak samo jak przedtem
and he was kicking more than ever
i kopał bardziej niż kiedykolwiek
they had finally lost their patience with him
W końcu stracili do niego cierpliwość
they turned to Pinocchio and spoke in a bantering tone
odwrócili się do Pinokia i przemówili przekomarzającym się tonem
"Good-bye Pinocchio, see you again tomorrow"
"Żegnaj Pinokio, do zobaczenia jutro"
"hopefully you'll be kind enough to be dead"
"Mam nadzieję, że będziesz na tyle miły, by umrzeć"
"and hopefully you will have your mouth wide open"
"I miejmy nadzieję, że będziesz miał szeroko otwarte usta"
And they walked off in a different direction
I odeszli w innym kierunku
In the meantime a northerly wind began to blow and roar

Tymczasem zaczął wiać i huczeć północny wiatr
and the wind beat the poor puppet from side to side
a wiatr bił biedną marionetkę z boku na bok

the wind made him swing about violently
Wiatr sprawiał, że kołysał się gwałtownie
like the clatter of a bell ringing for a wedding
jak stukot dzwonu bijącego na wesele
And the swinging gave him atrocious spasms
A huśtanie się przyprawiało go o okropne spazmy
and the noose became tighter and tighter around his throat

Pętla zaciskała się coraz mocniej na jego gardle
and finally it took away his breath
i w końcu zaparło mu dech w piersiach
Little by little his eyes began to grow dim
Stopniowo jego oczy zaczęły stawać się coraz bardziej przyćmione
he felt that death was near
Czuł, że śmierć jest bliska
but Pinocchio never gave up hope
ale Pinokio nigdy nie stracił nadziei
"perhaps some charitable person will come to my assistance"
"Być może jakaś dobroczynna osoba przyjdzie mi z pomocą"
But he waited and waited and waited
Ale on czekał i czekał i czekał
and in the end no one came, absolutely no one
I w końcu nikt nie przyszedł, absolutnie nikt
then he remembered his poor father
Wtedy przypomniał sobie o swoim biednym ojcu
thinking he was dying, he stammered out
Myśląc, że umiera, wyjąkał z siebie
"Oh, papa! papa! if only you were here!"
"Och, tato! tata! Gdybyś tylko tu był!"
His breath failed him and he could say no more
Oddech mu zaparł dech w piersiach i nie mógł powiedzieć nic więcej
He shut his eyes and opened his mouth
Zamknął oczy i otworzył usta
and he stretched out his arms and legs
I wyciągnął ręce i nogi
he gave one final long shudder
Wzdrygnął się po raz ostatni
and then he hung stiff and insensible
A potem wisiał sztywno i nieprzytomny

The Beautiful Child Rescues the Puppet
Piękne dziecko ratuje marionetkę

poor Pinocchio was still suspended from the Big Oak tree
Biedny Pinokio wciąż wisiał na Wielkim Dębie
but apparently Pinocchio was more dead than alive
ale najwyraźniej Pinokio był bardziej martwy niż żywy
the beautiful Child with blue hair came to the window again
piękne Dzieciątko o niebieskich włosach znów podeszło do okna
she saw the unhappy puppet hanging by his throat
Zobaczyła nieszczęsną marionetkę wiszącą przy jego gardle
she saw him dancing up and down in the gusts of the wind
Widziała, jak tańczy w górę i w dół w podmuchach wiatru
and she was moved by compassion for him
i była poruszona współczuciem dla niego
the beautiful child struck her hands together
Piękne dziecko złożyło jej dłonie
and she gave three little claps
i wydała z siebie trzy małe klaśki
there came a sound of wings flying rapidly
Rozległ się odgłos szybko lecących skrzydeł
a large Falcon flew on to the window-sill
Na parapet wleciał duży Sokół

"What are your orders, gracious Fairy?" he asked
"Jakie są twoje rozkazy, łaskawa wróżko?" zapytał
and he inclined his beak in sign of reverence
I skłonił dziób na znak czci
"Do you see that puppet dangling from the Big Oak tree?"
— Widzisz tę marionetkę zwisającą z Wielkiego Dębu?
"I see him," confirmed the falcon
— Widzę go — potwierdził sokół
"Fly over to him at once," she ordered him
— Leć do niego natychmiast — rozkazała mu
"use your strong beak to break the knot"
"Użyj swojego mocnego dzioba, aby zerwać węzeł"
"lay him gently on the grass at the foot of the tree"
"Połóż go delikatnie na trawie u stóp drzewa"
The Falcon flew away to carry out his orders
Sokół odleciał, aby wykonać jego rozkazy
and after two minutes he returned to the child
A po dwóch minutach wrócił do dziecka
"I have done as you commanded"
"Uczyniłem tak, jak mi przykazałeś"
"And how did you find him?"
— A jak go znalazłeś?
"when I first saw him he appeared dead"
"kiedy zobaczyłem go po raz pierwszy, wyglądał na martwego"
"but he couldn't really have been entirely dead"
"Ale on naprawdę nie mógł być całkiem martwy"
"I loosened the noose around his throat"
"Poluzowałem pętlę na jego gardle"
"and then he gave soft a sigh"
"A potem cicho westchnął"
"he muttered to me in a faint voice"
"Mruknął do mnie słabym głosem"
"'Now I feel better!' he said"
"'Teraz czuję się lepiej!' powiedział"
The Fairy then struck her hands together twice

Wróżka następnie dwukrotnie uderzyła w swoje dłonie
as soon as she did this a magnificent Poodle appeared
Gdy tylko to zrobiła, pojawił się wspaniały pudel
the poodle walked upright on his hind legs
Pudel chodził wyprostowany na tylnych łapach
it was exactly as if he had been a man
Wyglądało to dokładnie tak, jakby był mężczyzną
He was in the full-dress livery of a coachman
Miał na sobie pełną liberię woźnicy
On his head he had a three-cornered cap braided with gold
Na głowie miał trójgraniastą czapkę oplecioną złotem
his curly white wig came down on to his shoulders
Jego kręcona biała peruka opadała mu na ramiona
he had a chocolate-collared waistcoat with diamond buttons
Miał na sobie kamizelkę z czekoladowym kołnierzem i diamentowymi guzikami
and he had two large pockets to contain bones
Miał też dwie duże kieszenie, w których mieściły się kości
the bones that his mistress gave him at dinner
kości, które jego pani dała mu na kolację
he also had a pair of short crimson velvet breeches
Miał też parę krótkich bryczesów z karmazynowego aksamitu
and he wore some silk stockings
i nosił jedwabne pończochy
and he wore smart Italian leather shoes
i nosił eleganckie włoskie skórzane buty
hanging behind him was a species of umbrella case
Za jego plecami wisiał rodzaj etui na parasol
the umbrella case was made of blue satin
Pokrowiec na parasol został wykonany z niebieskiej satyny
he put his tail into it when the weather was rainy
Wkładał do niego ogon, gdy była deszczowa pogoda
"Be quick, Medoro, like a good dog!"
"Bądź szybki, Medoro, jak dobry pies!"
and the fairy gave her poodle the commands
A wróżka dała jej pudlowi polecenia
"get the most beautiful carriage harnessed"

"Zaprzęgnij najpiękniejszy powóz"
"and have the carriage waiting in my coach-house"
"I niech powóz czeka w mojej wozowni"
"and go along the road to the forest"
"I idź drogą do lasu"
"When you come to the Big Oak tree you will find a poor puppet"
"Kiedy podejdziesz do Wielkiego Dębu, znajdziesz biedną marionetkę"
"he will be stretched on the grass half dead"
"Będzie rozciągnięty na trawie na wpół martwy"
"you will have to pick him up gently"
"Będziesz musiał go delikatnie podnieść"
"lay him flat on the cushions of the carriage"
"Połóż go płasko na poduszkach powozu"
"when you have done this bring him here to me"
"Gdy to uczynisz, przyprowadźcie go tutaj do mnie"
"Do you understand?" she asked one last time
"Rozumiesz?" zapytała po raz ostatni
The Poodle showed that he had understood
Pudel pokazał, że zrozumiał
he shook the case of blue satin three or four times
Potrząsnął futerałem z niebieskiego atłasu trzy czy cztery razy
and then he ran off like a race-horse
A potem uciekł jak koń wyścigowy
soon a beautiful carriage came out of the coach-house
Wkrótce z wozowni wyjechał piękny powóz
The cushions were stuffed with canary feathers
Poduszki wypchane były piórami kanarków
the carriage was lined on the inside with whipped cream
Wagon wyłożony był od wewnątrz bitą śmietaną
and custard and vanilla wafers made the seating
a custard i wafle waniliowe stanowiły miejsca do siedzenia
The little carriage was drawn by a hundred white mice
Mały powóz ciągnięty był przez sto białych myszy
and the Poodle was seated on the coach-box
a pudel siedział na pudle powozu

he cracked his whip from side to side
Trzaskał biczem z boku na bok
like a driver when he is afraid that he is behind time
jak kierowca, gdy boi się, że się spóźni
less than a quarter of an hour passed
Minął niecały kwadrans
and the carriage returned to the house
i powóz wrócił do domu
The Fairy was waiting at the door of the house
Wróżka czekała u drzwi domu
she took the poor puppet in her arms
Wzięła biedną marionetkę w ramiona
and she carried him into a little room
I zaniosła go do małego pokoiku
the room was wainscoted with mother-of-pearl
Pokój był wyłożony boazerią z masy perłowej
she called for the most famous doctors in the neighbourhood
Wezwała najsłynniejszych lekarzy w okolicy
They came immediately, one after the other
Przyszli natychmiast, jeden po drugim
a Crow, an Owl, and a talking little cricket
Wrona, Sowa i gadający mały świerszcz
"I wish to know something from you, gentlemen," said the Fairy
– Chciałabym się czegoś od was dowiedzieć, panowie – powiedziała Wróżka
"is this unfortunate puppet alive or dead?"
"Czy ta nieszczęsna marionetka jest żywa, czy martwa?"
the Crow started by feeling Pinocchio's pulse
Kruk zaczął od wyczucia pulsu Pinokia
he then felt his nose and his little toe
Potem poczuł swój nos i mały palec u nogi
he carefully made his diagnosis of the puppet
Ostrożnie postawił diagnozę marionetki
and then he solemnly pronounced the following words:
A potem uroczyście wypowiedział następujące słowa:
"To my belief the puppet is already dead"

"O ile mi wierzę, marionetka już nie żyje"
"but there is always the chance he's still alive"
"Ale zawsze jest szansa, że on jeszcze żyje"
"I regret," said the Owl, "to contradict the Crow"
— Żałuję — rzekła Sowa — że muszę zaprzeczyć Wronowi.
"my illustrious friend and colleague"
"Mój znakomity przyjaciel i kolega"
"in my opinion the puppet is still alive"
"Moim zdaniem marionetka wciąż żyje"
"but there's always a chance he's already dead"
"Ale zawsze jest szansa, że on już nie żyje"
lastly the Fairy asked the talking little Cricket
na koniec Wróżka zapytała gadającego małego Świerszcza
"And you, have you nothing to say?"
— A ty nie masz nic do powiedzenia?
"doctors are not always called upon to speak"
"Lekarze nie zawsze są wzywani do mówienia"
"sometimes the wisest thing is to be silent"
"Czasami najmądrzej jest milczeć"
"but let me tell you what I know"
"Ale pozwól, że powiem ci, co wiem"
"that puppet has a face that is not new to me"
"Ta marionetka ma twarz, która nie jest dla mnie nowa"
"I have known him for some time!"
— Znam go już od jakiegoś czasu!
Pinocchio had lain immovable up to that moment
Do tej chwili Pinokio leżał nieruchomo
he was just like a real piece of wood
Był jak prawdziwy kawałek drewna
but then he was seized with a fit of convulsive trembling
Potem jednak ogarnął go atak konwulsyjnego drżenia
and the whole bed shook from his shaking
i całe łóżko zatrzęsło się od jego drżenia
the talking little Cricket continued talking
gadający mały Świerszcz mówił dalej
"That puppet there is a confirmed rogue"
"Ta marionetka to potwierdzony"

Pinocchio opened his eyes, but shut them again immediately
Pinokio otworzył oczy, ale natychmiast je zamknął
"He is a good for nothing ragamuffin vagabond"
"On jest do niczego niezdatnym włóczęgą"
Pinocchio hid his face beneath the clothes
Pinokio ukrył twarz pod ubraniem
"That puppet there is a disobedient son"
"Tą marionetką jest syn nieposłuszny"
"he will make his poor father die of a broken heart!"
"Sprawi, że jego biedny ojciec umrze z powodu złamanego serca!"
At that instant everyone could hear something
W tym momencie każdy mógł coś usłyszeć
suffocated sound of sobs and crying was heard
Słychać było zduszony szloch i płacz
the doctors raised the sheets a little
Lekarze podnieśli trochę prześcieradła
Imagine their astonishment when they saw Pinocchio
Wyobraźcie sobie ich zdumienie, gdy zobaczyli Pinokia
the crow was the first to give his medical opinion
Kruk jako pierwszy wydał swoją opinię lekarską
"When a dead person cries he's on the road to recovery"
"Kiedy martwa osoba płacze, jest na drodze do wyzdrowienia"
but the owl was of a different medical opinion
Ale sowa była innego zdania medycznego
"I grieve to contradict my illustrious friend"
"Z przykrością zaprzeczam mojemu znakomitemu przyjacielowi"
"when the dead person cries it means he's is sorry to die"
"Kiedy zmarła osoba płacze, oznacza to, że jest jej przykro umierać"

Pinocchio Refuses to Take his Medicine
Pinokio odmawia przyjęcia lekarstwa

The doctors had done all that they could
Lekarze zrobili wszystko, co w ich mocy
so they left Pinocchio with the fairy
więc zostawili Pinokia z wróżką
the Fairy touched Pinocchio's forehead
Wróżka dotknęła czoła Pinokia
she could tell that he had a high fever
Widziała, że ma wysoką gorączkę
the Fairy knew exactly what to give Pinocchio
Wróżka dokładnie wiedziała, co dać Pinokio
she dissolved a white powder in some water
Rozpuściła biały proszek w wodzie
and she offered Pinocchio the tumbler of water
i podała Pinokiu kubek z wodą
and she reassured him that everything would fine
A ona zapewniła go, że wszystko będzie dobrze
"Drink it and in a few days you will be cured"
"Wypij to, a za kilka dni zostaniesz wyleczony"
Pinocchio looked at the tumbler of medicine
Pinokio spojrzał na kubek z lekarstwem
and he made a wry face at the medicine
i zrobił krzywą minę na widok lekarstwa
"Is it sweet or bitter?" he asked plaintively
"Czy to jest słodkie, czy gorzkie?" – zapytał żałośnie
"It is bitter, but it will do you good"
"Jest gorzki, ale dobrze ci zrobi"
"If it is bitter, I will not drink it"
"Jeśli jest gorzkie, nie będę go pił"
"Listen to me," said the Fairy, "drink it"
"Posłuchaj mnie," powiedziała Wróżka, "wypij to"
"I don't like anything bitter," he objected
– Nie lubię niczego gorzkiego – zaoponował
"I will give you a lump of sugar"
"Dam ci kostkę cukru"

"it will take away the bitter taste"
"Usunie gorzki smak"
"but first you have to drink your medicine"
"Ale najpierw musisz wypić swoje lekarstwo"
"Where is the lump of sugar?" asked Pinocchio
"Gdzie jest kostka cukru?" zapytał Pinokio
"Here is the lump of sugar," said the Fairy
– Tu jest kostka cukru – powiedziała Wróżka
and she took out a piece from a gold sugar-basin
I wyjęła kawałek ze złotej cukiernicy
"please give me the lump of sugar first"
"Proszę, najpierw daj mi kostkę cukru"
"and then I will drink that bad bitter water"
"A potem napiję się tej złej gorzkiej wody"
"Do you promise me?" she asked Pinocchio
"Obiecujesz mi?" zapytała Pinokia
"Yes, I promise," answered Pinocchio
— Tak, obiecuję — odparł Pinokio
so the Fairy gave Pinocchio the piece of sugar
więc Wróżka dała Pinokio kawałek cukru
and Pinocchio crunched up the sugar and swallowed it
a Pinokio zmiażdżył cukier i połknął go
he licked his lips and enjoyed the taste
Oblizał wargi i delektował się smakiem
"It would be a fine thing if sugar were medicine!"
"Byłoby dobrze, gdyby cukier był lekarstwem!"
"then I would take medicine every day"
"wtedy codziennie brałabym lekarstwa"
the Fairy had not forgotten Pinocchio's promise
Wróżka nie zapomniała o obietnicy Pinokia
"keep your promise and drink this medicine"
"Dotrzymuj obietnicy i pij to lekarstwo"
"it will restore you back to health"
"To przywróci ci zdrowie"
Pinocchio took the tumbler unwillingly
Pinokio wziął kubek niechętnie
he put the point of his nose to the tumbler

Przyłożył czubek nosa do kubka
and he lowered the tumbler to his lips
I przyłożył kubek do ust
and then again he put his nose to it
A potem znowu przyłożył do niego nos
and at last he said, "It is too bitter!"
i w końcu powiedział: "Jest zbyt gorzki!"
"I cannot drink anything so bitter"
"Nie mogę pić czegoś tak gorzkiego"
"you don't know yet if you can't," said the Fairy
– Jeszcze nie wiesz, czy nie możesz – powiedziała Wróżka
"you have not even tasted it yet"
"Jeszcze nawet tego nie spróbowałeś"
"I can imagine how it's going to taste!"
"Mogę sobie wyobrazić, jak to będzie smakować!"
"I know it from the smell," objected Pinocchio
— Wiem to po zapachu — zaprotestował Pinokio
"first I want another lump of sugar please"
"najpierw chcę kolejną kostkę cukru, proszę"
"and then I promise that will drink it!"
"A potem obiecuję, że to wypiję!"
The Fairy had all the patience of a good mamma
Wróżka miała cierpliwość dobrej mamy
and she put another lump of sugar in his mouth
i włożyła mu do ust kolejną kostkę cukru
and again, she presented the tumbler to him
I znowu podała mu kubek
"I still cannot drink it!" said the puppet
"Nadal nie mogę tego wypić!" powiedziała marionetka
and Pinocchio made a thousand grimaced faces
a Pinokio zrobił tysiąc wykrzywionych twarzy
"Why can't you drink it?" asked the fairy
"Dlaczego nie możesz tego wypić?" zapytała wróżka
"Because that pillow on my feet bothers me"
"Bo ta poduszka na nogach mi przeszkadza"
The Fairy removed the pillow from his feet
Wróżka zdjęła poduszkę z jego stóp

Pinocchio excused himself again
Pinokio znów się przeprosił
"I've tried my best but it doesn't help me"
"Starałem się jak mogłem, ale to mi nie pomaga"
"Even without the pillow I cannot drink it"
"Nawet bez poduszki nie mogę jej wypić"
"What is the matter now?" asked the fairy
"Co się teraz stało?" zapytała wróżka
"The door of the room is half open"
"Drzwi do pokoju są na wpół otwarte"
"it bothers me when doors are half open"
"Denerwuje mnie, gdy drzwi są na wpół otwarte"
The Fairy went and closed the door for Pinocchio
Wróżka poszła i zamknęła drzwi przed Pinokio.
but this didn't help, and he burst into tears
Ale to nie pomogło i rozpłakał się
"I will not drink that bitter water—no, no, no!"
— Nie będę pił tej gorzkiej wody — nie, nie, nie!
"My boy, you will repent it if you don't"
"Mój chłopcze, będziesz żałować, jeśli tego nie zrobisz"
"I don't care if I will repent it," he replied
"Nie obchodzi mnie, czy będę tego żałować" – odparł
"Your illness is serious," warned the Fairy
— Twoja choroba jest poważna – ostrzegła Wróżka
"I don't care if my illness is serious"
"Nie obchodzi mnie, czy moja choroba jest poważna"
"The fever will carry you into the other world"
"Gorączka przeniesie cię na tamten świat"
"then let the fever carry me into the other world"
"Niech więc gorączka przeniesie mnie na tamten świat"
"Are you not afraid of death?"
— Nie boisz się śmierci?
"I am not in the least afraid of death!"
— Wcale nie boję się śmierci!
"I would rather die than drink bitter medicine"
"Wolałbym umrzeć, niż wypić gorzkie lekarstwo"
At that moment the door of the room flew open

W tym momencie drzwi pokoju otworzyły się z hukiem
four rabbits as black as ink entered the room
Do pokoju weszły cztery króliki czarne jak atrament
on their shoulders they carried a little bier
Na ramionach nieśli małą marę

"What do you want with me?" cried Pinocchio
"Czego chcesz ode mnie?" zawołał Pinokio
and he sat up in bed in a great fright
i usiadł na łóżku w wielkim strachu
"We have come to take you," said the biggest rabbit
– Przyszliśmy cię zabrać – powiedział największy królik
"you cannot take me yet; I am not dead"
— Nie możesz mnie jeszcze zabrać. Nie jestem martwy"

"where are you planning to take me to?"
– Dokąd zamierzasz mnie zabrać?
"No, you are not dead yet," confirmed the rabbit
– Nie, jeszcze nie umarłeś – potwierdził królik
"but you have only a few minutes left to live"
"Ale zostało ci tylko kilka minut życia"
"because you refused the bitter medicine"
"Ponieważ odmówiłeś przyjęcia gorzkiego lekarstwa"
"the bitter medicine would have cured your fever"
"Gorzkie lekarstwo wyleczyłoby cię z gorączki"
"Oh, Fairy, Fairy!" the puppet began to scream
"Och, Wróżko, Wróżko!" marionetka zaczęła krzyczeć
"give me the tumbler at once," he begged
— Daj mi natychmiast kubek — błagał
"be quick, for pity's sake, I do not want die"
"Spiesz się, na litość boską, nie chcę umrzeć"
"no, I will not die today"
"Nie, dziś nie umrę"
Pinocchio took the tumbler with both hands
Pinokio wziął kubek obiema rękami

and he emptied the water one one big gulp
i opróżnił wodę jednym wielkim haustkiem
"We must have patience!" said the rabbits
"Musimy uzbroić się w cierpliwość!" powiedziały króliki
"this time we have made our journey in vain"
"Tym razem nasza podróż poszła na marne"
they took the little bier on their shoulders again
Znowu wzięli na swoje ramiona małą marę
and they left the room back to where they came from
I opuścili pokój z powrotem tam, skąd przyszli
and they grumbled and murmured between their teeth
I mruczały i szemrały między zębami
Pinocchio's recovery did not take long at all
Rekonwalescencja Pinokia nie trwała długo
a few minutes later he jumped down from the bed
Kilka minut później zeskoczył z łóżka
wooden puppets have a special privilege
Drewniane kukiełki mają szczególny przywilej
they seldom get seriously ill like us
Rzadko chorują poważnie, tak jak my
and they are lucky to be cured very quickly
I mają szczęście, że bardzo szybko się leczą
"has my medicine done you good?" asked the fairy
"Czy moje lekarstwo dobrze ci zrobiło?" zapytała wróżka
"your medicine has done me more than good"
"Twoje lekarstwo przyniosło mi więcej niż pożytek"
"your medicine has saved my life"
"Twoje lekarstwo uratowało mi życie"
"why didn't you take your medicine sooner?"
– Dlaczego nie zażyłeś lekarstwa wcześniej?
"Well, Fairy, we boys are all like that!"
"Cóż, Wróżko, my chłopcy wszyscy jesteśmy tacy!"
"We are more afraid of medicine than of the illness"
"Bardziej boimy się medycyny niż choroby"
"Disgraceful!" cried the fairy in indignation
"Haniebne!" krzyknęła wściekła wróżka
"Boys ought to know the power of medicine"

"Chłopcy powinni znać moc medycyny"
"a good remedy may save them from a serious illness"
"Dobre lekarstwo może uratować ich przed poważną chorobą"
"and perhaps it even saves you from death"
"A może nawet ratuje cię przed śmiercią"
"next time I shall not require so much persuasion"
"Następnym razem nie będę potrzebował tak wielkiego namawiania"
"I shall remember those black rabbits"
"Zapamiętam te czarne króliki"
"and I shall remember the bier on their shoulders"
"I wspomnę na mary na ich ramionach"
"and then I shall immediately take the tumbler"
"A potem natychmiast wezmę kubek"
"and I will drink all the medicine in one go!"
"I wypiję całe lekarstwo za jednym zamachem!"
The Fairy was happy with Pinocchio's words
Wróżka była zadowolona ze słów Pinokia
"Now, come here to me and sit on my lap"
"A teraz chodź tu do mnie i usiądź mi na kolanach"
"and tell me all about the assassins"
"I opowiedz mi wszystko o asasynach"
"how did you end up hanging from the big Oak tree?"
– Jak to się stało, że zawisłeś na wielkim dębie?
And Pinocchio ordered all the events that happened
A Pinokio uporządkował wszystkie wydarzenia, które miały miejsce
"You see, there was a ringmaster; Fire-eater"
— Widzi pan, był tam konferansjer; Połykacz Ognia"
"Fire-eater gave me some gold pieces"
"Połykacz Ognia dał mi kilka sztuk złota"
"he told me to take the gold to my father"
"Powiedział mi, żebym zaniósł złoto mojemu ojcu"
"but I didn't take the gold straight to my father"
"ale nie zaniosłem złota prosto do ojca"
"on the way home I met a Fox and a Cat"
"w drodze do domu spotkałem Lisa i Kota"

"they made me an offer I couldn't refuse"
"Złożyli mi propozycję nie do odrzucenia"
'Would you like those pieces of gold to multiply?'
– Czy chciałbyś, żeby te złote monety się rozmnożyły?
"'Come with us and,' they said"
"'Chodź z nami i' powiedzieli"
'we will take you to the Field of Miracles'
"zabierzemy cię na Pole Cudów"
"and I said, 'Let's go to the Field of Miracles'"
"A ja powiedziałem: 'Chodźmy na Pole Cudów'"
"And they said, 'Let us stop at this inn'"
"A oni rzekli: «Zatrzymajmy się w tej gospodzie»"
"and we stopped at the Red Craw-Fish in"
"i zatrzymaliśmy się w Red Craw-Fish w"
"all of us went to sleep after our food"
"Wszyscy poszliśmy spać po posiłku"
"when I awoke they were no longer there"
"kiedy się obudziłem, już ich tam nie było"
"because they had to leave before me"
"Bo musieli odejść przede mną"
"Then I began to travel by night"
"Potem zacząłem podróżować nocą"
"you cannot imagine how dark it was"
"Nie możesz sobie wyobrazić, jakie to było ciemne"
"that's when I met the two assassins"
"Wtedy poznałem dwóch zabójców"
"and they were wearing charcoal sacks"
"I mieli na sobie worki z węglem"
"they said to me: 'Out with your money'"
"Powiedzieli mi: 'Precz z pieniędzmi'"
"and I said to them, 'I have no money'"
"I odpowiedziałem im: 'Nie mam pieniędzy'"
"because I had hidden the four gold pieces"
"bo ukryłem cztery złote monety"
"I had put the money in my mouth"
"Włożyłem pieniądze do ust"
"one tried to put his hand in my mouth"

"Jeden z nich próbował włożyć mi rękę do ust"
"and I bit his hand off and spat it out"
"A ja odgryzłem mu rękę i wyplułem to"
"but instead of a hand it was a cat's paw"
"ale zamiast ręki była to łapa kota"
"and then the assassins ran after me"
"A potem zamachowcy pobiegli za mną"
"and I ran and ran as fast as I could"
"A ja biegłem i biegłem tak szybko, jak tylko mogłem"
"but in the end they caught me anyway"
"Ale w końcu i tak mnie złapali"
"and they tied a noose around my neck"
"I zawiązali mi pętlę na szyi"
"and they hung me from the Big Oak tree"
"I powiesili mnie na Wielkim Dębie"
"they waited for me to stop moving"
"Czekali, aż przestanę się ruszać"
"but I never stopped moving at all"
"ale ja nigdy nie przestałem się ruszać"
"and then they called up to me"
"A potem zawołali do mnie"
'Tomorrow we shall return here'
"Jutro tu wrócimy"
'then you will be dead with your mouth open'
"Wtedy będziesz martwy z otwartymi ustami"
'and we will have the gold under your tongue'
"A my będziemy mieli złoto pod twoim językiem"
the Fairy was interested in the story
Wróżka była zainteresowana tą historią
"And where have you put the pieces of gold now?"
— A gdzie teraz położyłeś te złote monety?
"I have lost them!" said Pinocchio, dishonestly
"Zgubiłem ich!" powiedział nieuczciwie Pinokio
he had the pieces of gold in his pocket
Złote monety miał w kieszeni
as you know Pinocchio already had a long nose
jak wiadomo Pinokio miał już długi nos

but lying made his nose grow even longer
Ale kłamstwo sprawiło, że jego nos stał się jeszcze dłuższy
and his nose grew another two inches
a jego nos urósł o kolejne dwa cale
"And where did you lose the gold?"
– A gdzie zgubiłeś złoto?
"I lost it in the woods," he lied again
– Zgubiłem go w lesie – skłamał znowu
and his nose also grew at his second lie
A nos mu też wyrósł przy drugim kłamstwie
"worry not about the gold," said the fairy
– Nie martw się o złoto – powiedziała wróżka
"we will go to the woods and find your gold"
"Pójdziemy do lasu i znajdziemy twoje złoto"
"all that is lost in those woods is always found"
"Wszystko, co ginie w tych lasach, zawsze się odnajduje"
Pinocchio got quite confused about his situation
Pinokio był dość zdezorientowany swoją sytuacją
"Ah! now I remember all about it," he replied
— Ach! teraz sobie to wszystko przypominam" – odpowiedział
"I didn't lose the four gold pieces at all"
"W ogóle nie zgubiłem czterech sztuk złota"
"I just swallowed your medicine, didn't I?"
– Właśnie połknąłem twoje lekarstwo, prawda?
"I swallowed the coins with the medicine"
"Połknąłem monety z lekarstwem"
at this daring lie his nose grew even longer
Na to zuchwałe kłamstwo jego nos jeszcze się wydłużył
now Pinocchio could not move in any direction
teraz Pinokio nie mógł się ruszyć w żadnym kierunku
he tried to turn to his left side
Próbował obrócić się na lewy bok
but his nose struck the bed and window-panes
ale nos uderzył w łóżko i szyby okienne
he tried to turn to the right side
Próbował skręcić w prawą stronę

but now his nose struck against the walls
Teraz jednak jego nos uderzył o ściany
and he could not raise his head either
Nie mógł też podnieść głowy
because his nose was long and pointy
ponieważ jego nos był długi i spiczasty
and his nose could have poke the Fairy in the eye
a jego nos mógł szturchnąć Wróżkę w oko
the Fairy looked at him and laughed
Wróżka spojrzała na niego i roześmiała się
Pinocchio was very confused about his situation
Pinokio był bardzo zdezorientowany swoją sytuacją
he did not know why his nose had grown
Nie wiedział, dlaczego urósł mu nos
"What are you laughing at?" asked the puppet
"Z czego się śmiejesz?" zapytała kukiełka
"I am laughing at the lies you've told me"
"Śmieję się z kłamstw, które mi powiedziałeś"
"how can you know that I have told lies?"
"Skąd możesz wiedzieć, że kłamałem?"
"Lies, my dear boy, are found out immediately"
"Kłamstwa, mój drogi chłopcze, wychodzą na jaw natychmiast"
"in this world there are two sorts of lies"
"Na tym świecie są dwa rodzaje kłamstw"
"There are lies that have short legs"
"Są kłamstwa, które mają krótkie nogi"
"and there are lies that have long noses"
"A są kłamstwa, które mają długie nosy"
"Your lie is one of those that has a long nose"
"Twoje kłamstwo jest jednym z tych, które mają długi nos"
Pinocchio did not know where to hide himself
Pinokio nie wiedział, gdzie się schować
he was ashamed of his lies being discovered
Wstydził się, że jego kłamstwa zostały wykryte
he tried to run out of the room
Próbował wybiec z pokoju

but he did not succeed at escaping
Nie udało mu się jednak uciec
his nose had gotten too long to escape
Jego nos stał się zbyt długi, by uciec
and he could no longer pass through the door
i nie mógł już przejść przez drzwi

Pinocchio Meets the Fox and the Cat Again
Pinokio znów spotyka lisa i kota

the Fairy understood the importance of the lesson
Wróżka zrozumiała znaczenie lekcji
she let the puppet to cry for a good half-hour
Pozwoliła kukłce płakać przez dobre pół godziny
his nose could no longer pass through the door
Jego nos nie mógł już przejść przez drzwi
telling lies is the worst thing a boy can do
Kłamstwo to najgorsza rzecz, jaką może zrobić chłopiec
and she wanted him to learn from his mistakes
I chciała, żeby uczył się na własnych błędach
but she could not bear to see him weeping
Nie mogła jednak znieść widoku jego płaczu
she felt full of compassion for the puppet
Czuła się pełna współczucia dla marionetki
so she clapped her hands together again
Klasnęła więc w dłonie
a thousand large Woodpeckers flew in from the window
tysiąc dużych dzięciołów przyleciało z okna
The woodpeckers immediately perched on Pinocchio's nose
Dzięcioły natychmiast przysiadły na nosie Pinokia
and they began to peck at his nose with great zeal
i zaczęli dziobać go w nos z wielkim zapałem
you can imagine the speed of a thousand woodpeckers
możesz sobie wyobrazić prędkość tysiąca dzięciołów
within no time at all Pinocchio's nose was normal
w mgnieniu oka nos Pinokia był normalny

of course you remember he always had a big nose
Oczywiście, pamiętasz, że zawsze miał duży nos
"What a good Fairy you are," said the puppet
– Ależ z ciebie dobra wróżka – powiedziała marionetka
and Pinocchio dried his tearful eyes
a Pinokio otarł mu zapłakane oczy
"and how much I love you!" he added
"A jak bardzo cię kocham!" – dodał
"I love you also," answered the Fairy
– Ja też cię kocham – odpowiedziała Wróżka
"if you remain with me you shall be my little brother"
"Jeśli pozostaniesz ze mną, będziesz moim młodszym bratem"
"and I will be your good little sister"
"a ja będę twoją dobrą siostrzyczką"
"I would like to remain very much," said Pinocchio
— Bardzo bym chciał zostać — rzekł Pinokio
"but I have to go back to my poor papa"
"ale muszę wrócić do mojego biednego taty"
"I have thought of everything," said the fairy
– Przemyślałam wszystko – powiedziała wróżka
"I have already let your father know"
"Już dałem znać twojemu ojcu"
"and he will come here tonight"
"I przyjdzie tu dziś wieczorem"
"Really?" shouted Pinocchio, jumping for joy
"Naprawdę?" krzyknął Pinokio, podskakując z radości
"Then, little Fairy, I have a wish"
"A więc, mała Wróżko, mam życzenie"
"I would very much like to go and meet him"
"Bardzo chciałbym tam pojechać i się z nim spotkać"
"I want to give a kiss to that poor old man"
"Chcę dać buziaka temu biednemu starcowi"
"he has suffered so much on my account"
"On tak wiele wycierpiał z mojego powodu"
"Go, but be careful not to lose your way"
"Idź, ale uważaj, żeby się nie zgubić"
"Take the road that goes through the woods"

"Idź drogą, która prowadzi przez las"
"I am sure that you will meet him there"
"Jestem pewien, że go tam spotkasz"
Pinocchio set out to go through the woods
Pinokio wyruszył w podróż przez las
once in the woods he began to run like a kid
Pewnego razu w lesie zaczął biegać jak dziecko
But then he had reached a certain spot in the woods
Ale potem dotarł do pewnego miejsca w lesie
he was almost in front of the Big Oak tree
Był już prawie przed Wielkim Dębem
he thought he heard people amongst the bushes
Zdawało mu się, że słyszy ludzi wśród krzaków
In fact, two persons came out on to the road
W rzeczywistości dwie osoby wyszły na jezdnię
Can you guess who they were?
Czy potrafisz zgadnąć, kim byli?
they were his two travelling companions
Byli to jego dwaj towarzysze podróży
in front of him was the Fox and the Cat
przed nim leżał Lis i Kot
his companions who had taken him to the inn
jego towarzysze, którzy zaprowadzili go do gospody

"Why, here is our dear Pinocchio!" cried the Fox
"Przecież oto nasz kochany Pinokio!" zawołał Lis
and he kissed and embraced his old friend
I ucałował i objął swego starego przyjaciela
"How came you to be here?" asked the fox
"Jak to się stało, że tu jesteś?" zapytał lis
"How come you to be here?" repeated the Cat
"Jak to się stało, że tu jesteś?" powtórzył Kot
"It is a long story," answered the puppet
— To długa historia — odparła marionetka
"I will tell you the story when I have time"
"Opowiem ci tę historię, kiedy będę miał czas"
"but I must tell you what happened to me"
"Ale muszę ci opowiedzieć, co mi się przydarzyło"
"do you know that the other night I met with assassins?"
— Wiesz, że tamtej nocy spotkałem się z zabójcami?
"Assassins! Oh, poor Pinocchio!" worried the Fox
"Zabójcy! Och, biedny Pinokio!" martwił się Lis
"And what did they want?" he asked
"A czego oni chcieli?" — zapytał
"They wanted to rob me of my gold pieces"
"Chcieli mnie okraść z moich sztuk złota"
"Villains!" said the Fox
"Złoczyńcy!" powiedział Lis
"Infamous villains!" repeated the Cat
"Niesławni złoczyńcy!" powtórzył Kot
"But I ran away from them," continued the puppet
— Ale ja od nich uciekłem — ciągnęła kukła
"they did their best to catch me"
"Zrobili wszystko, co w ich mocy, żeby mnie złapać"
"and after a long chase they did catch me"
"I po długim pościgu mnie złapali"
"they hung me from a branch of that oak tree"
"Powiesili mnie na gałęzi tego dębu"
And Pinocchio pointed to the Big Oak tree
A Pinokio wskazał na Wielki Dąb
the Fox was appalled by what he had heard

Lis był zbulwersowany tym, co usłyszał
"Is it possible to hear of anything more dreadful?"
— Czy można słyszeć o czymś straszniejszym?
"In what a world we are condemned to live!"
"W jakim świecie jesteśmy skazani na życie!"
"Where can respectable people like us find a safe refuge?"
"Gdzie szanowani ludzie, tacy jak my, mogą znaleźć bezpieczne schronienie?"
the conversation went on this way for some time
Rozmowa toczyła się w ten sposób przez jakiś czas
in this time Pinocchio observed something about the Cat
w tym czasie Pinokio zauważył coś o Kocie
the Cat was lame of her front right leg
Kotka była kulawa na przednią prawą nogę
in fact, she had lost her paw and all its claws
W rzeczywistości straciła łapę i wszystkie pazury
Pinocchio wanted to know what had happened
Pinokio chciał wiedzieć, co się stało
"What have you done with your paw?"
— Co zrobiłeś ze swoją łapą?
The Cat tried to answer, but became confused
Kot próbował odpowiedzieć, ale się zdezorientował
the Fox jumped in to explain what had happened
Lis wskoczył, by wyjaśnić, co się stało
"you must know that my friend is too modest"
"Musisz wiedzieć, że mój przyjaciel jest zbyt skromny"
"her modesty is why she doesn't usually speak"
"Jej skromność jest powodem, dla którego zwykle się nie odzywa"
"so let me tell the story for her"
"Pozwól więc, że opowiem jej tę historię"
"an hour ago we met an old wolf on the road"
"Godzinę temu spotkaliśmy na drodze starego wilka"
"he was almost fainting from want of food"
"Prawie zemdlał z braku jedzenia"
"and he asked alms of us"
"I prosił nas o jałmużnę"

"we had not so much as a fish-bone to give him"
"Nie mieliśmy nawet jednej rybiej ości, którą moglibyśmy mu dać"
"but what did my friend do?"
– Ale co zrobił mój przyjaciel?
"well, she really has the heart of a César"
"cóż, ona naprawdę ma serce Cezara"
"She bit off one of her fore paws"
"Odgryzła sobie jedną z przednich łap"
"and the threw her paw to the poor beast"
"I rzuciła łapę biednemu zwierzęciu"
"so that he might appease his hunger"
"aby mógł zaspokoić swój głód"
And the Fox was brought to tears by his story
A Lis został doprowadzony do łez swoją historią
Pinocchio was also touched by the story
Pinokio również był poruszony tą historią
approaching the Cat, he whispered into her ear
zbliżając się do Kota, szepnął jej do ucha
"If all cats resembled you, how fortunate the mice would be!"
"Gdyby wszystkie koty były do ciebie podobne, jakże szczęśliwe byłyby myszy!"
"And now, what are you doing here?" asked the Fox
"A teraz, co ty tu robisz?" zapytał Lis
"I am waiting for my papa," answered the puppet
– Czekam na mojego tatusia – odpowiedziała kukła
"I am expecting him to arrive at any moment now"
"Spodziewam się, że przyjedzie lada chwila"
"And what about your pieces of gold?"
— A co z twoimi kawałkami złota?
"I have got them in my pocket," confirmed Pinocchio
– Mam je w kieszeni – potwierdził Pinokio
although he had to explain that he had spent one coin
chociaż musiał tłumaczyć, że wydał jedną monetę
the cost of their meal had come to one piece of gold
Koszt ich posiłku wynosił jedną sztukę złota

but he told them not to worry about that
Ale powiedział im, żeby się tym nie przejmowali
but the Fox and the Cat did worry about it
ale Lis i Kot martwili się o to
"Why do you not listen to our advice?"
— Dlaczego nie słuchasz naszych rad?
"by tomorrow you could have one or two thousand!"
— Do jutra może być ich tysiąc lub dwa!
"Why don't you bury them in the Field of Miracles?"
— Dlaczego nie pochowasz ich na Polu Cudów?
"Today it is impossible," objected Pinocchio
— Dziś to niemożliwe — zaprotestował Pinokio
"but don't worry, I will go another day"
"ale nie martw się, pójdę innego dnia"
"Another day it will be too late!" said the Fox
"Następnego dnia będzie za późno!" powiedział Lis
"Why would it be too late?" asked Pinocchio
"Dlaczego miałoby być za późno?" zapytał Pinokio
"Because the field has been bought by a gentleman"
"Bo pole kupił jakiś dżentelmen"
"after tomorrow no one will be allowed to bury money there"
"Po jutrze nikt nie będzie mógł tam zakopywać pieniędzy"
"How far off is the Field of Miracles?"
— Jak daleko jest Pole Cudów?
"It is less than two miles from here"
"To niecałe dwie mile stąd"
"Will you come with us?" asked the Fox
"Pójdziesz z nami?" zapytał Lis
"In half an hour we can be there"
"Za pół godziny możemy być na miejscu"
"You can bury your money straight away"
"Możesz od razu zakopać swoje pieniądze"
"and in a few minutes you will collect two thousand coins"
"A za kilka minut zbierzesz dwa tysiące monet"
"and this evening you will return with your pockets full"
"A dziś wieczorem wrócisz z pełnymi kieszeniami"

"Will you come with us?" the Fox asked again
"Pójdziesz z nami?" zapytał ponownie Lis
Pinocchio thought of the good Fairy
Pinokio pomyślał o dobrej wróżce
and Pinocchio thought of old Geppetto
a Pinokio pomyślał o starym Geppetcie
and he remembered the warnings of the talking little cricket
I przypomniał sobie ostrzeżenia gadającego małego świerszcza
and he hesitated a little before answering
I zawahał się trochę, zanim odpowiedział
by now you know what kind of boy Pinocchio is
już wiesz, jakim chłopcem jest Pinokio
Pinocchio is one of those boys without much sense
Pinokio jest jednym z tych chłopców, którzy nie mają większego rozsądku
he ended by giving his head a little shake
Na koniec lekko potrząsnął głową
and then he told the Fox and the Cat his plans
a potem opowiedział Lisowi i Kotu o swoich planach
"Let us go: I will come with you"
«Chodźmy, pójdę z tobą»
and they went to the field of miracles
I poszli na pole cudów
they walked for half a day and reached a town
Szli tak przez pół dnia i dotarli do miasta
the town was the Trap for Blockheads
Miasto było Pułapką na
Pinocchio noticed something interesting about this town
Pinokio zauważył coś ciekawego w tym mieście
everywhere where you looked there were dogs
Wszędzie, gdzie spojrzeć, były psy
all the dogs were yawning from hunger
Wszystkie psy ziewały z głodu
and he saw shorn sheep trembling with cold
i widział strzyżone owce drżące z zimna
even the cockerels were begging for Indian corn

nawet koguciki błagały o indyjską kukurydzę
there were large butterflies that could no longer fly
Były duże motyle, które nie mogły już latać
because they had sold their beautiful coloured wings
bo sprzedali swoje piękne kolorowe skrzydła
there were peacocks that were ashamed to be seen
Były pawie, które wstydziły się być widziane
because they had sold their beautiful coloured tails
bo sprzedali swoje piękne kolorowe ogony
and pheasants went scratching about in a subdued fashion
a bażanty drapały się w stonowany sposób
they were mourning for their gold and silver feathers
Opłakiwali swoje złote i srebrne pióra
most were beggars and shamefaced creatures
Większość z nich stanowili żebracy i zawstydzone stworzenia
but among them some lordly carriage passed
Lecz między nimi przejechał jakiś dostojny powóz
the carriages contained a Fox, or a thieving Magpie
w wagonach znajdował się Lis lub złodziejska Sroka
or the carriage seated some other ravenous bird of prey
albo w powozie, w którym siedział jakiś inny drapieżny ptak
"And where is the Field of Miracles?" asked Pinocchio
"A gdzie jest Pole Cudów?" zapytał Pinokio
"It is here, not two steps from us"
"Jest tutaj, nie dwa kroki od nas"
They crossed the town and and went over a wall
Przeszli przez miasto i przeszli przez mur
and then they came to a solitary field
A potem doszli do samotnego pola
"Here we are," said the Fox to the puppet
— Tu jesteśmy — powiedział Lis do marionetki
"Now stoop down and dig with your hands a little hole"
"Teraz schyl się i wykop rękami mały dół"
"and put your gold pieces into the hole"
"I włóż swoje złote monety do"
Pinocchio obeyed what the fox had told him
Pinokio posłuchał tego, co powiedział mu lis

He dug a hole and put into it the four gold pieces
Wykopał dół i włożył do niego cztery złote monety
and then he filled up the hole with a little earth
A potem zasypał dziurę odrobiną ziemi
"Now, then," said the Fox, "go to that canal close to us"
— A teraz — rzekł Lis — idź do tego kanału, który jest blisko nas.
"fetch a bucket of water from the canal"
"Przynieś wiadro wody z kanału"
"water the ground where you have sowed the gold"
"Podlej ziemię, na której zasiałeś złoto"
Pinocchio went to the canal without a bucket
Pinokio poszedł do kanału bez wiadra
as he had no bucket, he took off one of his old shoes
Ponieważ nie miał wiadra, zdjął jeden ze swoich starych butów
and he filled his shoe with water
I napełnił swój but wodą
and then he watered the ground over the hole
A potem podlał ziemię nad
He then asked, "Is there anything else to be done?
Następnie zapytał: "Czy jest coś jeszcze do zrobienia?
"you need not do anything else," answered the Fox
— Nie musisz robić nic więcej — odparł Lis
"there is no need for us to stay here"
"Nie ma potrzeby, żebyśmy tu zostawali"
"you can return in about twenty minutes"
"Możesz wrócić za jakieś dwadzieścia minut"
"and then you will find a shrub in the ground"
"A potem znajdziesz krzew w ziemi"
"the tree's branches will be loaded with money"
"Gałęzie drzewa zostaną załadowane pieniędzmi"
The poor puppet was beside himself with joy
Biedna marionetka oszalała z radości
he thanked the Fox and the Cat a thousand times
Tysiąc razy dziękował Lisowi i Kotu
and he promised them many beautiful presents

i obiecał im wiele pięknych prezentów
"We wish for no presents," answered the two rascals
— Nie życzymy sobie żadnych prezentów — odpowiedzieli dwaj
"It is enough for us to have taught you how to enrich yourself"
"Wystarczy, że nauczyliśmy cię, jak się ubogacać"
"there is nothing worse than seeing others do hard work"
"Nie ma nic gorszego niż obserwowanie, jak inni ciężko pracują"
"and we are as happy as people out for a holiday"
"I jesteśmy tak szczęśliwi jak ludzie na wakacjach"
Thus saying, they took leave of Pinocchio
To powiedziawszy, pożegnali się z Pinokiem
and they wished him a good harvest
i życzyli mu obfitych plonów
and then they went about their business
A potem zajęli się swoimi sprawami

Pinocchio is Robbed of his Money
Pinokio zostaje okradziony z pieniędzy

The puppet returned to the town
Marionetka wróciła do miasta
and he began to count the minutes one by one
i zaczął liczyć minuty jedna po drugiej
and soon he thought he had counted long enough
Wkrótce pomyślał, że już wystarczająco długo liczył
so he took the road leading to the Field of Miracles
Wybrał więc drogę prowadzącą na Pole Cudów
And he walked along with hurried steps
I szedł pośpiesznymi krokami
and his heart beat fast with great excitement
a serce biło mu szybko z wielkiego podniecenia
like a drawing-room clock going very well
jak zegar w salonie, który działa bardzo dobrze

Meanwhile he was thinking to himself:
Tymczasem myślał sobie:
"what if I don't find a thousand gold pieces?"
"A jeśli nie znajdę tysiąca sztuk złota?"
"what if I find two thousand gold pieces instead?"
— A co, jeśli zamiast tego znajdę dwa tysiące sztuk złota?
"but what if I don't find two thousand gold pieces?"
— A co, jeśli nie znajdę dwóch tysięcy sztuk złota?
"what if I find five thousand gold pieces!"
— A co, jeśli znajdę pięć tysięcy sztuk złota!
"what if I find a hundred thousand gold pieces??"
— A co, jeśli znajdę sto tysięcy sztuk złota?
"Oh! what a fine gentleman I should then become!"
— Och! Jakże wspaniałym dżentelmenem bym się wtedy stał!"
"I could live in a beautiful palace"
"Mógłbym mieszkać w pięknym pałacu"
"and I would have a thousand little wooden horses"
"i miałbym tysiąc małych drewnianych koników"
"a cellar full of currant wine and sweet syrups"
"Piwnica pełna porzeczkowego wina i słodkich syropów"
"and a library quite full of candies and tarts"
"i biblioteka pełna cukierków i tart"
"and I would have plum-cakes and macaroons"
"a ja bym jadła ciastka ze śliwkami i makaroniki"
"and I would have biscuits with cream"
"a ja bym jadła herbatniki ze śmietaną"
he walked along building castles in the sky
Szedł wzdłuż budując zamki na niebie
and he build many of these castles in the sky
I zbudował wiele z tych zamków na niebie
and eventually he arrived at the edge of the field
i w końcu dotarł na skraj pola
and he stopped to look about for a tree
i zatrzymał się, by rozejrzeć się za drzewem
there were other trees in the field
Na polu rosły inne drzewa
but they had been there when he had left

Ale byli tam, kiedy odszedł
and he saw no money tree in all the field
i nie ujrzał żadnego drzewa pieniędzy na całym polu
He walked along the field another hundred steps
Przeszedł pole kolejne sto kroków
but he couldn't find the tree he was looking for
Nie mógł jednak znaleźć drzewa, którego szukał
he then entered into the field
Następnie wyszedł na pole
and he went up to the little hole
I poszedł do małej
the hole where he had buried his coins
, w której zakopał swoje monety
and he looked at the hole very carefully
I bardzo uważnie przyjrzał się
but there was definitely no tree growing there
Ale na pewno nie rosło tam żadne drzewo
He then became very thoughtful
Wtedy stał się bardzo zamyślony
and he forget the rules of society
i zapomina o zasadach społeczeństwa
and he didn't care for good manners for a moment
I ani przez chwilę nie dbał o dobre maniery
he took his hands out of his pocket
Wyjął ręce z kieszeni
and he gave his head a long scratch
i podrapał się w głowę
At that moment he heard an explosion of laughter
W tym momencie usłyszał wybuch śmiechu
someone close by was laughing himself silly
Ktoś w pobliżu śmiał się głupio
he looked up one of the nearby trees
Spojrzał na jedno z pobliskich drzew
he saw a large Parrot perched on a branch
zobaczył dużą papugę siedzącą na gałęzi
the parrot brushed the few feathers he had left
Papuga otarła się o kilka piór, które mu pozostały

Pinocchio asked the parrot in an angry voice;
– zapytał Pinokio wściekłym głosem papugę;
"Why are you here laughing so loud?"
– Dlaczego tu tak głośno się śmiejesz?
"I am laughing because in brushing my feathers"
"Śmieję się, bo muskając moje pióra"
"I was just brushing a little under my wings"
"Po prostu trochę otarłem się pod skrzydłami"
"and while brushing my feathers I tickled myself"
"i szczotkując moje pióra, łaskotałem się"
The puppet did not answer the parrot
Marionetka nie odpowiedziała papugi
but instead Pinocchio went to the canal
ale zamiast tego Pinokio poszedł do kanału
he filled his old shoe full of water again
Ponownie napełnił wodą swój stary but
and he proceeded to water the hole once more
i zaczął jeszcze raz podlewać dół
While he was busy doing this he heard more laughter
Kiedy był tak zajęty, usłyszał więcej śmiechu
the laughter was even more impertinent than before
Śmiech był jeszcze bardziej impertynkencki niż przedtem
it rang out in the silence of that solitary place
Rozbrzmiewał w ciszy tego odosobnionego miejsca
Pinocchio shouted out even angrier than before
Pinokio krzyknął jeszcze bardziej wściekły niż przedtem
"Once for all, may I know what you are laughing at?"
– Czy mogę raz na zawsze wiedzieć, z czego się śmiejesz?
"I am laughing at simpletons," answered the parrot
— Śmieję się z prostaków — odparła papuga
"simpletons who believe in foolish things
"Prostacy, którzy wierzą w głupoty
"the foolish things that people tell them"
"Głupstwa, które ludzie im mówią"
"I laugh at those who let themselves be fooled"
"Śmieję się z tych, którzy dają się oszukać"
"fooled by those more cunning than they are"

"Oszukani przez bardziej przebiegłych niż oni"
"Are you perhaps speaking of me?"
— Może mówisz o mnie?
"Yes, I am speaking of you, poor Pinocchio"
"Tak, mówię o tobie, biedny Pinokio"
"you have believed a very foolish thing"
"Uwierzyłeś w coś bardzo głupiego"
"you believed that money can be grown in fields"
"Wierzyłeś, że pieniądze można hodować na polach"
"you thought money can be grown like beans"
"Myślałeś, że pieniądze można uprawiać jak fasolę"
"I also believed it once," admitted the parrot
– Ja też kiedyś w to uwierzyłem – przyznała papuga
"and today I am suffering for having believed it"
"A dziś cierpię, że uwierzyłem w to"
"but I have learned my lesson from that trick"
"Ale ta sztuczka dała mi nauczkę"
"I turned my efforts to honest work"
"Skierowałem swoje wysiłki na uczciwą pracę"
"and I have put a few pennies together"
"i dołożyłem kilka groszy"
"it is necessary to know how to earn your pennies"
"Trzeba wiedzieć, jak zarabiać grosze"
"you have to earn them either with your hands"
"Trzeba na nie zapracować własnymi rękami"
"or you have to earn them with your brains"
"Albo musisz na nie zapracować swoim mózgiem"
"I don't understand you," said the puppet
— Nie rozumiem cię — powiedziała marionetka
and he was already trembling with fear
i już trząsł się ze strachu
"Have patience!" rejoined the parrot
"Uzbrój się w cierpliwość!" odparła papuga
"I will explain myself better, if you let me"
"Lepiej się wytłumaczę, jeśli mi pozwolisz"
"there is something that you must know"
"Jest coś, co musisz wiedzieć"

"something happened while you were in the town"
"Coś się stało, gdy byłeś w mieście"
"the Fox and the Cat returned to the field"
"Lis i Kot wrócili na pole"
"they took the money you had buried"
"Zabrali ci pieniądze, które zakopałeś"
"and then they fled from the scene of the crime"
"A potem uciekli z miejsca zbrodni"
"And now he that catches them will be clever"
"A teraz ten, kto je złapie, będzie sprytny"
Pinocchio remained with his mouth open
Pinokio pozostał z otwartymi ustami
and he chose not to believe the Parrot's words
i postanowił nie wierzyć słowom Papugi
he began with his hands to dig up the earth
Zaczął kopać rękami ziemię
And he dug deep into the ground
I wkopał się głęboko w ziemię
a rick of straw could have stood in the hole
W mógł stanąć kłębek słomy
but the money was no longer there
Ale pieniędzy już tam nie było
He rushed back to the town in a state of desperation
W akcie desperacji pospieszył z powrotem do miasta
and he went at once to the Courts of Justice
i natychmiast udał się do sądów
and he spoke directly with the judge
i rozmawiał bezpośrednio z sędzią
he denounced the two knaves who had robbed him
Zadenuncjował dwóch, którzy go okradli
The judge was a big ape of the gorilla tribe
Sędzia był wielką małpą z plemienia goryli
an old ape respectable because of his white beard
Stara małpa, szanowana ze względu na swoją białą brodę
and he was respectable for other reasons
A był szanowany z innych powodów
because he had gold spectacles on his nose

bo na nosie miał złote okulary
although, his spectacles were without glass
Chociaż jego okulary były bez szkła
but he was always obliged to wear them
Ale zawsze musiał je nosić
on account of an inflammation of the eyes
z powodu zapalenia oczu

Pinocchio told him all about the crime
Pinokio opowiedział mu wszystko o zbrodni
the crime of which he had been the victim of
przestępstwa, którego był ofiarą
He gave him the names and the surnames
Podał mu imiona i nazwiska
and he gave all the details of the rascals

I podał wszystkie szczegóły
and he ended by demanding to have justice
A na koniec domagał się sprawiedliwości
The judge listened with great benignity
Sędzia słuchał z wielką życzliwością
he took a lively interest in the story
Żywo zainteresował się tą historią
he was much touched and moved by what he heard
Był bardzo poruszony i poruszony tym, co usłyszał
finally the puppet had nothing further to say
W końcu marionetka nie miała już nic więcej do powiedzenia
and then the gorilla rang a bell
A potem goryl zadzwonił dzwonkiem
two mastiffs appeared at the door
W drzwiach pojawiły się dwa mastify
the dogs were dressed as gendarmes
Psy były przebrane za żandarmów
The judge then pointed to Pinocchio
Następnie sędzia wskazał na Pinokia
"That poor devil has been robbed"
"Ten biedny diabeł został okradziony"
"rascals took four gold pieces from him"
"zabrały mu cztery sztuki złota"
"take him away to prison immediately," he ordered
— Zabierzcie go natychmiast do więzienia — rozkazał
The puppet was petrified on hearing this
Słysząc to, marionetka skamieniała
it was not at all the judgement he had expected
Nie był to wcale taki osąd, jakiego się spodziewał
and he tried to protest the judge
i próbował zaprotestować przeciwko sędziemu
but the gendarmes stopped his mouth
Ale żandarmi zatkali mu usta
they didn't want to lose any time
Nie chcieli tracić czasu
and they carried him off to the prison
i zabrali go do więzienia

And there he remained for four long months
I tam pozostał przez cztery długie miesiące
and he would have remained there even longer
i zostałby tam jeszcze dłużej
but puppets do sometimes have good fortune too
Ale marionetki też mają czasem szczęście
a young King ruled over the Trap for Blockheads
młody król rządził Pułapką na
he had won a splendid victory in battle
Odniósł wspaniałe zwycięstwo w bitwie
because of this he ordered great public rejoicings
Z tego powodu zarządził wielką publiczną radość
There were illuminations and fireworks
Były iluminacje i fajerwerki
and there were horse and velocipede races
Były też wyścigi konne i welocypedowe
the King was so happy he released all prisoners
Król był tak szczęśliwy, że uwolnił wszystkich więźniów
Pinocchio was very happy at this news
Pinokio bardzo się ucieszył na tę wiadomość
"if they are freed, then so am I"
"jeśli oni są wyzwoleni, to i ja jestem wolny"
but the jailor had other orders
Ale strażnik więzienny miał inne rozkazy
"No, not you," said the jailor
— Nie, nie ty — odparł strażnik więzienny
"because you do not belong to the fortunate class"
"Bo nie należysz do klasy szczęśliwców"
"I beg your pardon," replied Pinocchio
— Przepraszam — odparł Pinokio
"I am also a criminal," he proudly said
– Ja też jestem przestępcą – powiedział z dumą
the jailor looked at Pinocchio again
strażnik więzienny znów spojrzał na Pinokia
"In that case you are perfectly right"
"W takim razie masz całkowitą rację"
and he took off his hat

I zdjął kapelusz
and he bowed to him respectfully
i skłonił mu się z szacunkiem
and he opened the prison doors
I otworzył drzwi więzienia
and he let the little puppet escape
I pozwolił małej marionetce uciec

Pinocchio Goes back to the Fairy's House
Pinokio wraca do domu wróżki

You can imagine Pinocchio's joy
Możesz sobie wyobrazić radość Pinokia
finally he was free after four months
W końcu po czterech miesiącach wyszedł na wolność
but he didn't stop in order to celebrate
Nie zatrzymał się jednak, by świętować
instead, he immediately left the town
Zamiast tego natychmiast opuścił miasto
he took the road that led to the Fairy's house
Wybrał drogę, która prowadziła do domu Wróżki
there had been a lot of rain in recent days
W ostatnich dniach spadło dużo deszczu
so the road had become a went boggy and marsh
Tak więc droga stała się grząska i bagnista
and Pinocchio sank knee deep into the mud
a Pinokio zapadł się po kolana w błocie

But the puppet was not one to give up
Ale marionetka nie była tą, która się poddawała
he was tormented by the desire to see his father
Dręczyło go pragnienie zobaczenia ojca
and he wanted to see his little sister again too
Chciał też znowu zobaczyć swoją młodszą siostrę
and he ran through the marsh like a greyhound
i biegł przez bagna jak chart
and as he ran he was splashed with mud
A gdy biegł, został ochlapany błotem
and he was covered from head to foot
i był okryty od stóp do głów
And he said to himself as he went along:
I rzekł do siebie, idąc dalej:
"How many misfortunes have happened to me"
"Ileż nieszczęść mi się przytrafiło"
"But I deserved these misfortunes"
"Ale ja zasłużyłem na te nieszczęścia"
"because I am an obstinate, passionate puppet"
"bo jestem upartą, namiętną marionetką"
"I am always bent upon having my own way"
"Zawsze staram się stawiać na swoim"

"and I don't listen to those who wish me well"
"i nie słucham tych, którzy dobrze mi życzą"
"they have a thousand times more sense than I!"
"Oni mają tysiąc razy więcej rozumu niż ja!"
"But from now I am determined to change"
"Ale od teraz jestem zdecydowany się zmienić"
"I will become orderly and obedient"
"Stanę się uporządkowany i posłuszny"
"because I have seen what happened"
"bo widziałem, co się stało"
"disobedient boys do not have an easy life"
"Nieposłuszni chłopcy nie mają łatwego życia"
"they come to no good and gain nothing"
"Na nic się nie pożytkają i nic nie zyskują"
"And has my papa waited for me?"
– A czy mój tata na mnie czekał?
"Shall I find him at the Fairy's house?"
– Czy znajdę go w domu Wróżki?
"it has been so long since I last saw him"
"Minęło tyle czasu, odkąd widziałem go po raz ostatni"
"I am dying to embrace him again"
"Nie mogę się doczekać, by znów go uściskać"
"I can't wait to cover him with kisses!"
"Nie mogę się doczekać, kiedy okryję go pocałunkami!"
"And will the Fairy forgive me my bad conduct?"
– A czy Wróżka wybaczy mi moje złe zachowanie?
"To think of all the kindness I received from her"
"Pomyśleć o całej dobroci, jaką od niej otrzymałem"
"oh how lovingly did she care for me"
"Och, jak bardzo się o mnie troszczyła"
"that I am now alive I owe to her!"
— To, że teraz żyję, zawdzięczam jej!
"could you find a more ungrateful boy"
"Czy mógłbyś znaleźć bardziej niewdzięcznego chłopca?"
"is there a boy with less heart than I have?"
"Czy jest chłopiec o mniejszym sercu niż ja?"
Whilst he was saying this he stopped suddenly

Mówiąc to, urwał nagle
he was frightened to death
Był śmiertelnie przerażony
and he made four steps backwards
i zrobił cztery kroki w tył
What had Pinocchio seen?
Co widział Pinokio?
He had seen an immense Serpent
Widział ogromnego Węża
the snake was stretched across the road
Wąż był rozciągnięty w poprzek drogi
the snake's skin was a grass green colour
Skóra węża miała kolor trawiastozielony
and it had red eyes in its head
i miał czerwone oczy w głowie
and it had a long and pointed tail
i miał długi i spiczasty ogon
and the tail was smoking like a chimney
a ogon dymił jak komin

It would be impossible to imagine the puppet's terror
Nie sposób wyobrazić sobie przerażenia marionetki
He walked away to a safe distance
Odszedł na bezpieczną odległość
and he sat on a heap of stones
i usiadł na stercie kamieni
there he waited until the Serpent had finished
tam czekał, aż Wąż skończy
soon the Serpent's business should be done
Wkrótce sprawa Węża zostanie zakończona
He waited an hour; two hours; three hours
Czekał godzinę; dwie godziny; trzy godziny
but the Serpent was always there
ale Wąż zawsze tam był
even from a distance he could see his fiery eyes
Nawet z daleka widział jego ogniste oczy
and he could see the column of smoke
i widział słup dymu
the smoke that ascended from the end of his tail
dym, który unosił się z końca jego ogona
At last Pinocchio tried to feel courageous
W końcu Pinokio spróbował zdobyć się na odwagę
and he approached to within a few steps
i zbliżył się na odległość kilku kroków
he spoke to the Serpent in a little soft voice
przemówił do Węża cichym, łagodnym głosem
"Excuse me, Sir Serpent," he insinuated
— Przepraszam, panie Serpent — zainsynuował
"would you be so good as to move a little?"
– Czy byłbyś tak dobry i żeby się trochę ruszyć?
"just a step to the side, if you could"
"Tylko krok w bok, gdybyś mógł"
He might as well have spoken to the wall
Równie dobrze mógłby przemawiać do ściany
He began again in the same soft voice:
Zaczął znowu tym samym łagodnym głosem:
"please know, Sir Serpent, I am on my way home"

"Wiedz proszę, Panie Serpent, że jestem w drodze do domu"
"my father is waiting for me"
"Mój ojciec na mnie czeka"
"and it has been such a long time since I saw him!"
— A tak dawno go nie widziałem!
"Will you, therefore, allow me to continue?"
— Czy pozwolisz mi więc kontynuować?
He waited for a sign in answer to this request
Czekał na znak w odpowiedzi na tę prośbę
but the snake made no answer
Ale wąż nic nie odpowiedział
up to that moment the serpent had been sprightly
Aż do tej chwili wąż był żwawy
up until then it had been full of life
Do tej pory tętniło ono życiem
but now he became motionless and almost rigid
Teraz jednak stał się nieruchomy i niemal sztywny
He shut his eyes and his tail ceased smoking
Zamknął oczy, a jego ogon przestał palić
"Can he really be dead?" said Pinocchio
"Czy on naprawdę może być martwy?" zapytał Pinokio
and he rubbed his hands with delight
i zatarł ręce z rozkoszy
He decided to jump over him
Postanowił go przeskoczyć
and then he could reach the other side of the road
A potem mógł przedostać się na drugą stronę drogi
Pinocchio took a little run up
Pinokio trochę się rozbiegł
and he went to jump over the snake
I poszedł przeskoczyć węża
but suddenly the Serpent raised himself on end
ale nagle Wąż podniósł się na końcu
like a spring set in motion
jak sprężyna wprawiona w ruch
and the puppet stopped just in time
i marionetka zatrzymała się w samą porę

he stopped his feet from jumping
Powstrzymał stopy przed skakaniem
and he fell to the ground
i upadł na ziemię
he fell rather awkwardly into the mud
Upadł dość niezgrabnie w błoto
his head got stuck in the mud
Jego głowa ugrzęzła w błocie
and his legs went into the air
a jego nogi wyleciały w powietrze
the Serpent went into convulsions of laughter
Wąż wpadł w konwulsje śmiechu
it laughed until he broke a blood-vessel
Śmiał się, dopóki nie pękło mu naczynie krwionośne
and the snake died from all its laughter
A wąż umarł od całego swego śmiechu
this time the snake really was dead
Tym razem wąż naprawdę był martwy
Pinocchio then set off running again
Pinokio znów ruszył do ucieczki
he hoped to reach the Fairy's house before dark
Miał nadzieję, że dotrze do domu Wróżki przed zmrokiem
but soon he had other problems again
Wkrótce jednak znów zaczęły się inne problemy
he began to suffer so dreadfully from hunger
Zaczął tak strasznie cierpieć z głodu
and he could not bear the hunger any longer
i nie mógł już dłużej znieść głodu
he jumped into a field by the wayside
Wskoczył na pole przy drodze
perhaps there were some grapes he could pick
Być może były tam jakieś winogrona, które mógł zerwać
Oh, if only he had never done it!
Och, gdyby tylko nigdy tego nie zrobił!
He had scarcely reached the grapes
Ledwo dotarł do winogron
and then there was a "cracking" sound

A potem rozległ się "trzaskający" dźwięk
his legs were caught between something
Jego nogi były uwięzione między czymś
he had stepped into two cutting iron bars
Wdepnął w dwie żelazne kraty tnące
poor Pinocchio became giddy with pain
biedny Pinokio dostał zawrotów głowy z bólu
stars of every colour danced before his eyes
Gwiazdy wszystkich kolorów tańczyły przed jego oczami
The poor puppet had been caught in a trap
Biedna marionetka wpadła w pułapkę
it had been put there to capture polecats
Umieszczono go tam, aby schwytać

Pinocchio Becomes a Watch-Dog
Pinokio staje się psem stróżującym

Pinocchio began to cry and scream
Pinokio zaczął płakać i krzyczeć
but his tears and groans were useless
ale jego łzy i jęki były bezużyteczne
because there was not a house to be seen
bo nie było żadnego domu, który by widać
nor did living soul pass down the road
ani żywa dusza nie przeszła tą drogą
At last the night had come on
W końcu nadeszła noc
the trap had cut into his leg
Pułapka wbiła mu się w nogę
the pain brought him the point of fainting
Ból doprowadził go do omdlenia
he was scared from being alone
Bał się, że będzie sam
he didn't like the darkness
Nie lubił ciemności
Just at that moment he saw a Firefly
Właśnie w tym momencie zobaczył świetlika
He called to the firefly and said:
Zawołał do świetlika i powiedział:
"Oh, little Firefly, will you have pity on me?"
"Och, mały Świetliku, czy zlitujesz się nade mną?"
"please liberate me from this torture"
"Proszę, uwolnij mnie od tej męki"
"Poor boy!" said the Firefly
"Biedny chłopiec!" powiedział Świetlik
the Firefly stopped and looked at him with compassion
Świetlik zatrzymał się i spojrzał na niego ze współczuciem
"your legs have been caught by those sharp irons"
"Twoje nogi zostały złapane przez te ostre żelaza"
"how did you get yourself into this trap?
– Jak to się stało, że wpadłeś w tę pułapkę?
"I came into the field to pick grapes"
"Przyszedłem na pole zbierać winogrona"
"But where did you plant your grapes?"

– Ale gdzie posadziłeś swoje winogrona?
"No, they were not my grapes"
"Nie, to nie były moje winogrona"
"who taught you to carry off other people's property?"
– Kto cię nauczył zabierać cudzą własność?
"I was so hungry," Pinocchio whimpered
– Byłem taki głodny – jęknął Pinokio
"Hunger is not a good reason"
"Głód nie jest dobrym powodem"
"we cannot appropriated what does not belong to us"
"Nie możemy przywłaszczyć sobie tego, co do nas nie należy"
"That is true, that is true!" said Pinocchio, crying
"To prawda, to prawda!" powiedział Pinokio, płacząc
"I will never do it again," he promised
"Nigdy więcej tego nie zrobię" – obiecał
At this moment their conversation was interrupted
W tym momencie ich rozmowa została przerwana
there was a slight sound of approaching footsteps
Rozległ się lekki odgłos zbliżających się kroków
It was the owner of the field coming on tiptoe
Był to właściciel pola, który szedł na palcach
he wanted to see if he had caught a polecat
Chciał sprawdzić, czy złapał
the polecat that ate his chickens in the night
, który jadł swoje kurczaki w nocy
but he was surprised by what was in his trap
Był jednak zaskoczony tym, co znajdowało się w jego pułapce
instead of a polecat, a boy had been captured
Zamiast schwytano chłopca
"Ah, little thief," said the angry peasant,
— Ach, mały złodzieju — rzekł rozgniewany chłop.
"then it is you who carries off my chickens?"
— A więc to ty porywasz moje kurczaki?
"No, I have not been carrying off your chickens"
"Nie, nie porwałem twoich kurczaków"
"I only came into the field to take two grapes!"
"Przyszedłem na pole tylko po to, żeby wziąć dwa

winogrona!"
"He who steals grapes can easily steal chicken"
"Ten, kto kradnie winogrona, może łatwo ukraść kurczaka"
"Leave it to me to teach you a lesson"
"Zostaw to mnie, abym dał ci nauczkę"
"and you won't forget this lesson in a hurry"
"I nie zapomnisz tej lekcji w pośpiechu"
Opening the trap, he seized the puppet by the collar
Otworzył pułapkę i chwycił marionetkę za obrożę
and he carried him to his house like a young lamb
I zaniósł go do swego domu jak młodego baranka
they reached the yard in front of the house
Dotarli na podwórze przed domem
and he threw him roughly on the ground
i rzucił go brutalnie na ziemię
he put his foot on his neck and said to him:
Położył mu nogę na szyi i rzekł do niego:
"It is late and I want to go to bed"
"Jest późno, a ja chcę iść spać"
"we will settle our accounts tomorrow"
"Jutro rozliczymy się"
"the dog who kept guard at night died today"
"Pies, który w nocy trzymał wartę, dziś nie żyje"
"you will live in his place from now"
"Od teraz będziesz mieszkał u niego"
"You shall be my watch-dog from now"
"Od teraz będziesz moim psem stróżującym"
he took a great dog collar covered with brass knobs
Wziął świetną obrożę dla psa pokrytą mosiężnymi gałkami
and he strapped the dog collar around Pinocchio's neck
i założył obrożę na szyję Pinokia
it was so tight that he could not pull his head out
Był tak ciasny, że nie mógł wyciągnąć głowy
the dog collar was attached to a heavy chain
Obroża dla psa była przymocowana do ciężkiego łańcucha
and the heavy chain was fastened to the wall
a ciężki łańcuch był przymocowany do ściany

"If it rains tonight you can go into the kennel"
"Jeśli dziś wieczorem będzie padać, możesz wejść do budy"
"my poor dog had a little bed of straw in there"
"Mój biedny pies miał tam małe posłanie ze słomy"
"remember to keep your ears pricked for robbers"
"Pamiętaj, aby nadstawiać uszu na rabusiów"
"and if you hear robbers, then bark loudly"
"A jeśli usłyszysz zbójców, to głośno szczekaj"
Pinocchio had received his orders for the night
Pinokio otrzymał rozkazy na tę noc
and the poor man finally went to bed
Biedak w końcu poszedł spać

Poor Pinocchio remained lying on the ground
Biedny Pinokio leżał na ziemi
he felt more dead than he felt alive

Czuł się bardziej martwy niż żywy
the cold, and hunger, and fear had taken all his energy
Zimno, głód i strach pochłonęły całą jego energię
From time to time he put his hands angrily to the go collar
Od czasu do czasu ze złością przykładał ręce do obroży
"It serves me right!" he said to himself
"Dobrze mi to służy!" powiedział do siebie
"I was determined to be a vagabond"
"Byłem zdeterminowany, żeby zostać włóczęgą"
"I wanted to live the life of a good-for-nothing"
"Chciałem wieść życie nicponiaca"
"I used to listen to bad companions"
"Kiedyś słuchałem złych towarzyszy"
"and that is why I always meet with misfortunes"
"i dlatego zawsze spotykają mnie nieszczęścia"
"if only I had been a good little boy"
"Gdybym tylko był grzecznym chłopcem"
"then I would not be in the midst of the field"
"Wtedy nie byłbym w środku pola"
"I wouldn't be here if I had stayed at home"
"Nie byłoby mnie tutaj, gdybym został w domu"
"I wouldn't be a watch-dog if I had stayed with my papa"
"Nie byłbym psem stróżującym, gdybym został z tatą"
"Oh, if only I could be born again!"
"Och, gdybym tylko mógł narodzić się na nowo!"
"But now it is too late to change anything"
"Ale teraz jest już za późno, by cokolwiek zmienić"
"the best thing to do now is having patience!"
"Najlepszą rzeczą, jaką możesz teraz zrobić, to uzbroić się w cierpliwość!"
he was relieved by this little outburst
Poczuł ulgę po tym małym wybuchu
because it had come straight from his heart
bo to pochodziło prosto z jego serca
and he went into the dog-kennel and fell asleep
Poszedł więc do psiej budy i zasnął

Pinocchio Discovers the Robbers
Pinokio odkrywa zbójców

He had been sleeping heavily for about two hours
Spał ciężko przez około dwie godziny
then he was aroused by a strange whispering
Potem obudził go dziwny szept
the strange voices were coming from the courtyard
Dziwne głosy dochodziły z dziedzińca
he put the point of his nose out of the kennel
Wysunął czubek nosa z budy
and he saw four little beasts with dark fur
I zobaczył cztery małe bestie o ciemnym futrze
they looked like cats making a plan
Wyglądali jak koty układające plan
But they were not cats, they were polecats
Ale to nie były koty, to były
what polecats are are carnivorous little animals
To, czym są, to mięsożerne małe zwierzątka
they are especially greedy for eggs and young chickens
Są szczególnie chciwe na jajka i młode kurczaki
One of the polecats came to the opening of the kennel
Jeden z przyjechał na otwarcie hodowli
he spoke in a low voice, "Good evening, Melampo"
Powiedział ściszonym głosem: "Dobry wieczór, Melampo"
"My name is not Melampo," answered the puppet
— Nie nazywam się Melampo — odparła kukła
"Oh! then who are you?" asked the polecat
— Och! To kim jesteś?" zapytał
"I am Pinocchio," answered Pinocchio
— Jestem Pinokio — odparł Pinokio
"And what are you doing here?"
— I co ty tu robisz?
"I am acting as watch-dog," confirmed Pinocchio
— Działam jak pies stróżujący — potwierdził Pinokio
"Then where is Melampo?" wondered the polecat
"To gdzie jest Melampo?" – zastanawiał się

"Where is the old dog who lived in this kennel?"
– Gdzie jest ten stary pies, który mieszkał w tej budzie?
"He died this morning," Pinocchio informed
– Zmarł dziś rano – poinformował Pinokio
"Is he dead? Poor beast! He was so good"
— Czy on nie żyje? Biedna bestia! Był taki dobry"
"but I would say that you were also a good dog"
"ale powiedziałbym, że byłeś też dobrym psem"
"I can see it in your face"
"Widzę to na twojej twarzy"
"I beg your pardon, I am not a dog"
"Przepraszam, nie jestem psem"
"Not a dog? Then what are you?"
— Nie pies? Więc kim jesteś?
"I am a puppet," corrected Pinocchio
– Jestem marionetką – poprawił go Pinokio
"And you are acting as watch-dog?"
— A ty pełnisz rolę psa stróżującego?
"now you understand the situation"
"Teraz rozumiesz sytuację"
"I have been made to be a watch dog as a punishment"
"Za karę zostałem stworzony do bycia psem stróżującym"
"well, then we shall tell you what the deal is"
"No to powiemy ci, o co chodzi"
"the same deal we had with the deceased Melampo"
"tę samą umowę, którą mieliśmy ze zmarłym Melampo"
"I am sure you will be agree to the deal"
"Jestem pewien, że zgodzisz się na tę umowę"
"What are the conditions of this deal?"
– Jakie są warunki tej umowy?
"one night a week we will visit the poultry-yard"
"Raz w tygodniu będziemy odwiedzać kurnik"
"and you will allow us to carry off eight chickens"
"A ty pozwolisz nam zabrać osiem kurczaków"
"Of these chickens seven are to be eaten by us"
"Z tych kurcząt siedem ma być przez nas zjedzonych"
"and we will give one chicken to you"

"A my damy wam jednego kurczaka"
"your end of the bargain is very easy"
"Twoja część umowy jest bardzo prosta"
"all you have to do is pretend to be asleep"
"Wszystko, co musisz zrobić, to udawać, że śpisz"
"and don't get any ideas about barking"
"I nie masz żadnych pomysłów na szczekanie"
"you are not to wake the peasant when we come"
"Nie wolno ci budzić chłopa, gdy przyjdziemy"
"Did Melampo act in this manner?" asked Pinocchio
"Czy Melampo zachowywał się w ten sposób?" zapytał Pinokio
"that is the deal we had with Melampo"
"To jest umowa, którą zawarliśmy z Melampo"
"and we were always on the best terms with him
"I zawsze byliśmy z nim w najlepszych stosunkach
"sleep quietly and let us do our business"
"Śpij spokojnie i pozwól nam zająć się swoimi sprawami"
"and in the morning you will have a beautiful chicken"
"A rano będziesz miał pięknego kurczaka"
"it will be ready plucked for your breakfast tomorrow"
"Jutro będzie gotowa do zerwania na śniadanie"
"Have we understood each other clearly?"
— Czy dobrze się zrozumieliśmy?
"Only too clearly!" answered Pinocchio
"Aż nazbyt wyraźnie!" odpowiedział Pinokio
and he shook his head threateningly
i potrząsnął groźnie głową
as if to say: "You shall hear of this shortly!"
Jakby chciał powiedzieć: "Wkrótce się o tym dowiesz!"
the four polecats thought that they had a deal
Czterej myśleli, że mają umowę
so they continued to the poultry-yard
Poszli więc dalej do kurnika
first they opened the gate with their teeth
Najpierw otworzyli bramę zębami
and then they slipped in one by one

A potem wślizgiwali się jeden po drugim
they hadn't been in the chicken-coup for long
Nie brali udziału w przewrocie od dawna
but then they heard the gate shut behind them
Lecz potem usłyszeli, jak zamyka się za nimi brama
It was Pinocchio who had shut the gate
To Pinokio zamknął bramę
and Pinocchio took some extra security measures
a Pinokio podjął dodatkowe środki bezpieczeństwa
he put a large stone against the gate
Położył duży kamień przy bramie
this way the polecats couldn't get out again
W ten sposób nie mogli się już wydostać
and then Pinocchio began to bark like a dog
a potem Pinokio zaczął szczekać jak pies
and he barked exactly like a watch-dog barks
i szczekał dokładnie tak, jak szczeka pies stróżujący
the peasant heard Pinocchio barking
chłop usłyszał szczekanie Pinokia
he quickly awoke and jumped out of bed
Szybko się obudził i wyskoczył z łóżka
with his gun he came to the window
Z pistoletem podszedł do okna
and from the window he called to Pinocchio
i z okna zawołał do Pinokia
"What is the matter?" he asked the puppet
"O co chodzi?" zapytał marionetkę
"There are robbers!" answered Pinocchio
"Są zbójcy!" odpowiedział Pinokio
"Where are they?" he wanted to know
"Gdzie oni są?" – chciał wiedzieć
"they are in the poultry-yard," confirmed Pinocchio
— Są w kurniku — potwierdził Pinokio
"I will come down directly," said the peasant
— Zaraz zejdę na dół — rzekł chłop
and he came down in a great hurry
i zszedł na dół w wielkim pośpiechu

it would have taken less time to say "Amen"
mniej czasu zajęłoby mu powiedzenie "Amen"
He rushed into the poultry-yard
Wpadł do kurnika
and quickly he caught all the polecats
i szybko złapał wszystkie
and then he put the polecats into a sack
A potem włożył do worka
he said to them in a tone of great satisfaction:
Rzekł do nich tonem wielkiego zadowolenia:
"At last you have fallen into my hands!"
"Nareszcie wpadłeś w moje ręce!"
"I could punish you, if I wanted to"
"Mógłbym cię ukarać, gdybym chciał"
"but I am not so cruel," he comforted them
"Ale ja nie jestem taki okrutny" — pocieszał ich
"I will content myself in other ways"
"Zadowolę się innymi sposobami"
"I will carry you in the morning to the innkeeper"
"Zaniosę cię rano do karczmarza"
"he will skin and cook you like hares"
"Będzie cię obdzierał ze skóry i gotował jak zające"
"and you will be served with a sweet sauce"
"A tobie zostaną podane słodkie sosy"
"It is an honour that you don't deserve"
"To zaszczyt, na który nie zasługujesz"
"you're lucky I am so generous with you"
"Masz szczęście, że jestem dla ciebie taki hojny"
He then approached Pinocchio and stroked him
Następnie podszedł do Pinokia i pogłaskał go
"How did you manage to discover the four thieves?"
— Jak udało ci się odkryć czterech złodziei?
"my faithful Melampo never found out anything!"
— Mój wierny Melampo nigdy się o niczym nie dowiedział!
The puppet could then have told him the whole story
Marionetka mogła wtedy opowiedzieć mu całą historię
he could have told him about the treacherous deal

Mógł mu powiedzieć o zdradzieckiej umowie
but he remembered that the dog was dead
Pamiętał jednak, że pies nie żyje
and the puppet thought to himself:
A marionetka pomyślała sobie:
"of what use it it accusing the dead?"
— Na cóż się to zda oskarżając zmarłych?
"The dead are no longer with us"
"Umarłych już nie ma wśród nas"
"it is best to leave the dead in peace!"
"Najlepiej zostawić zmarłych w spokoju!"
the peasant went on to ask more questions
Chłop zaczął zadawać kolejne pytania
"were you sleeping when the thieves came?"
– Spałeś, kiedy przyszli złodzieje?
"I was asleep," answered Pinocchio
— Spałem — odparł Pinokio
"but the polecats woke me with their chatter"
"Ale obudzili mnie swoją paplaniną"
"one of the polecats came to the kennel"
"Jeden z trafił do hodowli"
he tried to make a terrible deal with me
Próbował zawrzeć ze mną straszny pakt
"promise not to bark and we'll give you fine chicken"
"Obiecaj, że nie będziesz szczekać, a damy ci dobrego kurczaka"
"I was offended by such an underhanded offer"
"Obraziłem się na tak podstępną propozycję"
"I can admit that I am a naughty puppet"
"Mogę przyznać, że jestem niegrzeczną kukiełką"
"but there is one thing I will never be guilty of"
"Ale jest jedna rzecz, której nigdy nie będę winny"
"I will not make terms with dishonest people!"
"Nie będę układał się z nieuczciwymi ludźmi!"
"and I will not share their dishonest gains"
"i nie będę miał udziału w ich nieuczciwych zyskach"
"Well said, my boy!" cried the peasant

— Dobrze powiedziane, mój chłopcze! — zawołał chłop
and he patted Pinocchio on the shoulder
i poklepał Pinokia po ramieniu
"Such sentiments do you great honour, my boy"
— Takie uczucia przynoszą ci wielki zaszczyt, mój chłopcze.
"let me show you proof of my gratitude to you"
"Pozwól, że pokażę ci dowód mojej wdzięczności dla ciebie"
"I will at once set you at liberty"
"Natychmiast cię uwolnię"
"and you may return home as you please"
"I możesz wrócić do domu, jak ci się podoba"
And he removed the dog-collar from Pinocchio
I zdjął obrożę z psa od Pinokia

Pinocchio Flies to the Seashore
Pinokio leci nad brzeg morza

a dog-collar had hung around Pinocchio's neck
Na szyi Pinokia wisiała obroża dla psa
but now Pinocchio had his freedom again
ale teraz Pinokio odzyskał wolność
and he wore the humiliating dog-collar no more
i nie nosił już upokarzającej obroży dla psa
he ran off across the fields
Uciekł przez pola
and he kept running until he reached the road
I biegł dalej, aż dotarł do drogi
the road that led to the Fairy's house
droga, która prowadziła do domu Wróżki
in the woods he could see the Big Oak tree
w lesie widział Wielki Dąb
the Big Oak tree to which he had been hung
Wielki Dąb, do którego go powieszono,
Pinocchio looked around in every direction
Pinokio rozejrzał się we wszystkich kierunkach
but he couldn't see his sister's house

Nie widział jednak domu swojej siostry
the house of the beautiful Child with blue hair
dom pięknego Dzieciątka o niebieskich włosach
Pinocchio was seized with a sad presentiment
Pinokia ogarnęło smutne przeczucie
he began to run with all the strength he had left
Zaczął biec z całych sił, jakie mu pozostały
in a few minutes he reached the field
Po kilku minutach dotarł na pole
he was where the little house had once stood
Był tam, gdzie kiedyś stał mały domek
But the little white house was no longer there
Ale małego białego domku już tam nie było
Instead of the house he saw a marble stone
Zamiast domu zobaczył marmurowy kamień
on the stone were engraved these sad words:
Na kamieniu wyryte były te smutne słowa:
"Here lies the child with the blue hair"
"Tu leży dziecko z niebieskimi włosami"
"she was abandoned by her little brother Pinocchio"
"została porzucona przez swojego młodszego brata Pinokia"
"and from the sorrow she succumbed to death"
"I z żalu umarła"
with difficulty he had read this epitaph
Z trudem odczytał to epitafium
I leave you to imagine the puppet's feelings
Pozostawiam cię do wyobrażenia sobie uczuć marionetki
He fell with his face on the ground
Upadł z twarzą na ziemię
he covered the tombstone with a thousand kisses
Pokrył nagrobek tysiącem pocałunków
and he burst into an agony of tears
i wybuchnął płaczem
He cried for all of that night
Płakał przez całą tę noc
and when morning came he was still crying
A gdy nastał ranek, wciąż płakał

he cried although he had no tears left
Płakał, choć nie miał już łez
his lamentations were heart-breaking
Jego lamenty rozdzierały serce
and his sobs echoed in the surrounding hills
a jego szloch odbijał się echem po okolicznych wzgórzach
And while he was weeping he said:
A gdy tak płakał, rzekł:
"Oh, little Fairy, why did you die?"
"Och, mała wróżko, dlaczego umarłaś?"
"Why did I not die instead of you?"
"Dlaczego nie umarłem zamiast ciebie?"
"I who am so wicked, whilst you were so good"
"Ja, który jestem tak zły, podczas gdy ty byłeś tak dobry"
"And my papa? Where can he be?"
— A mój tata? Gdzie on może być?
"Oh, little Fairy, tell me where I can find him"
"Och, mała wróżko, powiedz mi, gdzie mogę go znaleźć"
"for I want to remain with him always"
"bo chcę z nim pozostać na zawsze"
"and I never want to leave him ever again!"
"I nigdy więcej nie chcę go opuścić!"
"tell me that it is not true that you are dead!"
"Powiedz mi, że to nieprawda, że nie żyjesz!"
"If you really love your little brother, come to life again"
"Jeśli naprawdę kochasz swojego młodszego brata, ożyw na nowo"
"Does it not grieve you to see me alone in the world?"
— Czy nie smuci cię, że widzę mnie samego na świecie?
"does it not sadden you to see me abandoned by everybody?"
— Czy nie smuci cię, gdy widzisz, że jestem opuszczony przez wszystkich?
"If assassins come they will hang me from the tree again"
"Jeśli przyjdą zabójcy, znowu powieszą mnie na drzewie"
"and this time I would die indeed"
"i tym razem naprawdę umrę"

"What can I do here alone in the world?"
"Cóż mogę robić tu sam na świecie?"
"I have lost you and my papa"
"Straciłem ciebie i mojego tatę"
"who will love me and give me food now?"
"Któż mnie teraz umiłowie i da mi jeść?"
"Where shall I go to sleep at night?"
"Gdzie mam iść spać w nocy?"
"Who will make me a new jacket?"
"Kto zrobi mi nową kurtkę?"
"Oh, it would be better for me to die also!"
"Och, byłoby lepiej dla mnie, gdybym i on umarł!"
"not to live would be a hundred times better"
"Nie żyć byłoby sto razy lepiej"
"Yes, I want to die," he concluded
"Tak, chcę umrzeć" – podsumował
And in his despair he tried to tear his hair
I w rozpaczy próbował wyrwać sobie włosy z głowy
but his hair was made of wood
ale jego włosy były zrobione z drewna
so he could not have the satisfaction
Nie mógł więc mieć satysfakcji
Just then a large Pigeon flew over his head
Właśnie wtedy nad jego głową przeleciał duży gołąb
the pigeon stopped with distended wings
Gołąb zatrzymał się z rozdętymi skrzydłami
and the pigeon called down from a great height
i gołąb zawołał z dużej wysokości
"Tell me, child, what are you doing there?"
"Powiedz mi, dziecko, co tam robisz?"
"Don't you see? I am crying!" said Pinocchio
— Nie widzisz? Płaczę!" powiedział Pinokio
and he raised his head towards the voice
I podniósł głowę w stronę głosu
and he rubbed his eyes with his jacket
i przetarł oczy kurtką
"Tell me," continued the Pigeon

— Powiedz mi — ciągnął Gołąb
"do you happen to know a puppet called Pinocchio?"
– Czy znasz przypadkiem marionetkę o imieniu Pinokio?
"Pinocchio? Did you say Pinocchio?" repeated the puppet
"Pinokio? Powiedziałeś Pinokio?" – powtórzyła marionetka
and he quickly jumped to his feet
i szybko zerwał się na równe nogi
"I am Pinocchio!" he exclaimed with hope
"Jestem Pinokio!" wykrzyknął z nadzieją
At this answer the Pigeon descended rapidly
Na tę odpowiedź gołąb szybko runął w dół
He was larger than a turkey
Był większy od indyka
"Do you also know Geppetto?" he asked
"Czy ty też znasz Geppetto?" – zapytał
"Do I know him! He is my poor papa!"
— Czy ja go znam! To mój biedny tatuś!
"Has he perhaps spoken to you of me?"
— Czy może mówił ci o mnie?
"Will you take me to him?"
— Zaprowadzisz mnie do niego?
"Is he still alive?"
— Czy on jeszcze żyje?
"Answer me, for pity's sake"
"Odpowiedz mi, na litość boską"
"is he still alive??"
— Czy on jeszcze żyje??
"I left him three days ago on the seashore"
"Zostawiłem go trzy dni temu na brzegu morza"
"What was he doing?" Pinocchio had to know
— Co on robił? Pinokio musiał wiedzieć
"He was building a little boat for himself"
"Budował dla siebie małą łódź"
"he was going to cross the ocean"
"Miał zamiar przekroczyć ocean"
"that poor man has been going all round the world"
"Ten biedny człowiek jeździ po całym świecie"

"he has been looking for you"
"On cię szukał"
"but he had no success in finding you"
"Ale nie udało mu się cię znaleźć"
"so now he will go to the distant countries"
"Więc teraz uda się do dalekich krajów"
"he will search for you in the New World"
"będzie cię szukał w Nowym Świecie"
"How far is it from here to the shore?"
— Jak daleko stąd jest do brzegu?
"More than six hundred miles"
"Ponad sześćset mil"
"Six hundred miles?" echoed Pinocchio
"Sześćset mil?" powtórzył Pinokio
"Oh, beautiful Pigeon," pleaded Pinocchio
– Och, piękny gołąb – błagał Pinokio
"what a fine thing it would be to have your wings!"
"Jak pięknie byłoby mieć twoje skrzydła!"
"If you wish to go, I will carry you there"
"Jeśli chcesz iść, zaniosę cię tam"
"How could you carry me there?"
– Jak mogłeś mnie tam zanieść?
"I can carry you on my back"
"Mogę cię nosić na plecach"
"Do you weigh much?"
– Dużo ważysz?
"I weigh next to nothing"
"Prawie nic nie ważę"
"I am as light as a feather"
"Jestem lekki jak piórko"
Pinocchio didn't hesitate for another moment
Pinokio nie wahał się ani chwili
and he jumped at once on the Pigeon's back
i od razu wskoczył na grzbiet Gołębia
he put a leg on each side of the pigeon
Położył nogę po obu stronach gołębia
just like men do when they're riding horseback

Tak jak robią to mężczyźni, gdy jadą konno
and Pinocchio exclaimed joyfully:
a Pinokio wykrzyknął radośnie:
"Gallop, gallop, my little horse"
"Galop, galop, mój mały koniu"
"because I am anxious to arrive quickly!"
— Bo nie mogę się doczekać, żeby przybyć jak najszybciej!
The Pigeon took flight into the air
Gołąb wzbił się w powietrze
and in a few minutes they almost touched the clouds
i po kilku minutach prawie dotknęli chmur

now the puppet was at an immense height
Teraz marionetka znajdowała się na ogromnej wysokości
and he became more and more curious
I stawał się coraz bardziej ciekawy
so he looked down to the ground

Spojrzał więc w dół na ziemię
but his head spun round in dizziness
ale w głowie mu się obróciło w zawrotach głowy
he became ever so frightened of the height
Coraz bardziej przerażała go ta wysokość
and he had to save himself from the danger of falling
i musiał ratować się przed niebezpieczeństwem upadku
and so held tightly to his feathered steed
i tak trzymał się mocno swego pierzastego rumaka
They flew through the skies all of that day
Latali po niebie przez cały ten dzień
Towards evening the Pigeon said:
Pod wieczór gołąb powiedział:
"I am very thirsty from all this flying!"
"Jestem bardzo spragniony od tego całego latania!"
"And I am very hungry!" agreed Pinocchio
"A ja jestem bardzo głodny!" zgodził się Pinokio
"Let us stop at that dovecote for a few minutes"
"Zatrzymajmy się na kilka minut przy tym gołębniku"
"and then we will continue our journey"
"A potem będziemy kontynuować naszą podróż"
"then we may reach the seashore by dawn tomorrow"
"W takim razie jutro o świcie dotrzemy nad brzeg morza"
They went into a deserted dovecote
Weszli do opuszczonego gołębnika
here they found nothing but a basin full of water
Tutaj nie znaleźli nic prócz basenu pełnego wody
and they found a basket full of vetch
i znaleźli kosz pełen wyki
The puppet had never in his life been able to eat vetch
Marionetka nigdy w życiu nie była w stanie jeść wyki
according to him it made him sick
Według niego zrobiło mu się niedobrze
That evening, however, he ate to repletion
Tego wieczoru jednak najadł się do syta
and he nearly emptied the basket of it
i omal nie opróżnił z niego kosza

and then he turned to the Pigeon and said to him:
A potem zwrócił się do Gołębia i rzekł do niego:
"I never could have believed that vetch was so good!"
"Nigdy bym nie uwierzyła, że wyka jest tak dobra!"
"Be assured, my boy," replied the Pigeon
— Bądź pewien, mój chłopcze — odparł Gołąb
"when hunger is real even vetch becomes delicious"
"Kiedy głód jest prawdziwy, nawet wyka staje się pyszna"
"Hunger knows neither caprice nor greediness"
"Głód nie zna ani kaprysu, ani chciwości"
the two quickly finished their little meal
Oboje szybko skończyli swój mały posiłek
and they recommenced their journey and flew away
Ruszyli więc w dalszą drogę i odlecieli
The following morning they reached the seashore
Następnego ranka dotarli do brzegu morza
The Pigeon placed Pinocchio on the ground
Gołąb położył Pinokia na ziemi
the pigeon did not wish to be troubled with thanks
Gołąb nie chciał być zawracany sobie głowy podziękowaniami
it was indeed a good action he had done
Był to rzeczywiście dobry uczynek, który zrobił
but he had done it out the goodness of his heart
Uczynił to jednak z dobroci swego serca
and Pinocchio had no time to lose
a Pinokio nie miał czasu do stracenia
so he flew quickly away and disappeared
Odleciał więc szybko i zniknął
The shore was crowded with people
Brzeg był zatłoczony ludźmi
the people were looking out to sea
Ludzie spoglądali na morze
they shouting and gesticulating at something
krzyczą i gestykulują na coś
"What has happened?" asked Pinocchio of an old woman
"Co się stało?" zapytał Pinokio starą kobietę
"there is a poor father who has lost his son"

"Jest biedny ojciec, który stracił syna"
"he has gone out to sea in a little boat"
"Wypłynął w morze w małej łódce"
"he will search for him on the other side of the water"
"Będzie go szukał po drugiej stronie wody"
"and today the sea is most tempestuous"
"A dziś morze jest najbardziej burzliwe"
"and the little boat is in danger of sinking"
"A małej łodzi grozi zatonięcie"
"Where is the little boat?" asked Pinocchio
"Gdzie jest ta mała łódka?" zapytał Pinokio
"It is out there in a line with my finger"
"Jest tam w linii z moim palcem"
and she pointed to a little boat
I wskazała na małą łódkę
and the little boat looked like a little nutshell
A mała łódka wyglądała jak mała skorupka orzecha
a little nutshell with a very little man in it
Mała skorupka orzecha, w której jest bardzo mały człowiek
Pinocchio fixed his eyes on the little nutshell
Pinokio utkwił wzrok w małej łupinie orzecha
after looking attentively he gave a piercing scream:
Przyjrzawszy się uważnie, wydał z siebie przeszywający krzyk:
"It is my papa! It is my papa!"
"To mój tata! To mój tata!"
The boat, meanwhile, was being beaten by the fury of the waves
Łódź tymczasem była smagana wściekłością fal
at one moment it disappeared in the trough of the sea
W pewnym momencie zniknął w korycie morza
and in the next moment the boat came to the surface again
A w następnej chwili łódź znów wynurzyła się na powierzchnię
Pinocchio stood on the top of a high rock
Pinokio stał na szczycie wysokiej skały
and he kept calling to his father

I wołał do ojca swego
and he made every kind of signal to him
i dawał mu wszelkie znaki
he waved his hands, his handkerchief, and his cap
Machnął rękami, chusteczką i czapką
Pinocchio was very far away from him
Pinokio był bardzo daleko od niego
but Geppetto appeared to recognize his son
ale Geppetto zdawał się rozpoznawać jego syna
and he also took off his cap and waved it
Zdjął też czapkę i pomachał nią
he tried by gestures to make him understand
Gestami starał się dać mu do zrozumienia, że
"I would have returned if it were possible"
"Wróciłbym, gdyby to było możliwe"
"but the sea is most tempestuous"
"ale morze jest najbardziej burzliwe"
"and my oars won't take me to the shores again"
"A moje wiosła już nie zaprowadzą mnie na brzeg"
Suddenly a tremendous wave rose out of the sea
Nagle z morza wynurzyła się ogromna fala
and then the the little nutshell disappeared
A potem mała skorupka orzecha zniknęła
They waited, hoping the boat would come again to the surface
Czekali, mając nadzieję, że łódź znów wypłynie na powierzchnię
but the little boat was seen no more
Ale tej małej łodzi już nie było widać
the fisherman had assembled at the shore
Rybak zebrał się na brzegu
"Poor man!" they said of him, and murmured a prayer
"Biedny człowiek!" mówili o nim i szeptali modlitwę
and then they turned to go home
A potem odwrócili się, by iść do domu
Just then they heard a desperate cry
Właśnie wtedy usłyszeli rozpaczliwy krzyk

looking back, they saw a little boy
Oglądając się za siebie, zobaczyli małego chłopca
"I will save my papa," the boy exclaimed
– Uratuję mojego tatusia – wykrzyknął chłopiec
and he jumped from a rock into the sea
i skoczył ze skały do morza
as you know Pinocchio was made of wood
jak wiadomo Pinokio był wykonany z drewna
so he floated easily on the water
Z łatwością unosił się więc na wodzie
and he swam as well as a fish
i pływał jak ryba
At one moment they saw him disappear under the water
W pewnym momencie zobaczyli, jak znika pod wodą
he was carried down by the fury of the waves
Porwała go wściekłość fal
and in the next moment he reappeared to the surface of the water
a w następnej chwili pojawił się ponownie na powierzchni wody
he struggled on swimming with a leg or an arm
Miał problemy z pływaniem na nodze lub ręce
but at last they lost sight of him
W końcu jednak stracili go z oczu
and he was seen no more
i więcej go nie widziano
and they offered another prayer for the puppet
I odmówili jeszcze jedną modlitwę za marionetkę

Pinocchio Finds the Fairy Again
Pinokio znów odnajduje wróżkę

Pinocchio wanted to be in time to help his father
Pinokio chciał zdążyć na czas, aby pomóc ojcu
so he swam all through the night
Pływał więc całą noc
And what a horrible night it was!
A jakaż to była straszna noc!
The rain came down in torrents
Deszcz strumieniami
it hailed and the thunder was frightful
Rozległ się grad i grzmot był przerażający
the flashes of lightning made it as light as day
Błyskawice sprawiały, że było jasno jak w dzień

Towards morning he saw a long strip of land
Nad ranem ujrzał długi pas lądu
It was an island in the midst of the sea
Była to wyspa pośrodku morza
He tried his utmost to reach the shore
Ze wszystkich sił starał się dotrzeć do brzegu
but his efforts were all in vain
Ale wszystkie jego wysiłki poszły na marne
The waves raced and tumbled over each other
Fale ścigały się i przewracały jedna na drugą
and the torrent knocked Pinocchio about
a potok powalił Pinokia na kolana
it was as if he had been a wisp of straw
Wyglądało to tak, jakby był źdźbłem słomy
At last, fortunately for him, a billow rolled up
W końcu, na szczęście dla niego, zwinął się kłębek
it rose with such fury that he was lifted up
Podniósł się z taką wściekłością, że został podniesiony
and finally he was thrown on to the sands
Aż w końcu został rzucony na piaski
the little puppet crashed onto the ground
Mała marionetka upadła na ziemię
and all his joints cracked from the impact
i wszystkie jego stawy popękały od uderzenia
but he comforted himself, saying:
On jednak pocieszył się i powiedział:
"This time also I have made a wonderful escape!"
"Tym razem również udało mi się uciec w cudowny sposób!"
Little by little the sky cleared
Powoli niebo się przejaśniało
the sun shone out in all his splendour
Słońce świeciło w całej swej okazałości
and the sea became as quiet and smooth as oil
a morze stało się ciche i gładkie jak ropa
The puppet put his clothes in the sun to dry
Marionetka wystawiła swoje ubrania na słońce, aby wyschły
and he began to look in every direction

I zaczął rozglądać się na wszystkie strony
somewhere on the water there must be a little boat
Gdzieś na wodzie musi być mała łódka
and in the boat he hoped to see a little man
A w łodzi miał nadzieję zobaczyć małego człowieczka
he looked out to sea as far as he could see
Patrzył na morze tak daleko, jak tylko mógł sięgać wzrokiem
but all he saw was the sky and the sea
Ale widział tylko niebo i morze
"If I only knew what this island was called!"
— Gdybym tylko wiedział, jak nazywa się ta wyspa!
"If I only knew whether it was inhabited"
"Gdybym tylko wiedział, czy jest zamieszkany"
"perhaps civilized people do live here"
"Być może mieszkają tu cywilizowani ludzie"
"people who do not hang boys from trees"
"Ludzie, którzy nie wieszają chłopców na drzewach"
"but whom can I ask if there is nobody?"
— Ale kogo mam zapytać, skoro nikogo nie ma?
Pinocchio didn't like the idea of being all alone
Pinokio nie lubił pomysłu, że jest zupełnie sam
and now he was alone on a great uninhabited country
A teraz był sam w wielkim, niezamieszkałym kraju
the idea of it made him melancholy
Myśl o tym wprawiała go w melancholię
he was just about to to cry
Już miał się rozpłakać
But at that moment he saw a big fish swimming by
Ale w tym momencie zobaczył dużą rybę przepływającą obok
the big fish was only a short distance from the shore
Duża ryba znajdowała się w niewielkiej odległości od brzegu
the fish was going quietly on its own business
Ryba spokojnie zajmowała się swoimi sprawami
and it had its head out of the water
i wynurzył głowę z wody
Not knowing its name, the puppet called to the fish
Nie znając jego nazwy, marionetka zawołała do ryby

he called out in a loud voice to make himself heard:
Zawołał donośnym głosem, aby dać się usłyszeć:
"Eh, Sir Fish, will you permit me a word with you?"
— Ech, panie Rybie, czy pozwoli mi pan zamienić z panem słowo?
"Two words, if you like," answered the fish
— Dwa słowa, jeśli chcesz — odparła ryba
the fish was in fact not a fish at all
Ryba w rzeczywistości w ogóle nie była rybą
what the fish was was a Dolphin
to, czym była ryba, było delfinem
and you couldn't have found a politer dolphin
i nie mogłeś znaleźć grzeczniejszego delfina
"Would you be kind enough to tell:"
— Czy byłby pan na tyle uprzejmy, żeby powiedzieć:
"is there are villages in this island?"
– Czy na tej wyspie są wioski?
"and might there be something to eat in these villages?"
– A może w tych wioskach jest coś do jedzenia?
"and is there any danger in these villages?"
— A czy w tych wioskach jest jakieś niebezpieczeństwo?
"might one get eaten in these villages?"
— Czy w tych wioskach można kogoś zjeść?
"there certainly are villages," replied the Dolphin
— Na pewno są wioski — odparł Delfin
"Indeed, you will find one village quite close by"
"Rzeczywiście, jedną wioskę znajdziesz całkiem niedaleko"
"And what road must I take to go there?"
— A jaką drogą mam iść, żeby tam dotrzeć?
"You must take that path to your left"
"Musisz iść tą ścieżką w lewo"
"and then you must follow your nose"
"A potem musisz podążać za swoim nosem"
"Will you tell me another thing?"
– Opowiesz mi coś jeszcze?
"You swim about the sea all day and night"
"Pływasz po morzu cały dzień i noc"

"have you by chance met a little boat"
"Czy przypadkiem nie spotkałeś małej łódki?"
"a little boat with my papa in it?"
– Mała łódka z moim tatą w środku?
"And who is your papa?"
– A kto jest twoim tatą?
"He is the best papa in the world"
"On jest najlepszym tatusiem na świecie"
"but it would be difficult to find a worse son than I am"
"ale trudno byłoby znaleźć gorszego syna niż ja"
The fish regretted to tell him what he feared
Ryba z żalem powiedziała mu, czego się obawia
"you saw the terrible storm we had last night"
"Widziałeś straszliwą burzę, którą mieliśmy wczoraj wieczorem"
"the little boat must have gone to the bottom"
"Mała łódka musiała pójść na dno"
"And my papa?" asked Pinocchio
"A mój tata?" zapytał Pinokio
"He must have been swallowed by the terrible Dog-Fish"
"Musiał zostać połknięty przez straszliwą Psią Rybę"
"of late he has been swimming on our waters"
"Ostatnio pływa po naszych wodach"
"and he has been spreading devastation and ruin"
"I szerzy spustoszenie i ruinę"
Pinocchio was already beginning to quake with fear
Pinokio już zaczynał trząść się ze strachu
"Is this Dog-Fish very big?" asked Pinocchio
"Czy ten Pies-Ryba jest bardzo duży?" zapytał Pinokio
"oh, very big!" replied the Dolphin
"Och, bardzo duży!" odparł Delfin
"let me tell you about this fish"
"Pozwól, że opowiem ci o tej rybie"
"then you can form some idea of his size"
"Wtedy możesz sobie wyobrazić jego rozmiary"
"he is bigger than a five-storied house"
"Jest większy niż pięciopiętrowy dom"

"and his mouth is more enormous than you've ever seen"
"A jego usta są ogromniejsze, niż kiedykolwiek widziałeś"
"a railway train could pass down his throat"
"Pociąg kolejowy mógł mu przejechać przez gardło"
"Mercy upon us!" exclaimed the terrified puppet
"Zmiłuj się nad nami!" wykrzyknęła przerażona marionetka
and he put on his clothes with the greatest haste
i ubrał się w swoje szaty z największym pośpiechem
"Good-bye, Sir Fish, and thank you"
"Żegnaj, panie Fish, i dziękuję"
"excuse the trouble I have given you"
"Przepraszam za kłopot, który ci sprawiłem"
"and many thanks for your politeness"
"I bardzo dziękuję za uprzejmość"
He then took the path that had been pointed out to him
Następnie poszedł drogą, którą mu wskazano
and he began to walk as fast as he could
I zaczął iść tak szybko, jak tylko mógł
he walked so fast, indeed, that he was almost running
Szedł tak szybko, że prawie biegł
And at the slightest noise he turned to look behind him
Na najmniejszy dźwięk odwrócił się, by spojrzeć za siebie
he feared that he might see the terrible Dog-Fish
Obawiał się, że może zobaczyć straszliwego Dog-Fisha
and he imagined a railway train in its mouth
i wyobraził sobie pociąg kolejowy w jego pysku
a half-hour walk took him to a little village
Półgodzinny spacer zaprowadził go do małej wioski
the village was The Village of the Industrious Bees
wieś była Wioską Pszczół Pracowitych
The road was alive with people
Droga tętniła życiem ludzi
and they were running here and there
i biegali tu i tam
and they all had to attend to their business
i wszyscy musieli zająć się swoimi sprawami
all were at work, all had something to do

Wszyscy byli w pracy, wszyscy mieli coś do zrobienia
You could not have found an idler or a vagabond
Nie można było znaleźć próżniaka ani włóczęgi
even if you searched for him with a lighted lamp
nawet jeśli szukałeś go z zapaloną lampą
"Ah!" said that lazy Pinocchio at once
"Ach!" powiedział od razu ten leniwy Pinokio
"I see that this village will never suit me!"
"Widzę, że ta wioska nigdy mi nie odpowiada!"
"I wasn't born to work!"
"Nie urodziłem się po to, by pracować!"
In the meanwhile he was tormented by hunger
W międzyczasie dręczył go głód
he had eaten nothing for twenty-four hours
Przez dwadzieścia cztery godziny nic nie jadł
he had not even eaten vetch
Nie jadł nawet wyki
What was poor Pinocchio to do?
Co miał zrobić biedny Pinokio?
There were only two ways to obtain food
Były tylko dwa sposoby zdobywania pożywienia
he could either get food by asking for a little work
Mógł zdobyć pożywienie, prosząc o trochę pracy
or he could get food by way of begging
Mógł też zdobywać pożywienie żebraniem
someone might be kind enough to throw him a nickel
Ktoś może być na tyle miły, że rzuci mu pięciocentówkę
or they might give him a mouthful of bread
Albo mogą mu dać kęs chleba
generally Pinocchio was ashamed to beg
generalnie Pinokio wstydził się żebrać
his father had always preached him to be industrious
Ojciec zawsze powtarzał mu, że powinien być pracowity
he taught him no one had a right to beg
Uczył go, że nikt nie ma prawa żebrać
except the aged and the infirm
z wyjątkiem osób w podeszłym wieku i niedołężnych

The really poor in this world deserve compassion
Naprawdę biedni na tym świecie zasługują na współczucie
the really poor in this world require assistance
Naprawdę ubodzy na tym świecie potrzebują pomocy
only those who are aged or sick
tylko ci, którzy są w podeszłym wieku lub chorzy
those who are no longer able to earn their own bread
ci, którzy nie są już w stanie zarobić na własny chleb
It is the duty of everyone else to work
Obowiązkiem wszystkich innych jest pracować
and if they don't labour, so much the worse for them
A jeśli nie będą pracować, tym gorzej dla nich
let them suffer from their hunger
Niech cierpią z głodu
At that moment a man came down the road
W tym momencie drogą pojawił się mężczyzna
he was tired and panting for breath
Był zmęczony i z trudem łapał oddech
He was dragging two carts full of charcoal
Ciągnął za sobą dwa wozy pełne węgla drzewnego
Pinocchio judged by his face that he was a kind man
Pinokio sądził po jego twarzy, że jest dobrym człowiekiem
so Pinocchio approached the charcoal man
więc Pinokio zbliżył się do węglarza
he cast down his eyes with shame
Spuścił oczy ze wstydu
and he said to him in a low voice:
I rzekł do niego półgłosem:
"Would you have the charity to give me a nickel?"
— Czy miałbyś na tyle jałmużny, żeby dać mi pięciocentówkę?
"because, as you can see, I am dying of hunger"
"bo, jak widzisz, umieram z głodu"
"You shall have not only a nickel," said the man
— Nie będziesz miał tylko pięciocentówki — rzekł mężczyzna
"I will give you a dime"
"Dam ci grosz"
"but for the dime you must do some work"

"Ale za grosze musisz trochę pracować"
"help me to drag home these two carts of charcoal"
"Pomóż mi zaciągnąć do domu te dwa wozy węgla drzewnego"
"I am surprised at you!" answered the puppet
"Dziwię się ci!" odpowiedziała marionetka
and there was a tone of offense in his voice
W jego głosie pobrzmiewała nuta obrażania
"Let me tell you something about myself"
"Pozwól, że opowiem ci coś o sobie"
"I am not accustomed to do the work of a donkey"
"Nie jestem przyzwyczajony do pracy osła"
"I have never drawn a cart!"
"Nigdy nie ciągnąłem wozu!"
"So much the better for you," answered the man
— Tym lepiej dla ciebie — odparł mężczyzna
"my boy, I see how you are dying of hunger"
"Mój chłopcze, widzę, jak umierasz z głodu"
"eat two fine slices of your pride"
"Zjedz dwie dobre kromki swojej dumy"
"and be careful not to get indigestion"
"I uważaj, żeby nie dostać niestrawności"
A few minutes afterwards a mason passed by
Kilka minut później przechodził obok niego murarz
he was carrying a basket of mortar
Miał przy sobie kosz z moździerzem
"Would you have the charity to give me a nickel?"
— Czy miałbyś na tyle jałmużny, żeby dać mi pięciocentówkę?
"me, a poor boy who is yawning for want of food"
"Ja, biedny chłopiec, który ziewa z braku jedzenia"
"Willingly," answered the man
— Chętnie — odparł mężczyzna
"Come with me and carry the mortar"
"Chodź ze mną i zanieś moździerz"
"and instead of a nickel I will give you a dime"
"a zamiast pięciocentówki dam ci grosz"
"But the mortar is heavy," objected Pinocchio

— Ale moździerz jest ciężki — zaoponował Pinokio
"and I don't want to tire myself"
"i nie chcę się męczyć"
"I see you you don't want to tire yourself"
"Widzę cię, nie chcesz się męczyć"
"then, my boy, go amuse yourself with yawning"
"A więc, mój chłopcze, idź zabawić się ziewaniem"
In less than half an hour twenty other people went by
W niecałe pół godziny przeszło obok nich dwadzieścia innych osób
and Pinocchio asked charity of them all
a Pinokio prosił ich wszystkich o jałmużnę
but they all gave him the same answer
Ale wszyscy dali mu tę samą odpowiedź
"Are you not ashamed to beg, young boy?"
— Nie wstydzisz się żebrać, młody chłopcze?
"Instead of idling about, look for a little work"
"Zamiast bezczynnie się wygłupiać, poszukaj trochę pracy"
"you have to learn to earn your bread"
"Musisz się nauczyć, jak zarabiać na chleb"
finally a nice little woman walked by
W końcu przeszła obok miła mała kobieta
she was carrying two cans of water
Miała przy sobie dwie bańki z wodą
Pinocchio asked her for charity too
Pinokio poprosił ją również o jałmużnę
"Will you let me drink a little of your water?"
— Pozwolisz mi napić się trochę twojej wody?
"because I am burning with thirst"
"bo palę się z pragnienia"
the little woman was happy to help
Mała kobieta była szczęśliwa, że mogła pomóc
"Drink, my boy, if you wish it!"
— Pij mój chłopcze, jeśli chcesz!
and she set down the two cans
I odstawiła dwie puszki
Pinocchio drank like a fish

Pinokio pił jak ryba
and as he dried his mouth he mumbled:
A ocierając usta, wymamrotał:
"I have quenched my thirst"
"Ugasiłem pragnienie"
"If I could only appease my hunger!"
"Gdybym tylko mógł zaspokoić swój głód!"
The good woman heard Pinocchio's pleas
Dobra kobieta usłyszała prośby Pinokia
and she was only too willing to oblige
A ona była aż nazbyt chętna, by się zgodzić
"help me to carry home these cans of water"
"Pomóż mi przynieść do domu te bańki z wodą"
"and I will give you a fine piece of bread"
"A Ja dam wam kawałek chleba wybornego"
Pinocchio looked at the cans of water
Pinokio spojrzał na bańki z wodą
and he answered neither yes nor no
A on nie odpowiedział ani tak, ani nie
and the good woman added more to the offer
A dobra kobieta dołożyła do oferty jeszcze więcej
"As well as bread you shall have cauliflower"
"Chleb będzie wam jadł kalafior"
Pinocchio gave another look at the can
Pinokio jeszcze raz rzucił okiem na puszkę
and he answered neither yes nor no
A on nie odpowiedział ani tak, ani nie
"And after the cauliflower there will be more"
"A po kalafiorze będzie więcej"
"I will give you a beautiful syrup bonbon"
"Dam ci piękny cukierek z syropem"
The temptation of this last dainty was great
Pokusa tego ostatniego przysmaku była wielka
finally Pinocchio could resist no longer
w końcu Pinokio nie mógł się już opierać
with an air of decision he said:
Z miną zdecydowaną powiedział:

"I must have patience!"
"Muszę uzbroić się w cierpliwość!"
"I will carry the water to your house"
"Zaniosę wodę do twojego domu"
The water was too heavy for Pinocchio
Woda była zbyt ciężka dla Pinokia
he could not carry it with his hands
Nie mógł go unieść rękami
so he had to carry it on his head
Musiał więc nosić go na głowie
Pinocchio did not enjoy doing the work
Pinokio nie lubił wykonywać tej pracy
but soon they reached the house
Wkrótce jednak dotarli do domu
and the good little woman offered Pinocchio a seat
a dobra mała kobieta zaproponowała Pinokiu miejsce
the table had already been laid
Stół był już nakryty
and she placed before him the bread
I położyła przed Nim chleb
and then he got the cauliflower and the bonbon
A potem dostał kalafior i cukierek
Pinocchio did not eat his food, he devoured it
Pinokio nie jadł swojego jedzenia, pochłaniał je
His stomach was like an empty apartment
Jego żołądek był jak puste mieszkanie
an apartment that had been left uninhabited for months
mieszkanie, które od miesięcy stało niezamieszkane
but now his ravenous hunger was somewhat appeased
Teraz jednak jego wilczy głód został nieco zaspokojony
he raised his head to thank his benefactress
Podniósł głowę, by podziękować swojej dobroczyńcy
then he took a better look at her
Potem przyjrzał się jej dokładniej
he gave a prolonged "Oh!" of astonishment
— wydał z siebie przeciągłe "Och!" ze zdumienia
and he continued staring at her with wide open eyes

i dalej wpatrywał się w nią szeroko otwartymi oczami
his fork was in the air
Jego widelec wisiał w powietrzu
and his mouth was full of cauliflower
a usta jego były pełne kalafiora
it was as if he had been bewitched
Wyglądało to tak, jakby został zaczarowany
the good woman was quite amused
Dobra kobieta była bardzo rozbawiona
"What has surprised you so much?"
– Co cię tak bardzo zaskoczyło?
"It is..." answered the puppet
"To jest..." odpowiedziała marionetka
"it's just that you are like..."
"Po prostu jesteś jak..."
"it's just that you remind me of someone"
"Po prostu przypominasz mi kogoś"
"yes, yes, yes, the same voice"
"Tak, tak, tak, ten sam głos"
"and you have the same eyes and hair"
"I masz takie same oczy i włosy"
"yes, yes, yes. you also have blue hair"
— Tak, tak, tak. Masz też niebieskie włosy"
"Oh, little Fairy! tell me that it is you!"
"Och, mała wróżko! Powiedz mi, że to ty!"
"Do not make me cry anymore!"
"Nie każ mi już płakać!"
"If only you knew how much I've cried"
"Gdybyś tylko wiedziała, ile płakałam"
"and I have suffered so much"
"i tak wiele wycierpiałem"
And Pinocchio threw himself at her feet
A Pinokio rzucił się jej do stóp
and he embraced the knees of the mysterious little woman
i objął kolana tajemniczej małej kobiety
and he began to cry bitterly
I zaczął gorzko płakać

Pinocchio Promises the Fairy he'll be a Good Boy Again
Pinokio obiecuje wróżce, że znów będzie dobrym chłopcem

At first the good little woman played innocent
Z początku poczciwa mała kobieta udawała niewinną
she said she was not the little Fairy with blue hair
powiedziała, że nie jest małą Wróżką o niebieskich włosach
but Pinocchio could not be tricked
ale Pinokia nie dało się oszukać
she had continued the comedy long enough
Kontynuowała komedię wystarczająco długo
and so she ended by making herself known
I tak na koniec dała się poznać
"You naughty little rogue, Pinocchio"
"Ty niegrzeczny mały łobuzie, Pinokio"
"how did you discover who I was?"
– Jak dowiedziałeś się, kim jestem?
"It was my great affection for you that told me"
"To moje wielkie uczucie do ciebie powiedziało mi"

i dalej wpatrywał się w nią szeroko otwartymi oczami
his fork was in the air
Jego widelec wisiał w powietrzu
and his mouth was full of cauliflower
a usta jego były pełne kalafiora
it was as if he had been bewitched
Wyglądało to tak, jakby został zaczarowany
the good woman was quite amused
Dobra kobieta była bardzo rozbawiona
"What has surprised you so much?"
– Co cię tak bardzo zaskoczyło?
"It is..." answered the puppet
"To jest..." odpowiedziała marionetka
"it's just that you are like..."
"Po prostu jesteś jak..."
"it's just that you remind me of someone"
"Po prostu przypominasz mi kogoś"
"yes, yes, yes, the same voice"
"Tak, tak, tak, ten sam głos"
"and you have the same eyes and hair"
"I masz takie same oczy i włosy"
"yes, yes, yes. you also have blue hair"
— Tak, tak, tak. Masz też niebieskie włosy"
"Oh, little Fairy! tell me that it is you!"
"Och, mała wróżko! Powiedz mi, że to ty!"
"Do not make me cry anymore!"
"Nie każ mi już płakać!"
"If only you knew how much I've cried"
"Gdybyś tylko wiedziała, ile płakałam"
"and I have suffered so much"
"i tak wiele wycierpiałem"
And Pinocchio threw himself at her feet
A Pinokio rzucił się jej do stóp
and he embraced the knees of the mysterious little woman
i objął kolana tajemniczej małej kobiety
and he began to cry bitterly
I zaczął gorzko płakać

Pinocchio Promises the Fairy he'll be a Good Boy Again
Pinokio obiecuje wróżce, że znów będzie dobrym chłopcem

At first the good little woman played innocent
Z początku poczciwa mała kobieta udawała niewinną
she said she was not the little Fairy with blue hair
powiedziała, że nie jest małą Wróżką o niebieskich włosach
but Pinocchio could not be tricked
ale Pinokia nie dało się oszukać
she had continued the comedy long enough
Kontynuowała komedię wystarczająco długo
and so she ended by making herself known
I tak na koniec dała się poznać
"You naughty little rogue, Pinocchio"
"Ty niegrzeczny mały łobuzie, Pinokio"
"how did you discover who I was?"
– Jak dowiedziałeś się, kim jestem?
"It was my great affection for you that told me"
"To moje wielkie uczucie do ciebie powiedziało mi"

"Kiedy się rodzą, są marionetkami"
"and they live their lives as puppets"
"I żyją swoim życiem jak marionetki"
"and when they die they die as puppets"
"A kiedy umierają, umierają jak marionetki"
Pinocchio game himself a slap
Pinokio sam gra w policzek
"Oh, I am sick of being a puppet!"
"Och, mam dość bycia marionetką!"
"It is time that I became a man"
"Nadszedł czas, abym stał się mężczyzną"
"And you will become a man," promised the fairy
– I staniesz się mężczyzną – obiecała wróżka
"but you must know how to deserve it"
"Ale musisz wiedzieć, jak na to zasłużyć"
"Is this true?" asked Pinocchio
"Czy to prawda?" zapytał Pinokio
"And what can I do to deserve to be a man?"
"I co mogę zrobić, aby zasłużyć na to, by być mężczyzną?"
"it is a very easy thing to deserve to be a man"
"Bardzo łatwo jest zasłużyć na to, by być mężczyzną"
"all you have to do is learn to be a good boy"
"Wszystko, co musisz zrobić, to nauczyć się być dobrym chłopcem"
"And you think I am not a good boy?"
– I myślisz, że nie jestem grzecznym chłopcem?
"You are quite the opposite of a good boy"
"Jesteś zupełnym przeciwieństwem dobrego chłopca"
"Good boys are obedient, and you..."
"Grzeczni chłopcy są posłuszni, a ty..."
"And I never obey," confessed Pinocchio
– A ja nigdy nie jestem posłuszny – wyznał Pinokio
"Good boys like to learn and to work, and you..."
"Grzeczni chłopcy lubią się uczyć i pracować, a ty..."
"And I instead lead an idle, vagabond life"
"A ja zamiast tego prowadzę bezczynne, włóczęgowe życie"
"Good boys always speak the truth"

"Do you remember when you left me?"
– Pamiętasz, kiedy mnie zostawiłeś?
"I was still a child back then"
"Byłem wtedy jeszcze dzieckiem"
"and now I have become a woman"
"a teraz stałam się kobietą"
"a woman almost old enough to be your mamma"
"Kobieta prawie wystarczająco dorosła, by być twoją mamą"
"I am delighted at that"
"Cieszę się z tego"
"I will not call you little sister anymore"
"Nie będę cię już nazywać siostrzyczką"
"from now I will call you mamma"
"od teraz będę cię nazywać mamą"
"all the other boys have a mamma"
"Wszyscy inni chłopcy mają mamę"
"and I have always wished to also have a mamma"
"A ja też zawsze chciałam mieć mamę"
"But how did you manage to grow so fast?"
– Ale jak to się stało, że tak szybko się rozwinąłeś?
"That is a secret," said the fairy
– To tajemnica – powiedziała wróżka
Pinocchio wanted to know, "teach me your secret"
Pinokio chciał wiedzieć: "naucz mnie swojego sekretu"
"because I would also like to grow"
"bo ja też chciałabym się rozwijać"
"Don't you see how small I am?"
– Nie widzisz, jaka jestem mała?
"I always remain no bigger than a ninepin"
"Zawsze pozostaję nie większy niż dziewiątka"
"But you cannot grow," replied the Fairy
– Ale nie możesz rosnąć – odparła Wróżka
"Why can't I grow?" asked Pinocchio
"Dlaczego nie mogę rosnąć?" zapytał Pinokio
"Because puppets never grow"
"Bo marionetki nigdy nie rosną"
"when they are born they are puppets"

"Grzeczni chłopcy zawsze mówią prawdę"
"And I always tell lies," admitted Pinocchio
– A ja zawsze kłamię – przyznał Pinokio
"Good boys go willingly to school"
"Grzeczni chłopcy chętnie chodzą do szkoły"
"And school gives me pain all over the body"
"A szkoła sprawia mi ból na całym ciele"
"But from today I will change my life"
"Ale od dziś zmienię swoje życie"
"Do you promise me?" asked the Fairy
"Obiecujesz mi?" zapytała Wróżka
"I promise that I will become a good little boy"
"Obiecuję, że stanę się grzecznym chłopcem"
"and I promise be the consolation of my papa"
"I obiecuję, że będę pociechą dla mojego taty"
"Where is my poor papa at this moment?"
— Gdzie jest w tej chwili mój biedny tatuś?
but the fairy didn't know where his papa was
Ale wróżka nie wiedziała, gdzie jest jego tata
"Shall I ever have the happiness of seeing him again?"
— Czy kiedykolwiek będę miał szczęście go jeszcze zobaczyć?
"will I ever kiss him again?"
– Czy jeszcze kiedyś go pocałuję?
"I think so; indeed, I am sure of it"
— Myślę, że tak. zaiste, jestem tego pewien"
At this answer Pinocchio was delighted
Słysząc tę odpowiedź, Pinokio był zachwycony
he took the Fairy's hands
Ujął ręce Wróżki
and he began to kiss her hands with great fervour
I zaczął całować jej ręce z wielkim zapałem
he seemed beside himself with joy
Wydawało się, że oszalał z radości
Then Pinocchio raised his face
Wtedy Pinokio podniósł twarz
and he looked at her lovingly
i spojrzał na nią z miłością

"Tell me, little mamma:"
"Powiedz mi, mała mamo":
"then it was not true that you were dead?"
— A więc to nieprawda, że nie żyjesz?
"It seems not," said the Fairy, smiling
– Wygląda na to, że nie – powiedziała Wróżka, uśmiechając się
"If you only knew the sorrow I felt"
"Gdybyś tylko wiedział, jaki smutek odczuwam"
"you can't imagined the tightening of my throat"
"Nie możesz sobie wyobrazić ściskania mi gardła"
"reading what was on that stone almost broke my heart"
"Czytanie tego, co było na tym kamieniu, prawie złamało mi serce"
"I know what it did to you"
"Wiem, co ci to zrobiło"
"and that is why I have forgiven you"
"I dlatego ci przebaczyłem"
"I saw it from the sincerity of your grief"
"Widziałem to ze szczerości twego smutku"
"I saw that you have a good heart"
"Widziałem, że masz dobre serce"
"boys with good hearts are not lost"
"Chłopcy o dobrych sercach nie są zagubieni"
"there is always something to hope for"
"Zawsze jest na co liczyć"
"even if they are scamps"
"Nawet jeśli są łobuzami"
"and even if they have got bad habits"
"I nawet jeśli mają złe nawyki"
"there is always hope they change their ways"
"Zawsze jest nadzieja, że zmienią swoje postępowanie"
"That is why I came to look for you here"
"Dlatego przyszedłem cię tu szukać"
"I will be your mamma"
"Będę twoją mamą"
"Oh, how delightful!" shouted Pinocchio

"Och, jak cudownie!" krzyknął Pinokio
and the little puppet jumped for joy
A mała pacynka podskoczyła z radości
"You must obey me, Pinocchio"
"Musisz być mi posłuszny, Pinokio"
"and you must do everything that I bid you"
"I niech ci uczyni wszystko, co ci każę"
"I will willingly obey you"
"Chętnie będę ci posłuszny"
"and I will do as I'm told!"
"I zrobię, co mi każą!"
"Tomorrow you will begin to go to school"
"Jutro zaczniesz chodzić do szkoły"
Pinocchio became at once a little less joyful
Pinokio stał się od razu nieco mniej radosny
"Then you must choose a trade to follow"
"Następnie musisz wybrać handel, który chcesz śledzić"
"you most choose a job according to your wishes"
"Najczęściej wybierasz pracę zgodnie ze swoimi życzeniami"
Pinocchio became very grave at this
Słysząc to, Pinokio spoważniał
the Fairy asked him in an angry voice:
Wróżka zapytała go gniewnym głosem:
"What are you muttering between your teeth?"
– Co mamroczesz między zębami?
"I was saying..." moaned the puppet in a low voice
"Mówiłem..." jęknęła marionetka ściszonym głosem
"it seems to me too late for me to go to school now"
"Wydaje mi się, że jest już za późno, żebym mogła iść do szkoły"
"No, sir, it is not too late for you to go to school"
"Nie, proszę pana, jeszcze nie jest za późno, żeby pan poszedł do szkoły"
"Keep it in mind that it is never too late"
"Pamiętaj, że nigdy nie jest za późno"
"we can always learn and instruct ourselves"
"Zawsze możemy się uczyć i instruować sami"

"But I do not wish to follow a trade"
"Ale ja nie chcę zajmować się handlem"
"Why do you not wish to follow an trade?"
"Dlaczego nie chcesz podążać za handlem?"
"Because it tires me to work"
"Bo praca mnie męczy"
"My boy," said the Fairy lovingly
– Mój chłopcze – powiedziała z miłością Wróżka
"there are two kinds of people who talk like that"
"Są dwa rodzaje ludzi, którzy tak mówią"
"there are those that are in prison"
"Są tacy, którzy są w więzieniu"
"and there are those that are in hospital"
"A są tacy, którzy są w szpitalu"
"Let me tell you one thing, Pinocchio;"
— Pozwól, że powiem ci jedno, Pinokio.
"every man, rich or poor, is obliged work"
"Każdy człowiek, bogaty czy biedny, ma obowiązek pracować"
"he has to occupy himself with something"
"Musi się czymś zająć"
"Woe to those who lead slothful lives"
"Biada tym, którzy prowadzą leniwe życie"
"Sloth is a dreadful illness"
"Lenistwo to straszna choroba"
"it must be cured at once, in childhood"
"Trzeba to wyleczyć od razu, w dzieciństwie"
"because it can never be cured once you are old"
"Bo nigdy nie da się jej wyleczyć, gdy jest się starym"
Pinocchio was touched by these words
Pinokio był poruszony tymi słowami
lifting his head quickly, he said to the Fairy:
Unosząc szybko głowę, rzekł do Wróżki:

"I will study and I will work"
"Będę się uczył i będę pracował"
"I will do all that you tell me"
"Uczynię wszystko, co mi powiesz"
"for indeed I have become weary of being a puppet"
"bo zaprawdę znudziło mi się bycie marionetką"
"and I wish at any price to become a boy"
"i za wszelką cenę pragnę stać się chłopcem"
"You promised me that I can become a boy, did you not?"
– Obiecałeś mi, że mogę stać się chłopcem, prawda?
"I did promise you that you can become a boy"
"Obiecałem ci, że możesz stać się chłopcem"
"and whether you become a boy now depends upon yourself"
"A czy teraz staniesz się chłopcem, zależy od ciebie"

The Terrible Dog-Fish
Straszliwy pies-ryba

The following day Pinocchio went to school
Następnego dnia Pinokio poszedł do szkoły
you can imagine the delight of all the little rogues
Możesz sobie wyobrazić radość wszystkich małych włóczęgów
a puppet had walked into their school!
Do ich szkoły weszła kukiełka!
They set up a roar of laughter that never ended
Wzniecili salwy śmiechu, która nigdy się nie kończyła
They played all sorts of tricks on him
Płatali mu różne figle
One boy carried off his cap
Jeden chłopiec zdjął czapkę
another boy pulled Pinocchio's jacket over him
inny chłopiec naciągnął na siebie kurtkę Pinokia
one tried to give him a pair of inky mustachios
Jeden z nich próbował dać mu parę atramentowych wąsów
another boy attempted to tie strings to his feet and hands
Inny chłopiec próbował przywiązać sznurki do swoich stóp i rąk
and then he tried to make him dance
A potem próbował zmusić go do tańca
For a short time Pinocchio pretended not to care
Przez krótki czas Pinokio udawał, że go to nie obchodzi
and he got on as well with school as he could
I radził sobie w szkole tak dobrze, jak tylko mógł
but at last he lost all his patience
W końcu jednak stracił całą cierpliwość
he turned to those who were teasing him most
Zwrócił się do tych, którzy najbardziej mu dokuczali
"Beware, boys!" he warned them
"Strzeżcie się, chłopcy!" – ostrzegł ich
"I have not come here to be your buffoon"
"Nie przyszedłem tu, aby być twoim błaznem"

"I respect others," he said
"Szanuję innych" – powiedział
"and I intend to be respected"
"i zamierzam być szanowany"
"Well said, boaster!" howled the young rascals
"Dobrze powiedziane, chełpliwy!" zawyły młode
"You have spoken like a book!"
"Mówiłeś jak książka!"
and they convulsed with mad laughter
i trzęśli się w konwulsjach szalonego śmiechu
there was one boy more impertinent than the others
Był jeden chłopiec bardziej impertynencki niż inni
he tried to seize the puppet by the end of his nose
Próbował złapać marionetkę za koniec nosa
But he could not do so quickly enough
Nie mógł jednak zrobić tego wystarczająco szybko
Pinocchio stuck his leg out from under the table
Pinokio wystawił nogę spod stołu
and he gave him a great kick on his shins
i dał mu potężnego kopniaka w golenie
the boy roared in pain
Chłopiec ryknął z bólu
"Oh, what hard feet you have!"
"Och, jakie masz twarde stopy!"
and he rubbed the bruise the puppet had given him
i potarł siniaka, którego zadała mu marionetka
"And what elbows you have!" said another
"A jakie masz łokcie!" powiedział inny
"they are even harder than his feet!"
"Są jeszcze twardsze niż jego stopy!"
this boy had also played rude tricks on him
Ten chłopiec również płatał mu niegrzeczne figle
and he had received a blow in the stomach
i otrzymał cios w brzuch
But, nevertheless, the kick and the blow acquired sympathy
Ale mimo to kopniak i cios zyskały współczucie
and Pinocchio earned the esteem of the boys

a Pinokio zyskał szacunek chłopców
They soon all made friends with him
Wkrótce wszyscy się z nim zaprzyjaźnili
and soon they liked him heartily
i wkrótce polubili go serdecznie
And even the master praised him
I nawet mistrz go chwalił
because Pinocchio was attentive in class
ponieważ Pinokio był uważny w klasie
he was a studious and intelligent student
Był pilnym i inteligentnym studentem
and he was always the first to come to school
I zawsze pierwszy przychodził do szkoły
and he was always the last to leave when school was over
I zawsze wychodził ostatni, gdy szkoła się kończyła
But he had one fault; he made too many friends
Miał jednak jedną wadę; Zdobył zbyt wielu przyjaciół
and amongst his friends were several rascals
A wśród jego przyjaciół było kilku
these boys were well known for their dislike of study
Chłopcy ci byli dobrze znani ze swojej niechęci do nauki
and they especially loved to cause mischief
a szczególnie lubili sprawiać psoty
The master warned him about them every day
Mistrz ostrzegał go przed nimi każdego dnia
even the good Fairy never failed to tell him:
nawet dobra Wróżka nigdy nie omieszkała mu powiedzieć:
"Take care, Pinocchio, with your friends!"
"Trzymaj się, Pinokio, ze swoimi przyjaciółmi!"
"Those bad school-fellows of yours are trouble"
"Ci twoi źli koledzy szkolni to kłopoty"
"they will make you lose your love of study"
"Sprawią, że stracisz zamiłowanie do nauki"
"they may even bring upon you some great misfortune"
"Mogą nawet sprowadzić na ciebie jakieś wielkie nieszczęście"
"There is no fear of that!" answered the puppet
"Nie ma się czego obawiać!" odpowiedziała marionetka

and he shrugged his shoulders and touched his forehead
Wzruszył ramionami i dotknął czoła
"There is so much sense here!"
"Jest tu tyle sensu!"

one fine day Pinocchio was on his way to school
Pewnego pięknego dnia Pinokio był w drodze do szkoły
and he met several of his usual companions
i spotkał kilku swoich zwykłych towarzyszy
coming up to him, they asked:
Podchodząc do Niego, zapytali:
"Have you heard the great news?"
— Czy słyszałeś wspaniałą nowinę?
"No, I have not heard the great news"

"Nie, nie usłyszałem wspaniałej nowiny"
"In the sea near here a Dog-Fish has appeared"
"W pobliskim morzu pojawiła się Pies-Ryba"
"he is as big as a mountain"
"Jest wielki jak góra"
"Is it true?" asked Pinocchio
"Czy to prawda?" zapytał Pinokio
"Can it be the same Dog-Fish?"
— Czy to może być ten sam Pies-Ryba?
"The Dog-Fish that was there when my papa drowned"
"Pies-Ryba, która była tam, kiedy mój tata utonął"
"We are going to the shore to see him"
"Idziemy na brzeg, żeby go zobaczyć"
"Will you come with us?"
– Pójdziesz z nami?
"No; I am going to school"
— Nie. Idę do szkoły"
"of what great importance is school?"
"Jak wielkie znaczenie ma szkoła?"
"We can go to school tomorrow"
"Jutro możemy iść do szkoły"
"one lesson more or less doesn't matter"
"Jedna lekcja mniej więcej nie ma znaczenia"
"we shall always remain the same donkeys"
"Na zawsze pozostaniemy tymi samymi osłami"
"But what will the master say?"
— Ale co powie mistrz?
"The master may say what he likes"
"Mistrz może mówić, co mu się podoba"
"He is paid to grumble all day"
"Płacą mu, żeby marudził przez cały dzień"
"And what will my mamma say?"
– A co powie moja mama?
"Mammas know nothing," answered the bad little boys
– Mamusie nic nie wiedzą – odpowiedzieli niegrzeczni chłopcy
"Do you know what I will do?" said Pinocchio

"Czy wiesz, co zrobię?" powiedział Pinokio
"I have reasons for wishing to see the Dog-Fish"
"Mam powody, by pragnąć zobaczyć Dog-Fish"
"but I will go and see him when school is over"
"Ale pójdę do niego, kiedy skończy się szkoła"
"Poor donkey!" exclaimed one of the boys
"Biedny osioł!" wykrzyknął jeden z chłopców
"Do you suppose a fish of that size will wait your convenience?"
— Sądzi pan, że ryba tej wielkości będzie czekała na pańską wygodę?
"when he is tired of being here he will go another place"
"Kiedy zmęczy się byciem tutaj, pójdzie w inne miejsce"
"and then it will be too late"
"A potem będzie już za późno"
the Puppet had to think about this
Marionetka musiała się nad tym zastanowić
"How long does it take to get to the shore?"
— Ile czasu zajmuje dotarcie do brzegu?
"We can be there and back in an hour"
"Możemy być tam i z powrotem w ciągu godziny"
"Then off we go!" shouted Pinocchio
"No to ruszamy!" krzyknął Pinokio
"and he who runs fastest is the best!"
"A ten, kto biegnie najszybciej, jest najlepszy!"
and the boys rushed off across the fields
Chłopcy popędzili przez pola
and Pinocchio was always the first
a Pinokio był zawsze pierwszy
he seemed to have wings on his feet
Wyglądało na to, że ma skrzydła na nogach
From time to time he turned to jeer at his companions
Od czasu do czasu odwracał się, by zadrwić ze swoich towarzyszy
they were some distance behind
Byli w pewnej odległości z tyłu
he saw them panting for breath

Widział, jak z trudem łapią oddech
and they were covered with dust
i byli pokryci kurzem
and their tongues were hanging out of their mouths
a języki ich zwisały z ust ich
and Pinocchio laughed heartily at the sight
a Pinokio roześmiał się serdecznie na ten widok
The unfortunate boy did not know what was to come
Nieszczęsny chłopiec nie wiedział, co go czeka
the terrors and horrible disasters that were coming!
Straszliwe i straszliwe katastrofy, które miały nadejść!

Pinocchio is Arrested by the Gendarmes
Pinokio zostaje aresztowany przez żandarmów

Pinocchio arrived at the shore
Pinokio przybył na brzeg
and he looked out to sea
i spojrzał na morze
but he saw no Dog-Fish
ale nie widział żadnej Dog-Fish
The sea was as smooth as a great crystal mirror
Morze było gładkie jak wielkie kryształowe lustro
"Where is the Dog-Fish?" he asked
"Gdzie jest Pies-Ryba?" zapytał
and he turned to his companions
I odwrócił się do swoich towarzyszy
all the boys laughed together
Wszyscy chłopcy roześmiali się razem
"He must have gone to have his breakfast"
"Musiał iść na śniadanie"
"Or he has thrown himself on to his bed"
"Albo rzucił się na łóżko"
"yes, he's having a little nap"
"Tak, on się trochę zdrzemnął"
and they laughed even louder

i śmiali się jeszcze głośniej
their answers seemed particularly absurd
Ich odpowiedzi wydawały się szczególnie absurdalne
and their laughter was very silly
A ich śmiech był bardzo głupi
Pinocchio looked around at his friends
Pinokio rozejrzał się po swoich przyjaciołach
his companions seemed to be making a fool of him
Wyglądało na to, że jego towarzysze robią z niego głupka
they had induced him to believe a tale
Skłonili go, by uwierzył w bajkę
but there was no truth to the tale
Ale w tej opowieści nie było prawdy
Pinocchio did not take the joke well
Pinokio nie przyjął dobrze żartu
and he spoke angrily with the boys
I rozmawiał ze złością z chłopcami
"And now??" he shouted
"A teraz??" krzyknął
"you told me a story of the Dog-Fish"
"Opowiedziałeś mi historię o Dog-Fishu"
"but what fun did you find in deceiving me?"
— Ale jaką zabawę miałeś w oszukiwaniu mnie?
"Oh, it was great fun!" answered the little rascals
"Och, to była świetna zabawa!" odpowiedziały małe urwisy
"And in what did this fun consist of?"
— A na czym polegała ta zabawa?
"we made you miss a day of school"
"Sprawiliśmy, że przegapiłeś jeden dzień w szkole"
"and we persuaded you to come with us"
"I namówiliśmy cię, żebyś poszedł z nami"
"Are you not ashamed of your conduct?"
— Nie wstydzisz się swego postępowania?
"you are always so punctual to school"
"Zawsze jesteś taki punktualny w szkole"
"and you are always so diligent in class"
"A ty zawsze jesteś taki pilny w klasie"

"Are you not ashamed of studying so hard?"
– Nie wstydzisz się, że tak pilnie się uczysz?
"so what if I study hard?"
"A co, jeśli będę się pilnie uczyć?"
"what concern is it of yours?"
— O co ci chodzi?
"It concerns us excessively"
"Martwi nas to nadmiernie"
"because it makes us appear in a bad light"
"Bo to stawia nas w złym świetle"
"Why does it make you appear in a bad light?"
"Dlaczego to sprawia, że wyglądasz w złym świetle?"
"there are those of us who have no wish to study"
"Są wśród nas tacy, którzy nie mają ochoty studiować"
"we have no desire to learn anything"
"Nie mamy ochoty niczego się uczyć"
"good boys make us seem worse by comparison"
"Grzeczni chłopcy sprawiają, że w porównaniu z nimi wydajemy się gorsi"
"And that is too bad for you"
"I to jest dla ciebie zbyt złe"
"We, too, have our pride!"
"My też mamy swoją dumę!"
"Then what must I do to please you?"
— To co mam zrobić, żeby cię zadowolić?
"You must follow our example"
"Musisz iść za naszym przykładem"
"you must hate school like us"
"Musisz nienawidzić szkoły tak jak my"
"you must rebel in the lessons"
"Musisz się zbuntować na lekcjach"
"and you must disobey the master"
"I będziesz nieposłuszny Panu"
"those are our three greatest enemies"
"To są nasi trzej najwięksi wrogowie"
"And if I wish to continue my studies?"
– A jeśli chcę kontynuować studia?

"In that case we will have nothing more to do with you"
"W takim razie nie będziemy mieli z tobą nic wspólnego"
"and at the first opportunity we will make you pay for it"
"I przy pierwszej okazji każemy Ci za to zapłacić"
"Really," said the puppet, shaking his head
— Naprawdę — odparła marionetka, potrząsając głową
"you make me inclined to laugh"
"Sprawiasz, że mam ochotę się śmiać"
"Eh, Pinocchio," shouted the biggest of the boys
– Ech, Pinokio – krzyknął największy z chłopców
and he confronted Pinocchio directly
i stanął twarzą w twarz z Pinokiem
"None of your superiority works here"
"Tu nie działa żadna twoja wyższość"
"don't come here to crow over us"
"Nie przychodź tu, żeby nad nami piać"
"if you are not afraid of us, we are not afraid of you"
"Jeśli wy nie boicie się nas, my nie boimy się was"
"Remember that you are one against seven"
"Pamiętaj, że jesteś jeden przeciwko siedmiu"
"Seven, like the seven deadly sins," said Pinocchio
— Siedem, jak siedem grzechów głównych — rzekł Pinokio
and he shouted with laughter
i krzyczał ze śmiechu
"Listen to him! He has insulted us all!"
— Posłuchaj go! On nas wszystkich obraził!"
"He called us the seven deadly sins!"
"Nazwał nas siedmioma grzechami głównymi!"
"Take that to begin with," said one of the boys
– Zacznij od tego – powiedział jeden z chłopców
"and keep it for your supper tonight"
"I zachowaj to na kolację dziś wieczorem"
And, so saying, he punched him on the head
To mówiąc, uderzył go pięścią w głowę
But it was a give and take
Ale to było dawanie i branie
because the puppet immediately returned the blow

bo marionetka natychmiast odpowiedziała ciosem
this was no big surprise
Nie było to wielką niespodzianką
and the fight quickly got desperate
A walka szybko stała się desperacka
it is true that Pinocchio was alone
Prawdą jest, że Pinokio był sam
but he defended himself like a hero
Bronił się jednak jak bohater
He used his feet, which were of the hardest wood
Używał stóp, które były z najtwardszego drewna
and he kept his enemies at a respectful distance
i trzymał swoich wrogów na pełen szacunku dystans
Wherever his feet touched they left a bruise
Gdziekolwiek dotknęły się jego stopy, zostawiały siniak
The boys became furious with him
Chłopcy wpadli w furię
hand to hand they couldn't match the puppet
Ręka w rękę nie mogli dorównać marionetce
so they took other weapons into their hands
Wzięli więc w swoje ręce inną broń
the boys loosened their satchels
Chłopcy poluzowali tornistry
and they threw their school-books at him
i rzucali w niego swoimi podręcznikami szkolnymi
grammars, dictionaries, and spelling-books
gramatyki, słowniki i książki ortograficzne
geography books and other scholastic works
książki geograficzne i inne dzieła szkolne
But Pinocchio was quick to react
Ale Pinokio szybko zareagował
and he had sharp eyes for these things
i miał bystre oczy do tych rzeczy
he always managed to duck in time
Zawsze udawało mu się schować w porę
so the books passed over his head
Książki przelatywały mu więc nad głową

and instead the books fell into the sea
A zamiast tego książki wpadły do morza
Imagine the astonishment of the fish!
Wyobraźcie sobie zdumienie ryby!
they thought the books were something to eat
Uważali, że te książki to coś do jedzenia
and they all arrived in large shoals of fish
i wszyscy przybyli w wielkich ławicach ryb
but they tasted a couple of the pages
ale spróbowali kilku stron
and they quickly spat the paper out again
I szybko znowu wypluli papier
and the fish made wry faces
a ryba zrobiła krzywe miny
"this isn't food for us at all"
"To wcale nie jest jedzenie dla nas"
"we are accustomed to something much better!"

"Przyzwyczailiśmy się do czegoś znacznie lepszego!"
The battle meantime had become fiercer than ever
Tymczasem bitwa stała się bardziej zaciekła niż kiedykolwiek
a big crab had come out of the water
Z wody wyszedł duży krab
and he had climbed slowly up on the shore
i powoli wspiął się na brzeg
he called out in a hoarse voice
— zawołał ochrypłym głosem
it sounded like a trumpet with a bad cold
Brzmiało to jak trąbka z silnym przeziębieniem
"enough of your fighting, you young ruffians"
"Dość waszej walki, młodzi łotrzykowie"
"because you are nothing other than ruffians!"
— Bo wy nie jesteście nikim innym jak!
"These fights between boys seldom finish well"
"Te kłótnie między chłopcami rzadko kończą się dobrze"
"Some disaster is sure to happen!"
"Na pewno wydarzy się jakaś katastrofa!"
but the poor crab should have saved himself the trouble
Ale biedny krab powinien był oszczędzić sobie kłopotów
He might as well have preached to the wind
Równie dobrze mógł wygłaszać kazania do wiatru
Even that young rascal, Pinocchio, turned around
Nawet ten młody łobuz, Pinokio, odwrócił się
he looked at him mockingly and said rudely:
Spojrzał na niego drwiąco i rzekł niegrzecznie:
"Hold your tongue, you tiresome crab!"
"Trzymaj język za zębami, ty męczący krabie!"
"You had better suck some liquorice lozenges"
"Lepiej ssij trochę pastylek do ssania z lukrecji"
"cure that cold in your throat"
"Wylecz ten chłód w gardle"
Just then the boys had no more books
Właśnie wtedy chłopcy nie mieli już książek
at least, they had no books of their own
A przynajmniej nie mieli własnych książek

they spied at a little distance Pinocchio's bag
wypatrzyli z niewielkiej odległości torbę Pinokia
and they took possession of his things
i wzięli w posiadanie jego rzeczy
Amongst his books there was one bound in card
Wśród jego książek znalazła się jedna oprawiona w kartonową
It was a Treatise on Arithmetic
Był to traktat arytmetyczny
One of the boys seized this volume
Jeden z chłopców chwycił ten tom
and he aimed the book at Pinocchio's head
i wycelował książkę w głowę Pinokia
he threw it at him with all his strength
Rzucił nim w niego z całej siły
but the book did not hit the puppet
Ale książka nie trafiła w marionetkę
instead the book hit a companion on the head
Zamiast tego książka uderzyła towarzysza w głowę
the boy turned as white as a sheet
Chłopiec zbladł jak prześcieradło
"Oh, mother! help, I am dying!"
"O matko! pomocy, umieram!"
and he fell his whole length on the sand
i upadł na piasek całą swoją długością
the boys must have thought he was dead
Chłopcy musieli myśleć, że nie żyje
and they ran off as fast as their legs could run
I uciekali tak szybko, jak tylko nogi mogły biec
in a few minutes they were out of sight
Po kilku minutach zniknęli z pola widzenia
But Pinocchio remained with the boy
Ale Pinokio pozostał z chłopcem
although he would have rather ran off too
chociaż on też wolałby uciec
because his fear was also great
bo i jego strach był wielki
nevertheless, he ran over to the sea

Mimo to pobiegł nad morze
and he soaked his handkerchief in the water
I zanurzył chusteczkę w wodzie
he ran back to his poor school-fellow
Pobiegł z powrotem do biednego kolegi szkolnego
and he began to bathe his forehead
I zaczął kąpać sobie czoło
he cried bitterly in despair
— zawołał gorzko z rozpaczy
and he kept calling him by name
i wołał go po imieniu
and he said many things to him:
I rzekł mu wiele rzeczy:
"Eugene! my poor Eugene!"
— Eugeniusz! mój biedny Eugeniuszu!
"Open your eyes and look at me!"
"Otwórz oczy i spójrz na mnie!"
"Why do you not answer?"
— Czemu nie odpowiadasz?
"I did not do it to you"
"Nie uczyniłem tego tobie"
"it was not I that hurt you so!"
"To nie ja cię tak skrzywdziłem!"
"believe me, it was not me!"
"Uwierz mi, to nie byłem ja!"
"Open your eyes, Eugene"
"Otwórz oczy, Eugeniuszu"
"If you keep your eyes shut I shall die, too"
"Jeśli będziesz miał zamknięte oczy, ja też umrę"
"Oh! what shall I do?"
— Och! co mam zrobić?"
"how shall I ever return home?"
"Jakże mam kiedykolwiek wrócić do domu?"
"How can I ever have the courage to go back to my good mamma?"
"Jak mogę mieć odwagę wrócić do mojej dobrej mamy?"
"What will become of me?"

"Co się ze mną stanie?"
"Where can I fly to?"
"Dokąd mogę polecieć?"
"had I only gone to school!"
"Gdybym tylko poszedł do szkoły!"
"Why did I listen to my companions?"
– Dlaczego posłuchałem moich towarzyszy?
"they have been my ruin"
"Byli moją zgubą"
"The master said it to me"
"Mistrz mi to powiedział"
"and my mamma repeated it often"
"A moja mama często to powtarzała"
'Beware of bad companions!'
– Strzeż się złych towarzyszy!
"Oh, dear! what will become of me?"
"Ojej! Co się ze mną stanie?"
And Pinocchio began to cry and sob
A Pinokio zaczął płakać i szlochać
and he struck his head with his fists
i uderzył się pięściami w głowę
Suddenly he heard the sound of footsteps
Nagle usłyszał odgłos kroków
He turned and saw two soldiers
Odwrócił się i zobaczył dwóch żołnierzy
"What are you doing there?"
– Co ty tam robisz?
"why are you lying on the ground?"
– Dlaczego leżysz na ziemi?
"I am helping my school-fellow"
"Pomagam mojemu koledze ze szkoły"
"Has he been hurt?"
— Czy został ranny?
"It seems he has been hurt"
"Wygląda na to, że został ranny"
"Hurt indeed!" said one of them
"Naprawdę boli!" powiedział jeden z nich

and he stooped down to examine Eugene closely
i schylił się, by przyjrzeć się Eugeniuszowi z bliska
"This boy has been wounded on the head"
"Ten chłopiec został ranny w głowę"
"Who wounded him?" they asked Pinocchio
"Kto go zranił?" – zapytali Pinokia
"Not I," stammered the puppet breathlessly
– Nie ja – wyjąkała marionetka bez tchu
"If it was not you, who then did it?"
– Jeśli to nie ty, to kto?
"Not I," repeated Pinocchio
— Nie ja — powtórzył Pinokio
"And with what was he wounded?"
— A czym był ranny?
"he was hurt with this book"
"Zraniła go ta książka"
And the puppet picked up from the ground his book
A marionetka podniosła z ziemi jego książkę
the Treatise on Arithmetic
Traktat arytmetyczny
and he showed the book to the soldier
I pokazał tę książkę żołnierzowi
"And to whom does this belong?"
— A do kogo to należy?
"It belongs to me," answered Pinocchio, honestly
— Należy do mnie — odparł szczerze Pinokio
"That is enough, nothing more is wanted"
"To wystarczy, niczego więcej nie chcieć"
"Get up and come with us at once"
"Wstań i chodź z nami natychmiast"
"But I..." Pinocchio tried to object
"Ale ja..." Pinokio próbował zaprotestować
"Come along with us!" they insisted
"Chodźcie z nami!" — nalegali
"But I am innocent" he pleaded
— Ale ja jestem niewinny — błagał
but they didn't listen. "Come along with us!"

Ale oni nie posłuchali. — Chodź z nami!
Before they left, the soldiers called a passing fishermen
Przed odejściem żołnierze zawołali przechodzących rybaków
"We give you this wounded boy"
"Dajemy ci tego rannego chłopca"
"we leave him in your care"
"Zostawiamy go pod Twoją opieką"
"Carry him to your house and nurse him"
"Zanieś go do swojego domu i pielęgnuj go"
"Tomorrow we will come and see him"
"Jutro przyjedziemy go zobaczyć"
They then turned to Pinocchio
Następnie zwrócili się do Pinokia
"Forward! and walk quickly"
"Naprzód! i chodź szybko"
"or it will be the worse for you"
"Albo będzie dla ciebie gorzej"
Pinocchio did not need to be told twice
Pinokia nie trzeba było dwa razy powtarzać
the puppet set out along the road leading to the village
Marionetka ruszyła wzdłuż drogi prowadzącej do wioski
But the poor little Devil hardly knew where he was
Ale biedny mały diabeł prawie nie wiedział, gdzie się znajduje
He thought he must be dreaming
Pomyślał, że musi śnić
and what a dreadful dream it was!
Jakiż to był straszny sen!
He saw double and his legs shook
Zobaczył podwójnie i nogi mu się trzęsły
his tongue clung to the roof of his mouth
Jego język przylgnął do podniebienia
and he could not utter a word
i nie mógł wydusić z siebie ani słowa
And yet, in the midst of his stupefaction and apathy
A jednak, pośród jego osłupienia i apatii
his heart was pierced by a cruel thorn
Jego serce zostało przebite okrutnym cierniem

he knew where he had to walk past
Wiedział, gdzie musi przejść obok
under the windows of the good Fairy's house
pod oknami domu dobrej wróżki
and she was going see him with the soldiers
A ona miała go zobaczyć z żołnierzami
He would rather have died
Wolałby umrzeć
soon they reached the village
Wkrótce dotarli do wioski
a gust of wind blew Pinocchio's cap off his head
podmuch wiatru zdmuchnął czapkę Pinokia z głowy
"Will you permit me?" said the puppet to the soldiers
"Czy pozwolicie mi?" powiedziała marionetka do żołnierzy
"can I go and get my cap?"
"Czy mogę iść i wziąć moją czapkę?"
"Go, then; but be quick about it"
— Idź więc; ale pospiesz się"
The puppet went and picked up his cap
Marionetka poszła i podniosła jego czapkę
but he didn't put the cap on his head
Nie włożył jednak czapki na głowę
he put the cap between his teeth
Włożył czapkę między zęby
and began to run as fast as he could
i zaczął biec tak szybko, jak tylko mógł
he was running back towards the seashore!
Uciekał z powrotem w stronę brzegu morza!
The soldiers thought it would be difficult to overtake him
Żołnierze sądzili, że trudno będzie go wyprzedzić
so they sent after him a large mastiff
Wysłali więc za nim dużego mastifa
he had won the first prizes at all the dog races
Zdobył pierwsze nagrody na wszystkich wyścigach psów
Pinocchio ran, but the dog ran faster
Pinokio biegł, ale pies biegł szybciej
The people came to their windows

Ludzie podchodzili do okien
and they crowded into the street
i tłoczyli się na ulicy
they wanted to see the end of the desperate race
Chcieli zobaczyć koniec desperackiego wyścigu

Pinocchio Runs the Danger of being Fried in a Pan like a Fish
Pinokio ryzykuje, że zostanie usmażony na patelni jak ryba

the race was not going well for the puppet
Wyścig nie układał się dobrze dla marionetki
and Pinocchio thought he had lost
a Pinokio myślał, że przegrał
Alidoro, the mastiff, had run swiftly
Alidoro, mastif, biegł szybko
and he had nearly caught up with him
i prawie go dogonił
the dreadful beast was very close behind him
Straszliwa bestia była bardzo blisko za nim
he could hear the panting of the dog
Słyszał dyszenie psa
there was not a hand's breadth between them
Nie było między nimi ani jednej ręki
he could even feel the dog's hot breath
Czuł nawet gorący oddech psa
Fortunately the shore was close
Na szczęście brzeg był blisko
and the sea was but a few steps off
a morze było zaledwie kilka kroków od niego
soon they reached the sands of the beach
Wkrótce dotarli do piasków plaży
they got there almost at the same time
Dotarli tam niemal w tym samym czasie
but the puppet made a wonderful leap
Ale marionetka wykonała cudowny skok

a frog could have done no better
Żaba nie mogła zrobić nic lepszego
and he plunged into the water
i zanurzył się w wodzie
Alidoro, on the contrary, wished to stop himself
Alidoro, przeciwnie, chciał się powstrzymać
but he was carried away by the impetus of the race
Dał się jednak ponieść rozpędowi wyścigu
he also went into the sea
On też wszedł do morza
The unfortunate dog could not swim
Nieszczęsny pies nie umiał pływać
but he made great efforts to keep himself afloat
Czynił jednak wielkie wysiłki, aby utrzymać się na powierzchni
and he swam as well as he could with his paws
I pływał, jak mógł, łapami
but the more he struggled the farther he sank
Ale im bardziej się szarpał, tym bardziej się pogrążał
and soon his head was under the water
i wkrótce jego głowa znalazła się pod wodą
his head rose above the water for a moment
Jego głowa uniosła się na chwilę nad wodę
and his eyes were rolling with terror
a oczy mu przewracały się z przerażenia
and the poor dog barked out:
A biedny pies warknął:
"I am drowning! I am drowning!"
"Tonę! Tonę!"
"Drown!" shouted Pinocchio from a distance
"Utonąć!" krzyknął Pinokio z daleka
he knew that he was in no more danger
Wiedział, że nie grozi mu już żadne niebezpieczeństwo
"Help me, dear Pinocchio!"
— Pomóż mi, drogi Pinokio!
"Save me from death!"
"Ocal mnie od śmierci!"

in reality Pinocchio had an excellent heart
w rzeczywistości Pinokio miał doskonałe serce
he heard the agonizing cry from the dog
Usłyszał przeraźliwy krzyk psa
and the puppet was moved with compassion
A marionetka była poruszona współczuciem
he turned to the dog, and said:
Odwrócił się do psa i powiedział:
"I will save you," said Pinocchio
— Uratuję cię — powiedział Pinokio
"but do you promise to give me no further annoyance?"
— Ale czy obiecujesz, że nie będziesz mi więcej sprawiał przykrości?
"I promise! I promise!" barked the dog
— Obiecuję! Obiecuję!" – zaszczekał pies
"Be quick, for pity's sake"
"Spiesz się, na litość boską"
"if you delay another half-minute I shall be dead"
"Jeśli zwlekasz jeszcze pół minuty, będę martwy"
Pinocchio hesitated for a moment
Pinokio zawahał się przez chwilę
but then he remembered what his father had often told him
Ale potem przypomniał sobie, co często powtarzał mu ojciec
"a good action is never lost"
"Dobry czyn nigdy nie jest stracony"
he quickly swam over to Alidoro
Szybko podpłynął do Alidoro
and he took hold of his tail with both hands
i chwycił się za ogon obiema rękami
soon they were on dry land again
Wkrótce znaleźli się znowu na suchym lądzie
and Alidoro was safe and sound
a Alidoro był cały i zdrowy
The poor dog could not stand
Biedny pies nie mógł ustać na nogach
He had drunk a lot of salt water
Wypił dużo słonej wody

and now he was like a balloon
A teraz był jak balon
The puppet, however, didn't entirely trust him
Marionetka jednak nie do końca mu ufała
he thought it more prudent to jump again into the water
Uznał, że rozsądniej będzie skoczyć z powrotem do wody
he swam a little distance into the water
Przepłynął niewielką odległość w głąb wody
and he called out to his friend he had rescued
I zawołał do swego przyjaciela, którego uratował
"Good-bye, Alidoro; a good journey to you"
— Żegnaj, Alidoro. Dobrej podróży do Ciebie"
"and take my compliments to all at home"
"I zanieś moje wyrazy uznania dla wszystkich w domu"
"Good-bye, Pinocchio," answered the dog
– Żegnaj, Pinokio – odpowiedział pies
"a thousand thanks for having saved my life"
"Tysiąc razy dziękuję za uratowanie mi życia"
"You have done me a great service"
"Wyświadczyłeś mi wielką przysługę"
"and in this world what is given is returned"
"A na tym świecie to, co jest dane, jest zwracane"
"If an occasion offers I shall not forget it"
"Jeśli nadarzy się okazja, nie zapomnę jej"
Pinocchio swam along the shore
Pinokio pływał wzdłuż brzegu
At last he thought he had reached a safe place
W końcu pomyślał, że dotarł w bezpieczne miejsce
so he gave a look along the shore
Rozejrzał się więc wzdłuż brzegu
he saw amongst the rocks a kind of cave
Zobaczył wśród skał coś w rodzaju jaskini
from the cave there was a cloud of smoke
Z jaskini unosiła się chmura dymu
"In that cave there must be a fire"
"W tej jaskini musi być ogień"
"So much the better," thought Pinocchio

"Tym lepiej", pomyślał Pinokio
"I will go and dry and warm myself"
"Pójdę, wysuszę się i ogrzeję"
"and then?" Pinocchio wondered
— A potem? – zastanawiał się Pinokio
"and then we shall see," he concluded
— A potem zobaczymy — zakończył
Having taken the resolution he swam landwards
Osiągnąwszy postanowienie, popłynął w stronę lądu
he was was about to climb up the rocks
Właśnie miał wspiąć się na skały
but he felt something under the water
Ale poczuł coś pod wodą
whatever it was rose higher and higher
Cokolwiek to było, wznosiło się coraz wyżej i wyżej
and it carried him into the air
i uniosło go w powietrze
He tried to escape from it
Próbował z niego uciec
but it was too late to get away
Ale było już za późno, by uciec
he was extremely surprised when he saw what it was
Był bardzo zaskoczony, gdy zobaczył, co to jest
he found himself enclosed in a great net
Znalazł się w wielkiej sieci
he was with a swarm of fish of every size and shape
Znajdował się w towarzystwie roju ryb wszelkich rozmiarów i kształtów
they were flapping and struggling around
Trzepotały i szamotały się
like a swarm of despairing souls
jak rój zrozpaczonych dusz
At the same moment a fisherman came out of the cave
W tej samej chwili z jaskini wyszedł rybak
the fisherman was horribly ugly
Rybak był strasznie brzydki
and he looked like a sea monster

i wyglądał jak potwór morski
his head was not covered in hair
Jego głowa nie była pokryta włosami
instead he had a thick bush of green grass
Zamiast tego miał gęsty krzak zielonej trawy
his skin was green and his eyes were green
Jego skóra była zielona, a oczy zielone
and his long beard came down to the ground
a jego długa broda opadła na ziemię
and of course his beard was also green
I oczywiście jego broda też była zielona
He had the appearance of an immense lizard
Miał wygląd ogromnej jaszczurki
a lizard standing on its hind-paws
jaszczurka stojąca na tylnych łapach

the fisherman pulled his net out of the sea
Rybak wyciągnął sieć z morza
"Thank Heaven!" he exclaimed greatly satisfied
"Dzięki Bogu!" wykrzyknął wielce zadowolony
"Again today I shall have a splendid feast of fish!"
"Dzisiaj znowu będę miał wspaniałą ucztę z ryb!"
Pinocchio thought to himself for a moment
Pinokio pomyślał przez chwilę
"What a mercy that I am not a fish!"
"Jaka szkoda, że nie jestem rybą!"
and he regained a little courage
i odzyskał trochę odwagi
The netful of fish was carried into the cave
Sieć pełną ryb wniesiono do jaskini
and the cave was dark and smoky
a jaskinia była ciemna i zadymiona
In the middle of the cave was a large frying-pan
W środku jaskini znajdowała się duża patelnia
and the frying-pan was full of oil
a patelnia była pełna oleju
there was a suffocating smell of mushrooms
W powietrzu unosił się duszący zapach grzybów
but the fisherman was very excited
Ale rybak był bardzo podekscytowany
"Now we will see what fish we have taken!"
"Teraz zobaczymy, jakie ryby złowiliśmy!"
and he put into the net an enormous hand
i umieścił w siatce potężną rękę
his hand had the proportions of a baker's shovel
Jego ręka miała proporcje łopaty piekarskiej
and he pulled out a handful of fish
i wyciągnął garść ryb
"These fish are good!" he said
"Te ryby są dobre!" powiedział
and he smelled the fish complacently
i z zadowoleniem powąchał rybę
And then he threw the fish into a pan without water

A potem wrzucił rybę do garnka bez wody
He repeated the same operation many times
Tę samą operację powtarzał wiele razy
and as he drew out the fish his mouth watered
A gdy wyciągnął rybę, ślinka mu ciekła
and the Fisherman chuckled to himself
a Rybak zachichotał do siebie
"What exquisite sardines I've caught!"
"Jakże wykwintne sardynki złowiłem!"
"These mackerel are going to be delicious!"
"Te makreli będą pyszne!"
"And these crabs will be excellent!"
"A te kraby będą doskonałe!"
"What dear little anchovies they are!"
"Cóż to za drogie małe sardele!"
The last to remain in the fisher's net was Pinocchio
Ostatnim, który pozostał w sieci rybackiej, był Pinokio
his big green eyes opened with astonishment
Jego duże zielone oczy otworzyły się ze zdumienia
"What species of fish is this??"
— Co to za gatunek ryb??
"Fish of this kind I don't remember to have eaten"
"Nie pamiętam, żebym jadł taką rybę"
And he looked at him again attentively
I znów przyjrzał mu się uważnie
and he examined him well all over
i dokładnie go zbadał
"I know: he must be a craw-fish"
"Wiem: to musi być rak-ryba"
Pinocchio was mortified at being mistaken for a craw-fish
Pinokio był zawstydzony, że pomylono go z rybą rakową
"Do you take me for a craw-fish?"
— Bierzesz mnie za rybę z raków?
"that's no way to treat your guests!"
"To nie jest sposób, aby traktować swoich gości!"
"Let me tell you that I am a puppet"
"Powiem ci, że jestem marionetką"

"A puppet?" replied the fisherman
"Marionetka?" odparł rybak
"then I must tell you the truth"
"W takim razie muszę ci powiedzieć prawdę"
"a puppet is quite a new fish to me"
"Marionetka to dla mnie całkiem nowa ryba"
"but that is even better!"
"Ale to i tak jest jeszcze lepsze!"
"I shall eat you with greater pleasure"
"Będę cię jadł z większą przyjemnością"
"you can eat me all you want"
"Możesz mnie jeść, ile chcesz"
"but will you understand that I am not a fish?"
"Ale czy zrozumiesz, że nie jestem rybą?"
"Do you not hear that I talk?"
— Czy nie słyszysz, że mówię?
"can you not see that I reason as you do?"
"Czy nie widzisz, że rozumuję tak jak ty?"
"That is quite true," said the fisherman
— To prawda — odparł rybak
"you are indeed a fish with the talent of talking"
"Naprawdę jesteś rybą z talentem mówienia"
"and you are a fish that can reason as I do"
"A ty jesteś rybą, która potrafi rozumować tak jak ja"
"I must treat you with appropriate attention"
"Muszę traktować cię z należytą uwagą"
"And what would this attention be?"
— A cóż by to była za uwaga?
"let me give you a token of my friendship"
"Pozwól, że dam ci dowód mojej przyjaźni"
"and let me show my particular regard"
"I pozwólcie, że okażę mój szczególny szacunek"
"I will let you choose how you would like to be cooked"
"Pozwolę ci wybrać, jak chcesz być ugotowany"
"Would you like to be fried in the frying-pan?
"Czy chciałbyś być usmażony na patelni?
"or would you prefer to be stewed with tomato sauce?"

"A może wolisz być duszony z sosem pomidorowym?"
"let me tell you the truth," answered Pinocchio
— Pozwól, że powiem ci prawdę — odparł Pinokio
"if I had to choose, I would like to be set free"
"Gdybym miał wybierać, chciałbym być uwolniony"
"You are joking!" laughed the fisherman
"Chyba żartujesz!" zaśmiał się rybak
"why would I lose the opportunity to taste such a rare fish?"
"Dlaczego miałbym stracić możliwość skosztowania tak rzadkiej ryby?"
"I can assure you puppet fish are rare here"
"Mogę cię zapewnić, że kukiełki są tu rzadkością"
"one does not catch a puppet fish every day"
"Nie łowi się kukiełki nie codziennie"
"Let me make the choice for you"
"Pozwól mi dokonać wyboru za ciebie"
"you will be with the other fish"
"Będziesz z innymi rybami"
"I will fry you in the frying-pan"
"Usmażę cię na patelni"
"and you will be quite satisfied"
"A będziesz bardzo zadowolony"
"It is always consolation to be fried in company"
"Smażenie w towarzystwie jest zawsze pocieszeniem"
At this speech the unhappy Pinocchio began to cry
Na te słowa nieszczęsny Pinokio zaczął płakać
he screamed and implored for mercy
Krzyczał i błagał o litość
"How much better it would have been if I had gone to school!"
"O ileż lepiej by było, gdybym poszedł do szkoły!"
"I shouldn't have listened to my companions"
"Nie powinnam była słuchać moich towarzyszy"
"and now I am paying for it"
"a teraz za to płacę"
And he wriggled like an eel
I wił się jak węgorz

and he made indescribable efforts to slip out
i czynił nieopisane wysiłki, aby się wymknąć
but he was tight in clutches of the green fisherman
ale był mocno w szponach zielonego rybaka
and all of Pinocchio's efforts were useless
i wszystkie wysiłki Pinokia były daremne
the fisherman took a long strip of rush
Rybak wziął długi pas sitowia
and he bound the puppets hands and feet
i związał marionetki ręce i nogi
Poor Pinocchio was tied up like a sausage
Biedny Pinokio był związany jak kiełbasa
and he threw him into the pan with the other fish
i wrzucił go na patelnię razem z innymi rybami
He then fetched a wooden bowl full of flour
Następnie przyniósł drewnianą miskę pełną mąki
and one by one he began to flour each fish
i jedna po drugiej zaczął posypywać mąką każdą rybę
soon all the little fish were ready
Wkrótce wszystkie małe rybki były gotowe
and he threw them into the frying-pan
i wrzucił je na patelnię
The first to dance in the boiling oil were the poor whitings
Pierwszymi, które tańczyły we wrzącym oleju, były biedne witlinki
the crabs were next to follow the dance
Kraby były następne, aby podążać za tańcem
and then the sardines came too
A potem pojawiły się też sardynki
and finally the anchovies were thrown in
i w końcu wrzucono schorele
at last it had come to Pinocchio's turn
w końcu przyszła kolej na Pinokia
he saw the horrible death waiting for him
Widział straszliwą śmierć, która na niego czekała
and you can imagine how frightened he was
I możecie sobie wyobrazić, jak bardzo był przerażony

he trembled violently and with great effort
Trząsł się gwałtownie i z wielkim wysiłkiem
and he had neither voice nor breath left for further entreaties
i nie miał już ani głosu, ani tchu, by móc dalej błagać
But the poor boy implored with his eyes!
Ale biedny chłopiec błagał wzrokiem!
The green fisherman, however, didn't care the least
Zielony rybak jednak nie przejmował się tym w najmniejszym stopniu
and he plunged him five or six times in the flour
i zanurzył go pięć czy sześć razy w mące
finally he was white from head to foot
W końcu był biały od stóp do głów
and he looked like a puppet made of plaster
i wyglądał jak marionetka z gipsu

Pinocchio Returns to the Fairy's House
Pinokio wraca do domu wróżki

Pinocchio was dangling over the frying pan
Pinokio wisiał nad patelnią
the fisherman was just about to throw him in
Rybak już miał go wrzucić do wody
but then a large dog entered the cave
Ale wtedy do jaskini wszedł duży pies
the dog had smelled the savoury odour of fried fish
Pies poczuł pikantny zapach smażonej ryby
and he had been enticed into the cave
i został zwabiony do jaskini
"Get out!" shouted the fisherman
"Wynoś się!" krzyknął rybak
he was holding the floured puppet in one hand
W jednej ręce trzymał posypaną mąką kukiełkę
and he threatened the dog with the other hand
A drugą ręką groził psu
But the poor dog was as hungry as a wolf

Ale biedny pies był głodny jak wilk
and he whined and wagged his tail
A on jęczał i merdał ogonem
if he could have talked he would have said:
Gdyby mógł mówić, powiedziałby:
"Give me some fish and I will leave you in peace"
"Daj mi trochę ryby, a zostawię cię w spokoju"
"Get out, I tell you!" repeated the fisherman
— Wynoś się, mówię ci! — powtórzył rybak
and he stretched out his leg to give him a kick
I wyciągnął nogę, żeby go kopnąć
But the dog would not stand trifling
Ale pies nie znosił błahostek
he was too hungry to be denied the food
Był zbyt głodny, by odmówić mu jedzenia
he started growling at the fisherman
Zaczął warczeć na rybaka
and he showed his terrible teeth
i pokazał swoje straszliwe zęby
At that moment a little feeble voice called out
W tym momencie odezwał się cichy, słaby głos
"Save me, Alidoro, please!"
— Ratuj mnie, Alidoro, proszę!
"If you do not save me I shall be fried!"
"Jeśli mnie nie uratujesz, będę usmażony!"
The dog recognized Pinocchio's voice
Pies rozpoznał głos Pinokia
all he saw was the floured bundle in the fisherman's hand
Jedyne, co zobaczył, to posypane mąką zawiniątko w ręku rybaka
that must be where the voice had come from
To musiało być miejsce, z którego dobiegał ten głos
So what do you think he did?
Jak myślisz, co on zrobił?
Alidoro sprung up to the fisherman
Alidoro podskoczył do rybaka
and he seized the bundle in his mouth

I chwycił zawiniątko w usta
he held the bundle gently in his teeth
Delikatnie trzymał zawiniątko w zębach
and he rushed out of the cave again
I znowu wybiegł z jaskini
and then he was gone like a flash of lightning
A potem zniknął jak błyskawica
The fisherman was furious
Rybak był wściekły
the rare puppet fish had been snatched from him
Porwano mu rzadką marionetkę
and he ran after the dog
I pobiegł za psem
he tried to get his fish back
Próbował odzyskać swoją rybę
but the fisherman did not run far
Ale rybak nie uciekł daleko
because he had been taken by a fit of coughing
ponieważ dopadł go atak kaszlu

Alidoro ran almost to the village
Alidoro pobiegł prawie do wioski
when he got to the path he stopped
Gdy dotarł do ścieżki, zatrzymał się
he put his friend Pinocchio gently on the ground
delikatnie położył swojego przyjaciela Pinokia na ziemi
"How much I have to thank you for!" said the puppet
"Ileż mam ci dziękować!" powiedziała marionetka
"There is no necessity," replied the dog
— Nie ma takiej potrzeby — odparł pies
"You saved me and I have now returned it"
"Uratowałeś mnie, a teraz go zwróciłem"
"You know that we must all help each other in this world"
"Wiesz, że na tym świecie wszyscy musimy sobie nawzajem pomagać"
Pinocchio was happy to have saved Alidoro
Pinokio był szczęśliwy, że uratował Alidoro
"But how did you get into the cave?"
— Ale jak dostałeś się do jaskini?
"I was lying on the shore more dead than alive"
"Leżałem na brzegu bardziej martwy niż żywy"
"then the wind brought to me the smell of fried fish"
"Wtedy wiatr przyniósł mi zapach smażonej ryby"
"The smell excited my appetite"
"Zapach pobudził mój apetyt"
"and I followed my nose"
"a ja poszedłem za swoim nosem"
"If I had arrived a second later..."
"Gdybym przyjechał sekundę później..."
"Do not mention it!" sighed Pinocchio
"Nie wspominaj o tym!" westchnął Pinokio
he was still trembling with fright
Wciąż trząsł się ze strachu
"I would be a fried puppet by now"
"Byłbym już smażoną marionetką"
"It makes me shudder just to think of it!"
"Przechodzą mnie ciarki na samą myśl o tym!"

Alidoro laughed a little at the idea
Alidoro roześmiał się trochę na ten pomysł
but he extended his right paw to the puppet
Wyciągnął jednak prawą łapę do marionetki
Pinocchio shook his paw heartily
Pinokio serdecznie potrząsnął łapą
and then they went their separate ways
A potem rozeszli się
The dog took the road home
Pies poszedł drogą do domu
and Pinocchio went to a cottage not far off
a Pinokio poszedł do pobliskiej chaty
there was a little old man warming himself in the sun
Był tam mały staruszek grzejący się w słońcu
Pinocchio spoke to the little old man
Pinokio przemówił do małego staruszka
"Tell me, good man," he started
— Powiedz mi, dobry człowieku — zaczął
"do you know anything of a poor boy called Eugene?"
— Czy wiesz coś o biednym chłopcu imieniem Eugeniusz?
"he was wounded in the head"
"Był ranny w głowę"
"The boy was brought by some fishermen to this cottage"
"Chłopiec został przyprowadzony przez jakichś rybaków do tej chaty"
"and now I do not know what happened to him"
"i teraz nie wiem, co się z nim stało"
"And now he is dead!" interrupted Pinocchio with great sorrow
"A teraz on nie żyje!" przerwał Pinokio z wielkim smutkiem
"No, he is alive," interrupted the fisherman
— Nie, on żyje — przerwał rybak
"and he has been returned to his home"
"I wrócił do swego domu"
"Is it true?" cried the puppet
"Czy to prawda?" zawołała kukła
and Pinocchio danced with delight

a Pinokio tańczył z zachwytu
"Then the wound was not serious?"
— A więc rana nie była poważna?
the little old man answered Pinocchio
odpowiedział mały starzec Pinokio
"It might have been very serious"
"To mogło być bardzo poważne"
"it could even have been fatal"
"To mogło być nawet śmiertelne"
"they threw a thick book at his head"
"Rzucili mu w głowę grubą księgę"
"And who threw it at him?"
— A kto nim w niego rzucił?
"One of his school-fellows, by the name of Pinocchio"
"Jeden z jego szkolnych kolegów, imieniem Pinokio"
"And who is this Pinocchio?" asked the puppet
"A kim jest ten Pinokio?" zapytała kukiełka
and he pretended his ignorance as best he could
I udawał swoją ignorancję, jak tylko potrafił
"They say that he is a bad boy"
"Mówią, że to zły chłopiec"
"a vagabond, a regular good-for-nothing"
"Włóczęga, zwykły nicponia"
"Calumnies! all calumnies!"
"Oszczerstwa! same oszczerstwa!"
"Do you know this Pinocchio?"
— Znasz tego Pinokia?
"By sight!" answered the puppet
"Wzrokiem!" odpowiedziała marionetka
"And what is your opinion of him?" asked the little man
"A jakie jest twoje zdanie na jego temat?" zapytał mały człowieczek
"He seems to me to be a very good boy"
"Wydaje mi się, że jest bardzo dobrym chłopcem"
"he is anxious to learn," added Pinocchio
— Nie może się doczekać nauki — dodał Pinokio
"and he is obedient and affectionate to his father and family"

"I jest posłuszny, i przywiązany do ojca swego i rodziny"
the puppet fired off a bunch of lies
Marionetka wystrzeliła stek kłamstw
but then he remembered to touch his nose
Ale potem przypomniał sobie, żeby dotknąć nosa
his nose seemed to have grown by more than a hand
Wyglądało na to, że jego nos urósł o więcej niż rękę
Very much alarmed he began to cry:
Bardzo zaniepokojony zaczął płakać:
"Don't believe me, good man"
"Nie wierz mi, dobry człowieku"
"what I said were all lies"
"to, co powiedziałem, było kłamstwem"
"I know Pinocchio very well"
"Znam Pinokia bardzo dobrze"
"and I can assure you that he is a very bad boy"
"i mogę cię zapewnić, że to bardzo zły chłopiec"
"he is disobedient and idle"
"Jest nieposłuszny i leniwy"
"instead of going to school, he runs off with his companions"
"Zamiast iść do szkoły, ucieka z kolegami"
He had hardly finished speaking when his nose became shorter
Ledwo skończył mówić, gdy jego nos stał się krótszy
and finally his nose returned to the old size
i w końcu jego nos wrócił do dawnego rozmiaru
the little old man noticed the boys' colour
Mały staruszek zauważył kolor skóry chłopców
"And why are you all covered with white?"
– I dlaczego jesteście wszyscy pokryci bielą?
"I will tell you why," said Pinocchio
— Powiem ci dlaczego — rzekł Pinokio
"Without observing it I rubbed myself against a wall"
"Nie zwracając na to uwagi, otarłem się o ścianę"
"little did I know that the wall had been freshly whitewashed"

"Nie wiedziałem, że ściana została świeżo pobielona"
he was ashamed to confess the truth
Wstydził się wyznać prawdę
in fact he had been floured like a fish
W rzeczywistości został posypany mąką jak ryba
"And what have you done with your jacket?"
– A co ty zrobiłeś ze swoją kurtką?
"where are your trousers, and your cap?"
– Gdzie są twoje spodnie i czapka?
"I met some robbers on my journey"
"Spotkałem na swojej drodze kilku rabusiów"
"and they took all my things from me"
"I zabrali mi wszystko, co mam"
"Good old man, I have a favour to ask"
"Dobry staruszek, mam do prośby przysługę"
"could you perhaps give me some clothes to return home in?"
– Czy mógłbyś mi dać jakieś ubranie, w którym mógłbym wrócić do domu?
"My boy, I would like to help you"
"Mój chłopcze, chciałbym ci pomóc"
"but I have nothing but a little sack"
"ale ja nie mam nic prócz małego woreczka"
"it is but a sack in which I keep beans"
"to tylko worek, w którym trzymam fasolę"
"but if you have need of it, take it"
"A jeśli będziesz tego potrzebował, weź to"
Pinocchio did not wait to be asked twice
Pinokio nie czekał, aż zostanie dwukrotnie zapytany
He took the sack at once
Natychmiast wziął worek
and he borrowed a pair of scissors
i pożyczył parę nożyczek
and he cut a hole at the end of the sack
i wyciął dziurę na końcu worka
at each side, he cut out small holes for his arms
Z każdej strony wyciął małe otwory na ramiona

and he put the sack on like a shirt
i włożył worek jak koszulę
And with his new clothing he set off for the village
I w nowym ubraniu wyruszył do wioski
But as he went he did not feel at all comfortable
Ale idąc, nie czuł się wcale komfortowo
for each step forward he took another step backwards
Z każdym krokiem naprzód robił kolejny krok w tył
"How shall I ever present myself to my good little Fairy?"
"Jak mam się kiedykolwiek przedstawić mojej dobrej, małej Wróżce?"
"What will she say when she sees me?"
– Co powie, kiedy mnie zobaczy?
"Will she forgive me this second escapade?"
– Czy ona mi wybaczy tę drugą eskapadę?
"Oh, I am sure that she will not forgive me!"
— Och, jestem pewna, że mi nie wybaczy!
"And it serves me right, because I am a rascal"
"I dobrze mi to służy, bo jestem"
"I am always promising to correct myself"
"Zawsze obiecuję, że się poprawię"
"but I never keep my word!"
"Ale ja nigdy nie dotrzymam słowa!"
When he reached the village it was night
Gdy dotarł do wioski, zapadła noc
and it had gotten very dark
i zrobiło się bardzo ciemno
A storm had come in from the shore
Sztorm nadciągnął od brzegu
and the rain was coming down in torrents
a deszcz strumieniami
he went straight to the Fairy's house
poszedł prosto do domu Wróżki
he was resolved to knock at the door
Był zdecydowany zapukać do drzwi
But when he was there his courage failed him
Lecz gdy już tam był, odwaga go opuściła

instead of knocking he ran away some twenty paces
Zamiast zapukać, uciekł jakieś dwadzieścia kroków
He returned to the door a second time
Wrócił do drzwi po raz drugi
and he held the door knocker in his hand
I trzymał w ręku kołatkę do drzwi
trembling, he gave a little knock at the door
Drżąc, zapukał cicho do drzwi
He waited and waited for his mother to open the door
Czekał i czekał, aż matka otworzy mu drzwi
Pinocchio must have waited no less than half an hour
Pinokio musiał czekać nie mniej niż pół godziny
At last a window on the top floor was opened
W końcu otworzyło się okno na najwyższym piętrze
the house was four stories high
Dom miał cztery piętra wysokości
and Pinocchio saw a big Snail
a Pinokio zobaczył wielkiego Ślimaka
it had a lighted candle on her head to look out
Na jej głowie miała zapaloną świecę, przez którą mogła wypatrywać
"Who is there at this hour?"
— Któż jest tam o tej godzinie?
"Is the Fairy at home?" asked the puppet
"Czy Wróżka jest w domu?" zapytała marionetka
"The Fairy is asleep," answered the snail
— Wróżka śpi – odparł ślimak
"and she must not be awakened"
"I nie wolno jej budzić"
"but who are you?" asked the Snail
"Ale kim jesteś?" zapytał Ślimak
"It is I," answered Pinocchio
— To ja — odparł Pinokio
"Who is I?" asked the Snail
"Kim jestem?" zapytał Ślimak
"It is I, Pinocchio," answered Pinocchio
— To ja, Pinokio — odparł Pinokio

"And who is Pinocchio?" asked the Snail
"A kim jest Pinokio?" zapytał Ślimak
"The puppet who lives in the Fairy's house"
"Marionetka, która mieszka w domu Wróżki"
"Ah, I understand!" said the Snail
"Ach, rozumiem!" powiedział Ślimak
"Wait for me there"
"Tam na mnie czekaj"
"I will come down and open the door"
"Zejdę na dół i otworzę drzwi"
"Be quick, for pity's sake"
"Spiesz się, na litość boską"
"because I am dying of cold"
"bo umieram z zimna"
"My boy, I am a snail"
"Mój chłopcze, jestem ślimakiem"
"and snails are never in a hurry"
"A ślimaki nigdy się nie spieszą"
An hour passed, and then two
Minęła godzina, a potem dwie
and the door was still not opened
a drzwi nadal nie były otwarte
Pinocchio was wet through and through
Pinokio był mokry na wskroś
and he was trembling from cold and fear
i trząsł się z zimna i strachu
at last he had the courage to knock again
W końcu zebrał się na odwagę, by zapukać jeszcze raz
this time he knocked louder than before
Tym razem zapukał głośniej niż poprzednio
At this second knock a window on the lower story opened
Na to drugie pukanie otworzyło się okno na niższym piętrze
and the same Snail appeared at the window
i ten sam Ślimak pojawił się w oknie
"Beautiful little Snail," cried Pinocchio
– Piękny mały ślimak – zawołał Pinokio
"I have been waiting for two hours!"

"Czekałem już dwie godziny!"
"two hours on such a night seems longer than two years"
"Dwie godziny w taką noc wydają się dłuższe niż dwa lata"
"Be quick, for pity's sake"
"Spiesz się, na litość boską"
"My boy," answered the calm little animal
– Mój chłopcze – odpowiedziało spokojne zwierzątko
"you know that I am a snail"
"Wiesz, że jestem ślimakiem"
"and snails are never in a hurry"
"A ślimaki nigdy się nie spieszą"
And the window was shut again
I okno znów się zamknęło
Shortly afterwards midnight struck
Wkrótce potem wybiła północ
then one o'clock, then two o'clock
Potem godzina pierwsza, potem godzina druga
and the door still remained unopened
a drzwi wciąż pozostały nieotwarte
Pinocchio finally lost all patience
Pinokio w końcu stracił cierpliwość
he seized the door knocker in a rage
Z wściekłością chwycił za kołatkę
he intended bang the door as hard as he could
Zamierzał zatrzasnąć drzwi tak mocno, jak tylko mógł
a blow that would resound through the house
Cios, który odbiłby się echem w całym domu
the door knocker was made from iron
kołatka do drzwi została wykonana z żelaza
but suddenly it turned into an eel
ale nagle zamienił się w węgorza
and the eel slipped out of Pinocchio's hand
i węgorz wyślizgnął się z ręki Pinokia
down the street was a stream of water
Na końcu ulicy płynął strumień wody
and the eel disappeared down the stream
a węgorz zniknął w dole strumienia

Pinocchio was blinded with rage
Pinokio był oślepiony wściekłością
"Ah! so that's the way it is?"
— Ach! Więc tak to już jest?
"then I will kick with all my might"
"Wtedy kopnę z całej siły"
Pinocchio took a little run up to the door
Pinokio podbiegł nieco do drzwi
and he kicked the door with all his might
I kopnął w drzwi z całej siły
it was indeed a mighty strong kick
To był naprawdę potężny, mocny kopniak
and his foot went through the door
i jego noga przeszła przez drzwi
Pinocchio tried to pull his foot out
Pinokio próbował wyciągnąć nogę
but then he realized his predicament
Ale potem zdał sobie sprawę ze swojego kłopotliwego położenia
it was as if his foot had been nailed down
Wyglądało to tak, jakby jego stopa została przybita gwoździami
Think of poor Pinocchio's situation!
Pomyśl o sytuacji biednego Pinokia!
He had to spend the rest of the night on one foot
Resztę nocy musiał spędzić na jednej nodze
and the other foot was in the air
a druga noga była w powietrzu
after many hours daybreak finally came
Po wielu godzinach w końcu nadeszło świt
and at last the door was opened
i w końcu drzwi się otworzyły
it had only taken the Snail nine hours
Ślimakowi zajęło to tylko dziewięć godzin
he had come all the way from the fourth story
Przybył aż z czwartego piętra
It is evident that her exertions must have been great

- 226 -

Jest oczywiste, że jej wysiłki musiały być wielkie
but she was equally confused by Pinocchio
ale była równie zdezorientowana przez Pinokia
"What are you doing with your foot in the door?"
"Co robisz, gdy stoisz nogą w drzwiach?"
"It was an accident," answered the puppet
— To był wypadek — odparła kukła
"oh beautiful snail, please help me"
"Och, piękny ślimaku, proszę, pomóż mi"
"try and get my foot out the door"
"Spróbuj wystawić moją nogę za drzwi"
"My boy, that is the work of a carpenter""
"Mój chłopcze, to jest robota cieśli"
"and I have never been a carpenter"
"a ja nigdy nie byłem cieślą"
"in that case please get the Fairy for me!"
"W takim razie proszę, przynieś dla mnie Wróżkę!"
"The Fairy is still asleep"
"Wróżka jeszcze śpi"
"and she must not be awakened"
"I nie wolno jej budzić"
"But what can I do with me foot stuck in the door?"
"Ale co mogę zrobić, gdy moja noga utknęła w drzwiach?"
"there are many ants in this area"
"W tej okolicy jest wiele mrówek"
"Amuse yourself by counting all the little ants"
"Zabaw się, licząc wszystkie małe mrówki"
"Bring me at least something to eat"
"Przynieś mi przynajmniej coś do jedzenia"
"because I am quite exhausted and hungry"
"bo jestem bardzo wyczerpany i głodny"
"At once," said the Snail
— Natychmiast — odparł Ślimak
it was in fact almost as fast as she had said
W rzeczywistości było to prawie tak szybkie, jak powiedziała
after three hours she returned to Pinocchio
po trzech godzinach wróciła do Pinokia

and on her head was a silver tray
a na głowie miała srebrną tacę
The tray contained a loaf of bread
Na tacy znajdował się bochenek chleba
and there was a roast chicken
i był pieczony kurczak
and there were four ripe apricots
i były tam cztery dojrzałe morele
"Here is the breakfast that the Fairy has sent you"
"Oto śniadanie, które przysłała ci Wróżka"
these were all things Pinocchio liked to eat
to wszystko były rzeczy, które Pinokio lubił jeść
The puppet felt very much comforted at the sight
Marionetka poczuła się bardzo pocieszona tym widokiem
But then he began to eat the food
Ale potem zaczął jeść jedzenie
and he was most disgusted by the taste
A najbardziej zniesmaczony był jego smakiem
he discovered that the bread was plaster
Odkrył, że chleb był gipsowy
the chicken was made of cardboard
Kurczak był wykonany z tektury
and the four apricots were alabaster
a cztery morele były alabastrowe
Poor Pinocchio wanted to cry
Biednemu Pinokiowi chciało się płakać
In his desperation he tried to throw away the tray
W akcie desperacji próbował wyrzucić tacę
perhaps it was because of his grief
Być może z powodu smutku
or it could have been that he was exhausted
A może był wyczerpany
and the little puppet fainted from the effort
A mała pacynka zemdlała z wysiłku
eventually he regained consciousness
W końcu odzyskał przytomność
and he found that he was lying on a sofa

i stwierdził, że leży na kanapie
and the good Fairy was beside him
a dobra Wróżka była przy nim
"I will pardon you once more," the Fairy said
– Jeszcze raz ci wybaczę – powiedziała Wróżka
"but woe to you if you behave badly a third time!"
"Ale biada ci, jeśli po raz trzeci źle się zachowasz!"
Pinocchio promised and swore that he would study
Pinokio obiecał i przysiągł, że będzie się uczył
and he swore he would always conduct himself well
I przysiągł, że zawsze będzie się dobrze zachowywał
And he kept his word for the remainder of the year
I słowa dotrzymał do końca roku
Pinocchio got very good grades at school
Pinokio dostał bardzo dobre oceny w szkole
and he had the honour of being the best student
i miał zaszczyt być najlepszym uczniem
his behaviour in general was very praiseworthy
Jego zachowanie w ogóle było bardzo godne pochwały
and the Fairy was very much pleased with him
a Wróżka była z niego bardzo zadowolona
"Tomorrow your wish shall be gratified"
"Jutro twoje życzenie zostanie spełnione"
"what wish was that?" asked Pinocchio
"Cóż to było za życzenie?" zapytał Pinokio
"Tomorrow you shall cease to be a wooden puppet"
"Jutro przestaniesz być drewnianą marionetką"
"and you shall finally become a boy"
"I w końcu staniesz się chłopcem"
you could not have imagined Pinocchio's joy
nie można było sobie wyobrazić radości Pinokia
and Pinocchio was allowed to have a party
a Pinokio mógł urządzić przyjęcie
All his school-fellows were to be invited
Mieli być zaproszeni wszyscy jego koledzy szkolni
there would be a grand breakfast at the Fairy's house
w domu Wróżki odbędzie się huczne śniadanie

together they would celebrate the great event
Razem świętowaliby to wielkie wydarzenie
The Fairy had prepared two hundred cups of coffee and milk
Wróżka przygotowała dwieście filiżanek kawy i mleka
and four hundred rolls of bread were cut
i pokrojono czterysta bułek chleba
and all the bread was buttered on each side
a cały chleb był posmarowany masłem z każdej strony
The day promised to be most happy and delightful
Dzień zapowiadał się na najbardziej szczęśliwy i zachwycający
but...
oprócz...
Unfortunately in the lives of puppets there is always a "but" that spoils everything
Niestety w życiu marionetek zawsze jest jakieś "ale", które wszystko psuje

The Land of the Boobie Birds
Kraina ptaków Boobie

Of course Pinocchio asked the Fairy's permission
Oczywiście Pinokio poprosił Wróżkę o pozwolenie
"may I go round the town to give out the invitations?"
– Czy mogę obejść miasto i rozdać zaproszenia?
and the Fairy said to him:
A Wróżka rzekła do niego:
"Go, if you like, you have my permission"
"Idź, jeśli chcesz, masz moje pozwolenie"
"invite your companions for the breakfast tomorrow"
"Zaproś swoich towarzyszy na jutrzejsze śniadanie"
"but remember to return home before dark"
"Pamiętaj jednak, żeby wrócić do domu przed zmrokiem"
"Have you understood?" she checked
"Zrozumiałeś?" sprawdziła

"I promise to be back in an hour"
"Obiecuję, że wrócę za godzinę"
"Take care, Pinocchio!" she cautioned him
"Trzymaj się, Pinokio!" ostrzegła go
"Boys are always very ready to promise"
"Chłopcy są zawsze gotowi obiecać"
"but generally boys struggle to keep their word"
"Ale na ogół chłopcy mają trudności z dotrzymaniem słowa"
"But I am not like other boys"
"Ale ja nie jestem taki jak inni chłopcy"
"When I say a thing, I do it"
"Kiedy coś mówię, robię to"
"We shall see if you will keep your promise"
"Zobaczymy, czy dotrzymasz obietnicy"
"If you are disobedient, so much the worse for you"
"Jeśli jesteś nieposłuszny, tym gorzej dla ciebie"
"Why would it be so much the worse for me?"
"Dlaczego miałoby to być dla mnie o wiele gorsze?"
"there are boys who do not listen to the advice"
"Są chłopcy, którzy nie słuchają rad"
"advice from people who know more than them"
"Rady od ludzi, którzy wiedzą więcej niż oni"
"and they always meet with some misfortune or other"
"I zawsze spotyka ich takie czy inne nieszczęście"
"I have experienced that," said Pinocchio
— Doświadczyłem tego — rzekł Pinokio
"but I shall never make that mistake again"
"ale już nigdy nie popełnię tego błędu"
"We shall see if that is true"
"Zobaczymy, czy to prawda"
and the puppet took leave of his good Fairy
a marionetka pożegnała się ze swoją dobrą Wróżką
the good Fairy was now like a mamma to him
dobra Wróżka była teraz dla niego jak mama
and he went out of the house singing and dancing
I wyszedł z domu, śpiewając i tańcząc
In less than an hour all his friends were invited

W ciągu niecałej godziny wszyscy jego przyjaciele zostali zaproszeni
Some accepted at once heartily
Niektórzy przyjęli to od razu z całego serca
others at first required some convincing
Inne na początku wymagały trochę perswazji
but then they heard that there would be coffee
Ale potem usłyszeli, że będzie kawa
and the bread was going to be buttered on both sides
a chleb miał być posmarowany masłem z obu stron
"We will come also, to do you a pleasure"
"My też przyjdziemy, aby sprawić wam przyjemność"

Now I must tell you that Pinocchio had many friends
Muszę wam powiedzieć, że Pinokio miał wielu przyjaciół
and there were many boys he went to school with
Było też wielu chłopców, z którymi chodził do szkoły
but there was one boy he especially liked
Ale był jeden chłopiec, który szczególnie mu się podobał
This boy's name was Romeo
Ten chłopiec miał na imię Romeo
but he always went by his nickname
Ale zawsze używał swojego pseudonimu
all the boys called him Candle-wick
wszyscy chłopcy nazywali go Knot-Świecy
because he was so thin, straight and bright
bo był taki chudy, prosty i bystry
like the new wick of a little nightlight
jak nowy małej lampki nocnej
Candle-wick was the laziest of the boys
Knot-świecy był najbardziej leniwym z chłopców
and he was naughtier than the other boys too
Był też bardziej niegrzeczny niż inni chłopcy
but Pinocchio was devoted to him
ale Pinokio był mu oddany
he had gone to Candle-wick's house before the others
Poszedł do domu Knot-Świecy przed innymi
but he had not found him
Ale on go nie znalazł
He returned a second time, but Candle-wick was not there
Wrócił po raz drugi, ale Knot-Świecy tam nie było
He went a third time, but it was in vain
Poszedł po raz trzeci, ale na próżno
Where could he search for him?
Gdzie mógłby go szukać?
He looked here, there, and everywhere
Rozglądał się to tu, to tam, to wszędzie
and at last he found his friend Candle-wick
i w końcu odnalazł swego przyjaciela Knot-Świecy
he was hiding on the porch of a peasant's cottage

Ukrywał się na ganku chłopskiej chałupy
"What are you doing there?" asked Pinocchio
"Co tam robisz?" zapytał Pinokio
"I am waiting for midnight"
"Czekam na północ"
"I am going to run away"
"Zamierzam uciec"
"And where are you going?"
– I dokąd idziesz?
"I am going to live in another country"
"Zamierzam mieszkać w innym kraju"
"the most delightful country in the world"
"Najpiękniejszy kraj na świecie"
"a real land of sweetmeats!"
"Prawdziwa kraina słodyczy!"
"And what is it called?"
— A jak to się nazywa?
"It is called the Land of Boobies"
"Nazywa się to Krainą Cycków"
"Why do you not come, too?"
— Dlaczego i ty nie przyjdziesz?
"I? No, even if I wanted to!"
— Ja? Nie, nawet gdybym chciał!"
"You are wrong, Pinocchio"
"Mylisz się, Pinokio"
"If you do not come you will repent it"
"Jeśli nie przyjdziesz, będziesz żałować"
"Where could you find a better country for boys?"
– Gdzie można znaleźć lepszy kraj dla chłopców?
"There are no schools there"
"Tam nie ma szkół"
"there are no masters there"
"Tam nie ma mistrzów"
"and there are no books there"
"I nie ma tam książek"
"In that delightful land nobody ever studies"
"W tej rozkosznej krainie nikt nigdy się nie uczy"

"On Saturday there is never school"
"W sobotę nigdy nie ma szkoły"
"every week consists of six Saturdays"
"każdy tydzień składa się z sześciu sobót"
"and the remainder of the week are Sundays"
"a pozostałą część tygodnia przypadają niedziele"
"think of all the time there is to play"
"Pomyśl o tym, ile czasu jest na zabawę"
"the autumn holidays begin on the first of January"
"Jesienne wakacje rozpoczynają się pierwszego stycznia"
"and they finish on the last day of December"
"i kończą się ostatniego dnia grudnia"
"That is the country for me!"
"To jest kraj dla mnie!"
"That is what all civilized countries should be like!"
"Tak powinny wyglądać wszystkie cywilizowane kraje!"
"But how are the days spent in the Land of Boobies?"
– A jak się spędza dni w Krainie Cycków?
"The days are spent in play and amusement"
"Dni upływają na zabawie i rozrywce"
"you enjoy yourself from morning till night"
"Dobrze się bawisz od rana do nocy"
"and when night comes you go to bed"
"A gdy nadchodzi noc, kładziesz się spać"
"and then you recommence the fun the next day"
"A potem zaczynasz zabawę następnego dnia"
"What do you think of it?"
– Co o tym sądzisz?
"Hum!" said Pinocchio thoughtfully
"Szum!" powiedział Pinokio w zamyśleniu
and he shook his head slightly
i potrząsnął lekko głową
the gesture did seem to say something
Gest ten zdawał się coś mówić
"That is a life that I also would willingly lead"
"To jest życie, które ja również chętnie bym prowadził"
but he had not accepted the invitation yet

Ale on jeszcze nie przyjął zaproszenia
"Well, will you go with me?"
— A więc pójdziesz ze mną?
"Yes or no? Resolve quickly"
"Tak czy nie? Rozwiązuj szybko"
"No, no, no, and no again"
"Nie, nie, nie i nie znowu"
"I promised my good Fairy to be good boy"
"Obiecałem mojej dobrej Wróżce, że będę dobrym chłopcem"
"and I will keep my word"
"i słowa dotrzymam"
"the sun will soon be setting"
"Słońce wkrótce zajdzie"
"so I must leave you and run away"
"więc muszę cię zostawić i uciekać"
"Good-bye, and a pleasant journey to you"
"Do widzenia i miłej podróży do Ciebie"
"Where are you rushing off to in such a hurry?"
– Dokąd tak się spieszysz?
"I am going home," said Pinocchio
— Idę do domu — rzekł Pinokio
"My good Fairy wishes me to be back before dark"
"Moja dobra Wróżka życzy sobie, żebym wróciła przed zmrokiem"
"Wait another two minutes"
"Poczekaj jeszcze dwie minuty"
"It will make me too late"
"To sprawi, że będzie mi za późno"
"Only two minutes," Candle-wick pleaded
— Tylko dwie minuty — błagał Knot-Świecy
"And if the Fairy scolds me?"
– A jeśli Wróżka mnie zbeszta?
"Let her scold you," he suggested
– Niech cię zbeszta – zasugerował
Candle-wick was quite a persuasive rascal
Knot-świecy był dość przekonującym łobuzem
"When she has scolded well she will hold her tongue"

"Gdy dobrze zbeszta, będzie trzymać język za zębami"
"And what are you going to do?"
– I co zamierzasz zrobić?
"Are you going alone or with companions?"
– Idziesz sam czy z towarzyszami?
"oh don't worry about that Pinocchio"
"Och, nie martw się o tego Pinokia"
"I will not be alone in the Land of Boobies"
"Nie będę sam w Krainie Głupków"
"there will be more than a hundred boys"
"Będzie więcej niż stu chłopców"
"And do you make the journey on foot?"
— A ty pokonujesz tę podróż pieszo?
"A coach will pass by shortly"
"Niedługo przejedzie autokar"
"the carriage will take me to that happy country"
"Powóz zawiezie mnie do tego szczęśliwego kraju"
"What would I not give for the coach to pass by now!"
— Czegóż bym nie dał, żeby powóz teraz przeszedł!
"Why do you want the coach to come by so badly?"
– Dlaczego tak bardzo chcesz, żeby autokar przyjechał tak źle?
"so that I can see you all go together"
"abym mógł zobaczyć, jak wszyscy idziecie razem"
"Stay here a little longer, Pinocchio"
"Zostań tu jeszcze trochę, Pinokio"
"stay a little longer and you will see us"
"Zostań jeszcze trochę, a nas zobaczysz"
"No, no, I must go home"
"Nie, nie, muszę iść do domu"
"just wait another two minutes"
"Poczekaj jeszcze dwie minuty"
"I have already delayed too long"
"Już zbyt długo zwlekałem"
"The Fairy will be anxious about me"
"Wróżka będzie się o mnie martwić"
"Is she afraid that the bats will eat you?"
– Boi się, że nietoperze cię zjedzą?

Pinocchio had grown a little curious
Pinokio trochę się zaciekawił
"are you certain that there are no schools?"
— Jesteś pewna, że tam nie ma szkół?
"there is not even the shadow of a school"
"Nie ma nawet cienia szkoły"
"And are there no masters either?"
— I czy nie ma też panów?
"the Land of the Boobies is free of masters"
"Kraina Cycków jest wolna od panów"
"And no one is ever made to study?"
— I nikt nigdy nie jest zmuszany do studiowania?
"Never, never, and never again!"
"Nigdy, nigdy i nigdy więcej!"
Pinocchio's mouth watered at the idea
Pinokio ślini ślini się na ten pomysł
"What a delightful country!" said Pinocchio
"Cóż za wspaniały kraj!" powiedział Pinokio
"I have never been there," said Candle-wick
— Nigdy tam nie byłem — odparł Knot-Świecy
"but I can imagine it perfectly well"
"ale doskonale to sobie wyobrażam"
"Why will you not come also?"
"Dlaczego i ty nie przyjdziesz?"
"It is useless to tempt me"
"Nie ma sensu mnie kusić"
"I made a promise to my good Fairy"
"Złożyłem obietnicę mojej dobrej Wróżce"
"I will become a sensible boy"
"Stanę się rozsądnym chłopcem"
"and I will not break my word"
"i nie złamię danego słowa"
"Good-bye, then," said Candle-wick
— A więc do widzenia — rzekł Knot-Świecy
"give my compliments to all the boys at school"
"Przekaż moje pozdrowienia wszystkim chłopcom w szkole"
"Good-bye, Candle-wick; a pleasant journey to you"

— Żegnaj, Knot-świecy. Przyjemna podróż do Ciebie"
"amuse yourself in this pleasant land"
"Baw się w tej przyjemnej krainie"
"and think sometimes of your friends"
"I pomyśl czasem o swoich przyjaciołach"
Thus saying, the puppet made two steps to go
To powiedziawszy, marionetka zrobiła dwa kroki do przejścia
but then he stopped halfway in his track
Ale potem zatrzymał się w połowie drogi
and, turning to his friend, he inquired:
I zwracając się do swego przyjaciela, zapytał:
"But are you quite certain about all this?"
— Ale czy jesteś tego wszystkiego pewien?
"in that country all the weeks consist of six Saturdays?"
— W tym kraju wszystkie tygodnie składają się z sześciu sobót?
"and the rest of the week consists of Sundays?"
— A reszta tygodnia składa się z niedziel?
"all the weekdays most certainly consist of six Saturdays"
"wszystkie dni tygodnia z pewnością składają się z sześciu sobót"
"and the rest of the days are indeed Sundays"
"a reszta dni to rzeczywiście niedziele"
"and are you quite sure about the holidays?"
– A jesteś pewna, co do świąt?
"the holidays definitely begin on the first of January?"
– Wakacje na pewno zaczynają się pierwszego stycznia?
"and you're sure the holidays finish on the last day of December?"
– I jesteś pewna, że święta kończą się ostatniego dnia grudnia?
"I am assuredly certain that this is how it is"
"Jestem z całą pewnością pewien, że tak właśnie jest"
"What a delightful country!" repeated Pinocchio
"Cóż za wspaniały kraj!" powtórzył Pinokio
and he was enchanted by all that he had heard
i był oczarowany wszystkim, co usłyszał
this time Pinocchio spoke more resolute

tym razem Pinokio przemówił bardziej stanowczo
"This time really good-bye"
"Tym razem naprawdę do widzenia"
"I wish you pleasant journey and life"
"Życzę miłej podróży i życia"
"Good-bye, my friend," bowed Candle-wick
— Żegnaj, przyjacielu — skłonił się Knot-Świecy
"When do you start?" inquired Pinocchio
"Kiedy zaczynasz?" zapytał Pinokio
"I will be leaving very soon"
"Niedługo wyjeżdżam"
"What a pity that you must leave so soon!"
— Jaka szkoda, że musisz tak szybko wyjeżdżać!
"I would almost be tempted to wait"
"Aż kusiło mnie, żeby poczekać"
"And the Fairy?" asked Candle-wick
"A Wróżka?" zapytał Knot-Świecy
"It is already late," confirmed Pinocchio
— Jest już późno — potwierdził Pinokio
"I can return home an hour sooner"
"Mogę wrócić do domu godzinę wcześniej"
"or I can return home an hour later"
"albo mogę wrócić do domu godzinę później"
"really it will be all the same"
"Naprawdę wszystko będzie takie samo"
"but what if the Fairy scolds you?"
— A co, jeśli Wróżka cię zbeszta?
"I must have patience!"
"Muszę uzbroić się w cierpliwość!"
"I will let her scold me"
"Pozwolę jej mnie zbesztać"
"When she has scolded well she will hold her tongue"
"Gdy dobrze zbeszta, będzie trzymać język za zębami"
In the meantime night had come on
Tymczasem zapadła noc
and by now it had gotten quite dark
A teraz zrobiło się już całkiem ciemno

Suddenly they saw in the distance a small light moving
Nagle ujrzeli w oddali małe poruszające się światełko

they heard a noise of talking
Usłyszeli odgłos rozmów
and there was the sound of a trumpet
i rozległ się dźwięk trąby
but the sound was still small and feeble
Ale dźwięk był nadal cichy i słaby
so the sound still resembled the hum of a mosquito
Dźwięk ten nadal przypominał więc brzęczenie komara
"Here it is!" shouted Candle-wick, jumping to his feet
"Oto jest!" krzyknął Knot-Świecy, zrywając się na równe nogi
"What is it?" asked Pinocchio in a whisper
"Co to jest?" zapytał Pinokio szeptem
"It is the carriage coming to take me"
"To powóz, który po mnie przyjedzie"
"so will you come, yes or no?"

— To więc przyjdziesz, tak czy nie?
"But is it really true?" asked the puppet
"Ale czy to prawda?" – zapytała marionetka
"in that country boys are never obliged to study?"
— W tym kraju chłopcy nigdy nie są zmuszani do nauki?
"Never, never, and never again!"
"Nigdy, nigdy i nigdy więcej!"
"What a delightful country!"
"Cóż za wspaniały kraj!"

Pinocchio Enjoys Six Months of Happiness
Pinokio cieszy się sześcioma miesiącami szczęścia

At last the wagon finally arrived
W końcu wóz przyjechał
and it arrived without making the slightest noise
i przybył bez najmniejszego hałasu
because its wheels were bound with flax and rags
bo koła jego były obwiązane lnem i łachmanami
It was drawn by twelve pairs of donkeys
Ciągnęło go dwanaście par osłów
all the donkeys were the same size
Wszystkie osły były tej samej wielkości
but each donkey was a different colour
ale każdy osioł był innego koloru
Some of the donkeys were gray
Niektóre osły były szare
and some of the donkeys were white
a niektóre osły były białe
and some donkeys were brindled like pepper and salt
a niektóre osły były pręgowane jak pieprz i sól
and other donkeys had large stripes of yellow and blue
a inne osły miały duże paski w kolorze żółtym i niebieskim
But there was something most extraordinary about them
Było w nich jednak coś niezwykłego
they were not shod like other beasts of burden

Nie byli obuci jak inne zwierzęta juczne
on their feet the donkeys had men's boots
Na nogach osły miały męskie buty
"And the coachman?" you may ask
"A woźnica?" – zapytacie możecie zapytać
Picture to yourself a little man broader than long
Wyobraź sobie małego człowieczka szerszego niż długiego
flabby and greasy like a lump of butter
wiotkie i tłuste jak kostka masła
with a small round face like an orange
z małą okrągłą twarzą jak pomarańcza
a little mouth that was always laughing
małe usta, które zawsze się śmiały
and a soft, caressing voice of a cat
i miękki, pieszczotliwy głos kota
All the boys fought for their place in the coach
Wszyscy chłopcy walczyli o swoje miejsce w autokarze
they all wanted to be conducted to the Land of Boobies
wszyscy chcieli być zaprowadzeni do Krainy Cycków
The carriage was, in fact, quite full of boys
W rzeczywistości powóz był dość pełen chłopców
and all the boys were between eight and fourteen years
Wszyscy chłopcy byli w wieku od ośmiu do czternastu lat
the boys were heaped one upon another
Chłopcy byli rzuceni jeden na drugiego
just like herrings are squeezed into a barrel
tak jak śledzie wciska się do beczki
They were uncomfortable and packed closely together
Czuli się nieswojo i byli stłoczeni blisko siebie
and they could hardly breathe
i ledwo mogli oddychać
but not one of the boys thought of grumbling
Ale żadnemu z chłopców nie przyszło do głowy, żeby marudzić
they were consoled by the promises of their destination
Pocieszały ich obietnice dotyczące ich przeznaczenia
a place with no books, no schools, and no masters

Miejsce, w którym nie ma książek, szkół i mistrzów
it made them so happy and resigned
To sprawiło, że byli tak szczęśliwi i zrezygnowani
and they felt neither fatigue nor inconvenience
i nie odczuwali ani zmęczenia, ani niewygody
neither hunger, nor thirst, nor want of sleep
ani głód, ani pragnienie, ani brak snu
soon the wagon had reached them
Wkrótce wóz do nich dotarł
the little man turned straight to Candle-wick
Mały człowieczek odwrócił się prosto do Knot-Świecy
he had a thousand smirks and grimaces
Miał tysiąc uśmieszków i grymasów
"Tell me, my fine boy;"
— Powiedz mi, mój piękny chłopcze.
"would you also like to go to the fortunate country?"
– Czy ty też chciałbyś pojechać do tego szczęśliwego kraju?
"I certainly wish to go"
"Na pewno chciałbym tam pojechać"
"But I must warn you, my dear child"
"Ale muszę cię ostrzec, moje drogie dziecko"
"there is not a place left in the wagon"
"W wagonie nie ma już miejsca"
"You can see for yourself that it is quite full"
"Sam widzisz, że jest całkiem pełna"
"No matter," replied Candle-wick
— Nieważne — odparł Knot-Świecy
"I do not need to sit in the wagon"
"Nie muszę siedzieć w wagonie"
"I will sit on the arch of the wheel"
"Usiądę na łuku koła"
And with a leap he sat above the wheel
I z podskokiem usiadł nad kołem
"And you, my love!" said the little man
"A ty, kochanie!" powiedział mały człowieczek
and he turned in a flattering manner to Pinocchio
i zwrócił się pochlebnie do Pinokia

"what do you intend to do?"
– Co zamierzasz zrobić?
"Are you coming with us?
— Idziesz z nami?
"or are you going to remain behind?"
— A może zamierzasz zostać z tyłu?
"I will remain behind," answered Pinocchio
— Zostanę z tyłu — odparł Pinokio
"I am going home," he answered proudly
– Wracam do domu – odpowiedział z dumą
"I intend to study, as all well conducted boys do"
"Zamierzam się uczyć, jak wszyscy dobrze wychowani chłopcy"
"Much good may it do you!"
"Niech ci to przyniesie wiele dobrego!"
"Pinocchio!" called out Candle-wick
"Pinokio!" zawołał Knot-Świecy
"come with us and we shall have such fun"
"Chodź z nami, a będziemy się tak bawić"
"No, no, and no again!" answered Pinocchio
"Nie, nie i jeszcze raz nie!" odpowiedział Pinokio
a chorus of hundred voices shouted from the the coach
Chór stu głosów wykrzyczał z wagonu
"Come with us and we shall have so much fun"
"Chodź z nami, a będziemy się świetnie bawić"
but the puppet was not at all sure
Ale marionetka wcale nie była tego pewna
"if I come with you, what will my good Fairy say?"
– Jeśli pójdę z tobą, co powie moja dobra Wróżka?
and he was beginning to yield
i zaczynał ustępować
"Do not trouble your head with melancholy thoughts"
"Nie zaprzątaj sobie głowy melancholijnymi myślami"
"consider only how delightful it will be"
"Zastanów się tylko, jak rozkoszne to będzie"
"we are going to the Land of the Boobies"
"jedziemy do Krainy Cycków"

"all day we shall be at liberty to run riot"
"Przez cały dzień będziemy mogli swobodnie wszczynać zamieszki"
Pinocchio did not answer, but he sighed
Pinokio nie odpowiedział, ale westchnął
he sighed again, and then sighed for the third time
Westchnął znowu, a potem westchnął po raz trzeci
finally Pinocchio made up his mind
w końcu Pinokio podjął decyzję
"Make a little room for me"
"Zróbcie mi trochę miejsca"
"because I would like to come, too"
"bo ja też bym chciał przyjechać"
"The places are all full," replied the little man
— Wszystkie miejsca są pełne — odparł mały człowieczek
"but, let me show you how welcome you are"
"Ale pozwól, że pokażę ci, jak mile widziany jesteś"
"I will let you have my seat on the box"
"Pozwolę ci zająć moje miejsce w loży"
"And where will you sit?"
– A gdzie będziesz siedział?
"Oh, I will go on foot"
"Och, pójdę pieszo"
"No, indeed, I could not allow that"
"Nie, doprawdy, nie mogłem na to pozwolić"
"I would rather mount one of these donkeys"
"Wolałbym wsiąść na jednego z tych osłów"
so Pinocchio went up the the first donkey
więc Pinokio wspiął się na pierwszego osła
and he attempted to mount the animal
i próbował dosiąść zwierzęcia
but the little donkey turned on him
Ale mały osiołek odwrócił się od niego
and the donkey gave him a great blow in the stomach
A osioł mocno uderzył go w brzuch
and it rolled him over with his legs in the air
i przewrócił go z nogami w powietrzu

all the boys had been watching this
Wszyscy chłopcy to obserwowali
so you can imagine the laughter from the wagon
więc możesz sobie wyobrazić śmiech z wozu
But the little man did not laugh
Ale mały człowieczek nie śmiał się
He approached the rebellious donkey
Zbliżył się do zbuntowanego osła
and at first he pretended to kiss him
I w pierwszej chwili udawał, że go całuje
but then he bit off half of his ear
Ale potem odgryzł sobie połowę ucha
Pinocchio in the meantime had gotten up from the ground
Pinokio tymczasem podniósł się z ziemi
he was still very cross with the animal
Nadal był bardzo zdenerwowany tym zwierzęciem
but with a spring he jumped onto him
ale ze sprężyną wskoczył na niego
and he seated himself on the poor animal's back
I usiadł na grzbiecie biednego zwierzęcia
And he sprang so well that the boys stopped laughing
I skoczył tak dobrze, że chłopcy przestali się śmiać
and they began to shout: "Hurrah, Pinocchio!"
i zaczęli krzyczeć: "Hura, Pinokio!"
and they clapped their hands and applauded him
Klaskali w dłonie i bili mu brawo
soon the donkeys were galloping down the track
Wkrótce osiołki zaczęły galopować po torze
and the wagon was rattling over the stones
a wóz turkotał po kamieniach
but the puppet thought that he heard a low voice
Ale marionetka pomyślała, że słyszy cichy głos
"Poor fool! you should have followed your own way"
"Biedny głupiec! Powinieneś był pójść swoją drogą"
"but but you will repent having come!"
"Ale ty będziesz żałować, że przyszedłeś!"
Pinocchio was a little frightened by what he had heard

Pinokio był trochę przerażony tym, co usłyszał
he looked from side to side to see what it was
Rozejrzał się z boku na bok, żeby zobaczyć, co to jest
he tried to see where these words could have come from
Próbował zrozumieć, skąd mogły pochodzić te słowa
but regardless of of where he looked he saw nobody
Ale bez względu na to, gdzie spojrzał, nie widział nikogo
The donkeys galloped and the wagon rattled
Osły pogalopowały, a wóz zaturkotał
and all the while the boys inside slept
A przez cały ten czas chłopcy w środku spali
Candle-wick snored like a dormouse
Knot-świecy chrapał jak popielica
and the little man seated himself on the box
Mały człowieczek usiadł na skrzyni
and he sang songs between his teeth
i śpiewał pieśni między zębami
"During the night all sleep"
"W nocy cały sen"
"But I sleep never"
"Ale ja nigdy nie śpię"
soon they had gone another mile
Wkrótce przeszli kolejną milę
Pinocchio heard the same little low voice again
Pinokio znów usłyszał ten sam cichy, cichy głos
"Bear it in mind, simpleton!"
— Miej to na uwadze, prostaku!
"there are boys who refuse to study"
"Są chłopcy, którzy odmawiają nauki"
"they turn their backs upon books"
"Odwracają się plecami do książek"
"they think they're too good to go to school
"Myślą, że są zbyt dobrzy, by chodzić do szkoły
"and they don't obey their masters"
"I nie są posłuszni swoim panom"
"they pass their time in play and amusement"
"Spędzają czas na zabawie i rozrywce"

"but sooner or later they come to a bad end"
"Ale prędzej czy później spotyka ich zły koniec"
"I know it from my experience"
"Wiem to z własnego doświadczenia"
"and I can tell you how it always ends"
"i mogę ci powiedzieć, jak to się zawsze kończy"
"A day will come when you will weep"
"Nadejdzie dzień, kiedy będziecie płakać"
"you will weep just as I am weeping now"
"Będziecie płakać tak, jak ja teraz płaczę"
"but then it will be too late!"
— Ale wtedy będzie już za późno!
the words had been whispered very softly
Słowa te były szeptane bardzo cicho
but Pinocchio could be sure of what he had heard
ale Pinokio mógł być pewny tego, co usłyszał
the puppet was more frightened than ever
Marionetka była przerażona bardziej niż kiedykolwiek
he sprang down from the back of his donkey
Zeskoczył z grzbietu osła
and he went and took hold of the donkey's mouth
On więc poszedł i chwycił osła za pysk
you can imagine Pinocchio's surprise at what he saw
możesz sobie wyobrazić zdziwienie Pinokia tym, co zobaczył
the donkey was crying just like a boy!
Osioł płakał jak chłopiec!
"Eh! Sir Coachman," cried Pinocchio
— Ech! — Panie woźnicy — zawołał Pinokio
"here is an extraordinary thing!"
"To jest coś niezwykłego!"
"This donkey is crying"
"Ten osioł płacze"
"Let him cry," said the coachman
— Niech płacze — rzekł woźnica
"he will laugh when he is a bridegroom"
"Będzie się śmiał, gdy będzie oblubieńcem"
"But have you by chance taught him to talk?"

– Ale czy przypadkiem nie nauczyłeś go mówić?
"No; but he spent three years with learned dogs"
— Nie. ale spędził trzy lata z wyszkolonymi psami"
"and he learned to mutter a few words"
"I nauczył się mamrotać kilka słów"
"Poor beast!" added the coachman
— Biedne zwierzę — dodał woźnica
"but don't you worry," said the little man
– Ale nie martw się – powiedział mały człowieczek
"don't let us waste time in seeing a donkey cry"
"Nie traćmy czasu na widok płaczu osła"
"Mount him and let us go on"
"Dosiądź go i chodźmy dalej"
"the night is cold and the road is long"
"Noc jest zimna, a droga długa"
Pinocchio obeyed without another word
Pinokio posłuchał bez słowa

In the morning about daybreak they arrived
Rano, o świcie, przybyli
they were now safely in the Land of Boobie Birds
znaleźli się teraz bezpiecznie w Krainie Ptaków Boobie
It was a country unlike any other country in the world
Był to kraj niepodobny do żadnego innego kraju na świecie
The population was composed entirely of boys
Ludność składała się wyłącznie z chłopców
The oldest of the boys were fourteen
Najstarsi z chłopców mieli po czternaście lat
and the youngest were scarcely eight years old
a najmłodsi mieli zaledwie osiem lat
In the streets there was great merriment
Na ulicach panowała wielka wesołość
the sight of it was enough to turn anybody's head
Na jego widok wystarczyło, by każdemu zawrócić w głowie
There were troops of boys everywhere
Wszędzie leżały oddziały chłopców
Some were playing with nuts they had found
Niektórzy bawili się znalezionymi orzechami
some were playing games with battledores
Niektórzy grali w gry z battledorami
lots of boys were playing football
Wielu chłopców grało w piłkę nożną
Some rode velocipedes, others wooden horses
Jedni jeździli na welocypedach, inni na drewnianych koniach
A party of boys were playing hide and seek
Grupa chłopców bawiła się w chowanego
a few boys were chasing each other
Kilku chłopców goniło się nawzajem
Some were reciting and singing songs
Niektórzy recytowali i śpiewali pieśni
others were just leaping into the air
inni po prostu skakali w powietrze
Some amused themselves with walking on their hands
Niektórzy zabawiali się chodzeniem na rękach

others were trundling hoops along the road
Inni przetaczali się po drodze z obręczami
and some were strutting about dressed as generals
a niektórzy dumnie przechadzali się przebrani za generałów
they were wearing helmets made from leaves
Mieli na sobie hełmy zrobione z liści
and they were commanding a squadron of cardboard soldiers
A oni dowodzili szwadronem kartonowych żołnierzyków
Some were laughing and some shouting
Jedni się śmiali, inni krzyczeli
and some were calling out silly things
a niektórzy wyzywali od nich głupoty
others clapped their hands, or whistled
inni klaskali w dłonie lub gwizdali
some clucked like a hen who has just laid an egg
niektóre gdakały jak kura, która właśnie zniosła jajko
In every square, canvas theatres had been erected
Na każdym placu stanęły płócienne teatry
and they were crowded with boys all day long
i przez cały dzień byli zatłoczeni chłopcami
On the walls of the houses there were inscriptions
Na ścianach domów znajdowały się napisy
"Long live the playthings"
"Niech żyją zabawki"
"we will have no more schools"
"Nie będziemy już mieli szkół"
"down the toilet with arithmetic"
"W toalecie z arytmetyką"
and similar other fine sentiments were written
i podobne inne piękne uczucia zostały napisane
of course all the slogans were in bad spelling
Oczywiście wszystkie hasła były napisane złą pisownią
Pinocchio, Candle-wick and the other boys went to the town
Pinokio, Knot-Świecy i inni chłopcy poszli do miasta
they were in the thick of the tumult
Znaleźli się w samym środku zgiełku

and I need not tell you how fun it was
i nie muszę ci mówić, jaka to była zabawa
within minutes they acquainted themselves with everybody
W ciągu kilku minut zapoznali się ze wszystkimi
Where could happier or more contented boys be found?
Gdzie można znaleźć szczęśliwszych lub bardziej zadowolonych chłopców?
the hours, days and weeks passed like lightning
Godziny, dni i tygodnie mijały jak błyskawica
time flies when you're having fun
Czas leci, gdy dobrze się bawisz
"Oh, what a delightful life!" said Pinocchio
"Och, jakie rozkoszne życie!" powiedział Pinokio
"See, then, was I not right?" replied Candle-wick
"Widzisz więc, czyż nie miałem racji?" odparł Knot-Świecy
"And to think that you did not want to come!"
— I pomyśleć, że nie chciałeś przyjść!
"imagine you had returned home to your Fairy"
"Wyobraź sobie, że wracasz do domu, do swojej Wróżki"
"you wanted to lose your time in studying!"
"Chciałeś stracić czas na naukę!"
"now you are free from the bother of books"
"Teraz jesteś wolny od kłopotów z książkami"
"you must acknowledge that you owe it to me"
"Musisz przyznać, że jesteś mi to winien"
"only friends know how to render such great services"
"Tylko przyjaciele wiedzą, jak oddać tak wielkie usługi"
"It is true, Candle-wick!" confirmed Pinocchio
"To prawda, Knot-Świecy!" potwierdził Pinokio
"If I am now a happy boy, it is all your doing"
"Jeśli jestem teraz szczęśliwym chłopcem, to wszystko twoja sprawka"
"But do you know what the master used to say?"
— Ale czy wiesz, co mówił mistrz?
"Do not associate with that rascal Candle-wick"
"Nie zadawaj się z tym łobuzem Knot-świecy"
"because he is a bad companion for you"

"Bo jest dla ciebie złym towarzyszem"
"and he will only lead you into mischief!"
— A on cię tylko wprowadzi w nieszczęście!
"Poor master!" replied the other, shaking his head
— Biedny mistrzu! — odparł drugi, potrząsając głową
"I know only too well that he disliked me"
"Wiem aż za dobrze, że mnie nie lubił"
"and he amused himself by making my life hard"
"I zabawiał się, utrudniając mi życie"
"but I am generous, and I forgive him!"
"Ale ja jestem wspaniałomyślny i przebaczam mu!"
"you are a noble soul!" said Pinocchio
"Jesteś szlachetną duszą!" powiedział Pinokio
and he embraced his friend affectionately
i uścisnął serdecznie swego przyjaciela
and he kissed him between the eyes
i pocałował go między oczy
This delightful life had gone on for five months
To rozkoszne życie trwało już pięć miesięcy
The days had been entirely spent in play and amusement
Dni upłynęły im wyłącznie na zabawie i rozrywce
not a thought was spent on books or school
Nie poświęcano ani jednej myśli na książki czy szkołę
but one morning Pinocchio awoke to a most disagreeable surprise
ale pewnego ranka Pinokio obudził się z bardzo przykrą niespodzianką
what he saw put him into a very bad humour
To, co zobaczył, wprawiło go w bardzo zły humor

Pinocchio Turns into a Donkey
Pinokio zamienia się w osła

when Pinocchio awoke he scratched his head
kiedy Pinokio się obudził, podrapał się po głowie
when scratching his head he discovered something...
Drapiąc się po głowie odkrył coś...
his ears had grown more than a hand!
Jego uszy urosły więcej niż ręka!
You can imagine his surprise
Możecie sobie wyobrazić jego zdziwienie
because he had always had very small ears
bo zawsze miał bardzo małe uszy
He went at once in search of a mirror
Natychmiast poszedł szukać lustra
he had to have a better look at himself
Musiał się sobie lepiej przyjrzeć
but he was not able to find any kind of mirror
Nie był jednak w stanie znaleźć żadnego lustra
so he filled the basin with water
Napełnił więc miskę wodą
and he saw a reflection he never wished to see
i zobaczył odbicie, którego nigdy nie chciał zobaczyć
a magnificent pair of donkey's ears embellished his head!
Wspaniała para oślich uszu zdobiła jego głowę!
think of poor Pinocchio's sorrow, shame and despair!
Pomyśl o smutku, wstydzie i rozpaczy biednego Pinokia!
He began to cry and roar
Zaczął płakać i ryczeć
and he beat his head against the wall
I uderzył głową w ścianę
but the more he cried the longer his ears grew
Ale im bardziej płakał, tym dłużej rosły mu uszy
and his ears grew, and grew, and grew
I uszy mu rosły, i rosły, i rosły
and his ears became hairy towards the points
a jego uszy stały się owłosione w kierunku końcówek

a little Marmot heard Pinocchio's loud cries
mały świstak usłyszał głośne krzyki Pinokia
Seeing the puppet in such grief she asked earnestly:
Widząc marionetkę w takim smutku, zapytała poważnie:
"What has happened to you, my dear fellow-lodger?"
— Co się z tobą stało, mój drogi współlokatorze?
"I am ill, my dear little Marmot"
"Jestem chory, mój kochany mały świstak"
"very ill, and my illness frightens me"
"Bardzo chory, a moja choroba mnie przeraża"
"Do you understand counting a pulse?"
– Rozumiesz liczenie pulsu?
"A little," sobbed Pinocchio
— Trochę — szlochał Pinokio
"Then feel and see if by chance I have got fever"
"To poczuj i zobacz, czy przypadkiem nie mam gorączki"
The little Marmot raised her right fore-paw
Mały świstak uniósł prawą przednią łapę
and the little Marmot felt Pinocchio's pulse
a mały świstak wyczuł puls Pinokia
and she said to him, sighing:
A ona rzekła do niego, wzdychając:
"My friend, it grieves me very much"
"Mój przyjacielu, bardzo mnie to zasmuca"
"but I am obliged to give you bad news!"
— Ale muszę ci przekazać złe wieści!
"What is it?" asked Pinocchio
"Co to jest?" zapytał Pinokio
"You have got a very bad fever!"
"Masz bardzo silną gorączkę!"
"What fever is it?"
— Co to za gorączka?
"you have a case of donkey fever"
"Masz przypadek oślej gorączki"
"That is a fever that I do not understand"
"To jest gorączka, której nie rozumiem"
but he understood it only too well

Rozumiał to jednak aż nazbyt dobrze
"Then I will explain it to you," said the Marmot
— W takim razie ci to wyjaśnię — rzekł świstak
"soon you will no longer be a puppet"
"Wkrótce przestaniesz być marionetką"
"it won't take longer than two or three hours"
"Nie zajmie to więcej niż dwie, trzy godziny"
"nor will you be a boy either"
"Ty też nie będziesz chłopcem"
"Then what shall I be?"
"A kim ja mam być?"
"you will well and truly be a little donkey"
"Naprawdę będziesz małym osiołkiem"
"a donkey like those that draw the carts"
"Osioł podobny do tych, którzy ciągną wozy"
"a donkey that carries cabbages to market"
"Osioł, który niesie kapustę na targ"
"Oh, how unfortunate I am!" cried Pinocchio
"Och, jakże jestem nieszczęśliwy!" zawołał Pinokio
and he seized his two ears with his hands
I chwycił rękami za uszy
and he pulled and tore at his ears furiously
A on ciągnął i szarpał mu wściekle za uszy
he pulled as if they had been someone else's ears
Pociągnął, jakby to były czyjeś uszy
"My dear boy," said the Marmot
— Mój drogi chłopcze — rzekł świstak
and she did her best to console him
Robiła wszystko, co w jej mocy, aby go pocieszyć
"you can do nothing about it"
"Nic na to nie poradzisz"
"It is your destiny to become a donkey"
"Twoim przeznaczeniem jest stać się osłem"
"It is written in the decrees of wisdom"
"Jest napisane w dekretach mądrości"
"it happens to all boys who are lazy"
"Zdarza się to wszystkim chłopcom, którzy są leniwi"

"it happens to the boys that dislike books"
"Zdarza się to chłopcom, którzy nie lubią książek"
"it happens to the boys that don't go to schools"
"To zdarza się chłopcom, którzy nie chodzą do szkół"
"and it happens to boys who disobey their masters"
"I zdarza się to chłopcom, którzy są nieposłuszni swoim panom"
"all boys who pass their time in amusement"
"Wszyscy chłopcy, którzy spędzają czas na zabawie"
"all the boys who play games all day"
"Wszyscy chłopcy, którzy grają w gry całymi dniami"
"boys who distract themselves with diversions"
"Chłopcy, którzy rozpraszają się rozrywkami"
"the same fate awaits all those boys"
"Ten sam los czeka wszystkich tych chłopców"
"sooner or later they become little donkeys"
"Prędzej czy później stają się małymi osiołkami"
"But is it really so?" asked the puppet, sobbing
"Ale czy tak jest naprawdę?" zapytała marionetka, szlochając
"It is indeed only too true!"
— To prawda!
"And tears are now useless"
"A łzy są teraz bezużyteczne"
"You should have thought of it sooner!"
"Powinnaś była pomyśleć o tym wcześniej!"
"But it was not my fault; believe me, little Marmot"
— Ale to nie była moja wina. wierz mi, mały świstaku"
"the fault was all Candle-wick's!"
"Wina leżała po stronie Knot-Świecy!"
"And who is this Candle-wick?"
— A kim jest ten Knot-świecy?
"Candle-wick is one of my school-fellows"
"Knot-świecy jest jednym z moich szkolnych kolegów"
"I wanted to return home and be obedient"
"Chciałem wrócić do domu i być posłusznym"
"I wished to study and be a good boy"
"Chciałem się uczyć i być dobrym chłopcem"

"but Candle-wick convinced me otherwise"
"ale Knot-Świecy przekonał mnie, że jest inaczej"
'Why should you bother yourself by studying?'
– Dlaczego miałbyś zawracać sobie głowę nauką?
'Why should you go to school?'
– Dlaczego miałbyś chodzić do szkoły?
'Come with us instead to the Land of Boobies Birds'
"Chodź z nami do Krainy Głupków, Ptaki"
'there we shall none of us have to learn'
"Tam nikt z nas nie będzie musiał się uczyć"
'we will amuse ourselves from morning to night'
"Będziemy się bawić od rana do wieczora"
'and we shall always be merry'
"I zawsze będziemy weseli"
"that friend of yours was false"
"Ten twój przyjaciel był fałszywy"
"why did you follow his advice?"
– Dlaczego posłuchałeś jego rady?
"Because, my dear little Marmot, I am a puppet"
"Ponieważ, mój drogi mały świstaku, jestem marionetką"
"I have no sense and no heart"
"Nie mam rozumu ani serca"
"if I had had a heart I would never have left"
"Gdybym miał serce, nigdy bym stąd nie odszedł"
"I left my good Fairy who loved me like a mamma"
"Zostawiłam moją dobrą Wróżkę, która kochała mnie jak mamę"
"the good Fairy who had done so much for me!"
"Dobra Wróżka, która tak wiele dla mnie zrobiła!"
"And I was going to be a puppet no longer"
"A ja nie zamierzałem już być marionetką"
"I would by this time have become a little boy"
"Do tego czasu stałbym się małym chłopcem"
"and I would be like the other boys"
"i byłbym taki jak inni chłopcy"
"But if I meet Candle-wick, woe to him!"
— Ale jeśli spotkam Knot-Świecy, biada mu!

"He shall hear what I think of him!"
— On usłyszy, co o nim myślę!
And he turned to go out
I odwrócił się, by wyjść.
But then he remembered he had donkey's ears
Ale potem przypomniał sobie, że ma ośle uszy
of course he was ashamed to show his ears in public
Oczywiście wstydził się publicznie pokazywać uszy
so what do you think he did?
Jak myślisz, co on zrobił?
He took a big cotton hat
Wziął duży bawełniany kapelusz
and he put the cotton hat on his head
I włożył bawełniany kapelusz na głowę
and he pulled the hat well down over his nose
I naciągnął kapelusz na nos
He then set out in search of Candle-wick
Następnie wyruszył na poszukiwanie Knot-Świecy
He looked for him in the streets
Szukał go na ulicach
and he looked for him in the little theatres
i szukał go w małych teatrzykach
he looked in every possible place
Rozejrzał się po każdym możliwym miejscu
but he could not find him wherever he looked
Nie mógł go jednak znaleźć wszędzie, gdzie spojrzał
He inquired for him of everybody he met
Wypytywał o niego każdego, kogo spotkał
but no one seemed to have seen him
Wyglądało jednak na to, że nikt go nie widział
He then went to seek him at his house
Potem poszedł szukać go do jego domu
and, having reached the door, he knocked
I doszedłszy do drzwi, zapukał
"Who is there?" asked Candle-wick from within
"Kto tam?" zapytał Knot-Świecy ze środka
"It is I!" answered the puppet

"To ja!" odpowiedziała marionetka
"Wait a moment and I will let you in"
"Poczekaj chwilę, a wpuszczę cię do środka"
After half an hour the door was opened
Po pół godzinie drzwi się otworzyły
now you can imagine Pinocchio's feeling at what he saw
teraz możesz sobie wyobrazić, co czuł Pinokio po tym, co zobaczył
his friend also had a big cotton hat on his head
Jego przyjaciel miał też na głowie duży bawełniany kapelusz
At the sight of the cap Pinocchio felt almost consoled
Na widok czapki Pinokio poczuł się niemal pocieszony
and Pinocchio thought to himself:
a Pinokio pomyślał sobie:
"Has my friend got the same illness that I have?"
"Czy mój przyjaciel cierpi na tę samą chorobę co ja?"
"Is he also suffering from donkey fever?"
– Czy on też cierpi na gorączkę osła?
but at first Pinocchio pretended not to have noticed
ale w pierwszej chwili Pinokio udawał, że tego nie zauważył
he just casually asked him a question, smiling:
Po prostu od niechcenia zadał mu pytanie, uśmiechając się:
"How are you, my dear Candle-wick?"
— Jak się masz, mój drogi Knot-Świecyu?
"as well as a mouse in a Parmesan cheese"
"jak mysz w parmezanie"
"Are you saying that seriously?"
– Mówisz to poważnie?
"Why should I tell you a lie?"
– Dlaczego miałbym ci kłamać?
"but why, then, do you wear a cotton hat?"
– Ale dlaczego więc nosisz bawełniany kapelusz?
"is covers up all of your ears"
"Zasłania wszystkie twoje uszy"
"The doctor ordered me to wear it"
"Lekarz kazał mi go nosić"
"because I have hurt this knee"

"bo zraniłem to kolano"
"And you, dear puppet," asked Candle-wick
— A ty, droga marionetko — spytał Knot-Świecy
"why have you pulled that cotton hat passed your nose?"
– Dlaczego przesunąłeś tę bawełnianą czapkę przez nos?
"The doctor prescribed it because I have grazed my foot"
"Lekarz przepisał mi to, ponieważ otarłem się o stopę"
"Oh, poor Pinocchio!" - "Oh, poor Candle-wick!"
"Och, biedny Pinokio!" - "Och, biedny Knot-świecy!"
After these words a long silence followed
Po tych słowach zapadła długa cisza
the two friends did nothing but look mockingly at each other
Dwaj przyjaciele nie robili nic, tylko spoglądali na siebie drwiąco
At last the puppet said in a soft voice to his companion:
W końcu marionetka powiedziała cichym głosem do swego towarzysza:
"Satisfy my curiosity, my dear Candle-wick"
"Zaspokój moją ciekawość, mój drogi Knot-Świecy"
"have you ever suffered from disease of the ears?"
– Czy kiedykolwiek cierpiałeś na chorobę uszu?
"I have never suffered from disease of the ears!"
"Nigdy nie cierpiałem na chorobę uszu!"
"And you, Pinocchio?" asked Candle-wick
"A ty, Pinokio?" zapytał Knot-Świecy
"have you ever suffered from disease of the ears?"
– Czy kiedykolwiek cierpiałeś na chorobę uszu?
"I have never suffered from that disease either"
"Ja też nigdy nie cierpiałem na tę chorobę"
"Only since this morning one of my ears aches"
"Dopiero od rana boli mnie jedno ucho"
"my ear is also paining me"
"Boli mnie też ucho"
"And which of your ears hurts you?"
— A które uszy cię bolą?
"Both of my ears happen to hurt"

"Zdarza się, że boli mnie oboje uszu"
"And what about you?"
– A co z tobą?
"Both of my ears happen to hurt too"
"Zdarza się, że boli mnie też oba uszy"
Can we have got the same illness?"
Czy to możliwe, że zachorowaliśmy na tę samą chorobę?"
"I fear we might have caught a fever"
"Obawiam się, że mogliśmy dostać gorączki"
"Will you do me a kindness, Candle-wick?"
— Czy wyświadczysz mi przysługę, Knot-Świecy?
"Willingly! With all my heart"
— Chętnie! Z całego serca"
"Will you let me see your ears?"
— Pozwolisz mi zobaczyć swoje uszy?
"Why would I deny your request?"
— Dlaczego miałbym odmówić twojej prośbie?
"But first, my dear Pinocchio, I should like to see yours"
— Ale najpierw, mój drogi Pinokio, chciałbym zobaczyć twoje.
"No: you must do so first"
"Nie: musisz to zrobić najpierw"
"No, dear. First you and then I!"
— Nie, moja droga. Najpierw ty, a potem ja!"
"Well," said the puppet
— No cóż — powiedziała marionetka
"let us come to an agreement like good friends"
"Dojdźmy do porozumienia jak dobrzy przyjaciele"
"Let me hear what this agreement is"
"Pozwól mi usłyszeć, co to za umowa"
"We will both take off our hats at the same moment"
"Oboje zdejmiemy czapki w tym samym momencie"
"Do you agree to do it?"
— Zgadzasz się na to?
"I agree, and you have my word"
"Zgadzam się i masz moje słowo"
And Pinocchio began to count in a loud voice:
A Pinokio zaczął liczyć donośnym głosem:

"One, two, three!" he counted
"Raz, dwa, trzy!" – policzył
At "Three!" the two boys took off their hats
Na "Trzy!" obaj chłopcy zdjęli kapelusze
and they threw their hats into the air
I wyrzucili swe kapelusze w powietrze
and you should have seen the scene that followed
i powinniście byli zobaczyć scenę, która nastąpiła później
it would seem incredible if it were not true
Wydawałoby się to niewiarygodne, gdyby nie było prawdą
they saw they were both struck by the same misfortune
Zobaczyli, że oboje zostali dotknięci tym samym nieszczęściem
but they felt neither mortification nor grief
Nie czuli jednak ani upokorzenia, ani smutku
instead they began to prick their ungainly ears
Zamiast tego zaczęli nadstawiać uszu
and they began to make a thousand antics
i zaczęli robić tysiąc wygłupów
they ended by going into bursts of laughter
Na koniec wybuchnęli śmiechem
And they laughed, and laughed, and laughed
I śmiali się, i śmiali, i śmiali się
until they had to hold themselves together
Dopóki nie musieli trzymać się razem

But in the midst of their merriment something happened
Ale wśród ich wesołości coś się stało
Candle-wick suddenly stopped laughing and joking
Knot-świecy nagle przestał się śmiać i żartować
he staggered around and changed colour
Zatoczył się i zmienił kolor
"Help, help, Pinocchio!" he cried
"Pomocy, pomocy, Pinokio!" – krzyczał
"What is the matter with you?"
— Co się z tobą dzieje?
"Alas, I cannot any longer stand upright"
"Niestety, nie mogę już dłużej stać prosto"
"Neither can I," exclaimed Pinocchio
— Ja też nie mogę — wykrzyknął Pinokio
and he began to totter and cry
I zaczął się chwiać i płakać
And whilst they were talking, they both doubled up
I kiedy tak rozmawiali, obaj się podwoili
and they began to run round the room on their hands and feet
I zaczęli biegać po pokoju na rękach i nogach
And as they ran, their hands became hoofs
A gdy biegli, ich ręce zamieniły się w kopyta
their faces lengthened into muzzles
Ich twarze wydłużyły się w pyski
and their backs became covered with a light gray hairs
a ich grzbiety pokryły się jasnoszarymi włosami
and their hair was sprinkled with black
a ich włosy były posypane czernią
But do you know what was the worst moment?
Ale czy wiesz, jaki był najgorszy moment?
one moment was worse than all the others
Jedna chwila była gorsza od wszystkich innych
both of the boys grew donkey tails
Obu chłopcom wyrosły ośle ogony
the boys were vanquished by shame and sorrow

Chłopcy zostali pokonani przez wstyd i smutek
and they wept and lamented their fate
i płakali, i lamentowali nad swoim losem
Oh, if they had but been wiser!
Och, gdyby tylko byli mądrzejsi!
but they couldn't lament their fate
Nie mogli jednak opłakiwać swojego losu
because they could only bray like asses
bo mogli tylko ryczeć jak osły
and they brayed loudly in chorus: "Hee-haw!"
i ryczeli głośno chórem: "Hee-haw!"
Whilst this was going on someone knocked at the door
W tym czasie ktoś zapukał do drzwi
and there was a voice on the outside that said:
A na zewnątrz usłyszałem głos, który powiedział:
"Open the door! I am the little man"
"Otwórz drzwi! Ja jestem tym małym człowiekiem"
"I am the coachman who brought you to this country"
"Jestem woźnicą, który przywiózł cię do tego kraju"
"Open at once, or it will be the worse for you!"
"Otwórz natychmiast, bo inaczej będzie dla ciebie gorzej!"

Pinocchio gets Trained for the Circus
Pinokio trenuje do cyrku

the door wouldn't open at his command
Drzwi nie chciały się otworzyć na jego rozkaz
so the little man gave the door a violent kick
Mały człowieczek kopnął więc gwałtownie drzwi
and the coachman burst into the room
I woźnica wpadł do pokoju
he spoke with his usual little laugh:
Mówił ze swoim zwykłym lekkim śmiechem:
"Well done, boys! You brayed well"
"Dobra robota, chłopcy! Nieźle ryczałeś"
"and I recognized you by your voices"

"I poznałem was po głosach waszych"
"That is why I am here"
"Dlatego tu jestem"
the two little donkeys were quite stupefied
Dwa małe osiołki były całkiem oszołomione
they stood with their heads down
Stali ze spuszczonymi głowami
they had their ears lowered
Mieli spuszczone uszy
and they had their tails between their legs
i mieli podkulone ogony między nogami
At first the little man stroked and caressed them
W pierwszej chwili mały człowieczek głaskał je i pieścił
then he took out a currycomb
Potem wyjął grzebień curry
and he currycombed the donkeys well
I dobrze uczesał osły
by this process he had polished them
W ten sposób wypolerował je
and the two donkeys shone like two mirrors
i dwa osły świeciły jak dwa lustra
he put a halter around their necks
Założył im na szyje kantar
and he led them to the market-place
I zaprowadził ich na rynek

he was in hopes of selling them
Miał nadzieję, że uda mu się je sprzedać
he thought he could get a good profit
Myślał, że uda mu się osiągnąć dobry zysk
And indeed there were buyers for the donkeys
I rzeczywiście, znaleźli się kupcy na osły
Candle-wick was bought by a peasant
Knot-świecy kupował chłop
his donkey had died the previous day
Jego osioł zdechł poprzedniego dnia
Pinocchio was sold to the director of a company
Pinokio został sprzedany dyrektorowi firmy
they were a company of buffoons and tight-rope dancers
Była to kompania błaznów i tancerek na linie
he bought him so that he might teach him to dance
Kupił go, aby nauczył go tańczyć
he could dance with the other circus animals
Mógł tańczyć z innymi zwierzętami cyrkowymi
And now, my little readers, you understand
A teraz, moi mali czytelnicy, rozumiecie
the little man was just a businessman
Ten mały człowieczek był zwykłym biznesmenem
and it was a profitable business that he led
I był to dochodowy biznes, który prowadził
The wicked little monster with a face of milk and honey
Zły mały potwór o twarzy mlekiem i miodem płynącej
he made frequent journeys round the world
Odbywał częste podróże po świecie
he promised and flattered wherever he went
Obiecywał i schlebiał mu, gdziekolwiek się udał
and he collected all the idle boys
i zebrał wszystkich bezczynnych chłopców
and there were many idle boys to collect
i było wielu bezczynnych chłopców do zebrania
all the boys who had taken a dislike to books
Wszyscy chłopcy, którzy nie lubili książek
and all the boys who weren't fond of school

i wszyscy chłopcy, którzy nie przepadali za szkołą
each time his wagon filled up with these boys
za każdym razem jego wóz zapełniał się tymi chłopcami
and he took them all to the Land of Boobie Birds
i zabrał ich wszystkich do Krainy Ptaków Boobie
here they passed their time playing games
Tutaj spędzali czas grając w gry
and there was uproar and much amusement
Powstała wrzawa i wielkie rozbawienie
but the same fate awaited all the deluded boys
Ale ten sam los czekał wszystkich omamionych chłopców
too much play and no study turned them into donkeys
Zbyt dużo zabawy i brak nauki zamieniły je w osły
then he took possession of them with great delight
Potem objął je w posiadanie z wielką radością
and he carried them off to the fairs and markets
i zaniósł je na jarmarki i jarmarki
And in this way he made heaps of money
I w ten sposób zarobił mnóstwo pieniędzy
What became of Candle-wick I do not know
Co się stało z Knot-świecy, nie wiem
but I do know what happened to poor Pinocchio
Wiem natomiast, co się stało z biednym Pinokiem
from the very first day he endured a very hard life
Od pierwszego dnia miał bardzo ciężkie życie
Pinocchio was put into his stall
Pinokio został umieszczony w swoim boksie
and his master filled the manger with straw
A pan jego napełnił żłóbek słomą
but Pinocchio didn't like eating straw at all
ale Pinokio wcale nie lubił jeść słomy
and the little donkey spat the straw out again
A mały osiołek znowu wypluł słomę
Then his master, grumbling, filled the manger with hay
Wtedy jego pan, szemrząc, napełnił żłóbek sianem
but hay did not please Pinocchio either
ale siano też nie podobało się Pinokiowi

"Ah!" exclaimed his master in a passion
"Ach!" wykrzyknął jego pan w pasji
"Does not hay please you either?"
— Nie podoba ci się też siano?
"Leave it to me, my fine donkey"
"Zostaw to mnie, mój piękny osiołku"
"I see you are full of caprices"
"Widzę, że jesteś pełen kaprysów"
"but worry not, I will find a way to cure you!"
"Ale nie martw się, znajdę sposób, aby cię wyleczyć!"
And he struck the donkey's legs with his whip
I uderzył batem w nogi osła
Pinocchio began to cry and bray with pain
Pinokio zaczął płakać i ryczeć z bólu
"Hee-haw! I cannot digest straw!"
"Hee-haw! Nie mogę strawić słomy!"
"Then eat hay!" said his master
"A więc jedz siano!" powiedział jego pan
he understood perfectly the asinine dialect
Doskonale rozumiał dialekt asinine
"Hee-haw! hay gives me a pain in my stomach"
"Hee-haw! Siano sprawia, że boli mnie żołądek"
"I see how it is little donkey"
"Widzę, jaki to mały osiołek"
"you would like to be fed with capons in jelly"
"Chciałbyś być karmiony kapłonami w galarecie"
and he got more and more angry
I coraz bardziej się złościł
and he whipped poor Pinocchio again
i znowu wychłostał biednego Pinokia
the second time Pinocchio held his tongue
za drugim razem Pinokio trzymał język za zębami
and he learned to say nothing more
i nauczył się nie mówić nic więcej
The stable was then shut
Stajnia została wtedy zamknięta
and Pinocchio was left alone

a Pinokio został sam
He had not eaten for many hours
Nie jadł od wielu godzin
and he began to yawn from hunger
i zaczął ziewać z głodu
his yawns seemed as wide as an oven
Jego ziewanie wydawało się szerokie jak piec
but he found nothing else to eat
Nie znalazł jednak nic innego do jedzenia
so he resigned himself to his fate
Pogodził się więc ze swoim losem
and he gave in and chewed a little hay
Poddał się i przeżuł trochę siana
he chewed the hay well, because it was dry
Siano dobrze przeżuwał, bo było suche
and he shut his eyes and swallowed it
Zamknął oczy i połknął ją
"This hay is not bad," he said to himself
"To siano nie jest złe" – powiedział do siebie
"but better would have been if I had studied!"
— Ale lepiej byłoby, gdybym się uczył!
"Instead of hay I could now be eating bread"
"Zamiast siana mógłbym teraz jeść chleb"
"and perhaps I would have been eating fine sausages"
"i może bym jadł dobre kiełbasy"
"But I must have patience!"
— Ale muszę uzbroić się w cierpliwość!
The next morning he woke up again
Następnego ranka obudził się znowu
he looked in the manger for a little more hay
Rozejrzał się w żłobie za trochę więcej siana
but there was no more hay to be found
Nie było już jednak siana
for he had eaten all the hay during the night
Zjadł bowiem w nocy całe siano
Then he took a mouthful of chopped straw
Potem wziął kęs pełen posiekanej słomy

but he had to acknowledge the horrible taste
Musiał jednak przyznać się do okropnego smaku
it tasted not in the least like macaroni or pie
W najmniejszym stopniu nie smakował jak makaron czy ciasto
"I hope other naughty boys learn from my lesson"
"Mam nadzieję, że inni niegrzeczni chłopcy wyciągną wnioski z mojej lekcji"
"But I must have patience!"
— Ale muszę uzbroić się w cierpliwość!
and the little donkey kept chewing the straw
A mały osiołek wciąż żuł słomę
"Patience indeed!" shouted his master
"Cierpliwości!" krzyknął jego pan
he had come at that moment into the stable
W tej chwili wszedł do stajni
"but don't get too comfortable, my little donkey"
"Ale nie rozsiadaj się zbyt wygodnie, mój mały osiołku"
"I didn't buy you to give you food and drink"
"Nie kupiłem cię po to, żeby dać ci jeść i pić"
"I bought you to make you work"
"Kupiłem cię, abyś pracował"
"I bought you so that you earn me money"
"Kupiłem cię, żebyś mi zarobił pieniądze"
"Up you get, then, at once!"
— A więc wstajesz natychmiast!
"you must come with me into the circus"
"Musisz iść ze mną do cyrku"
"there I will teach you to jump through hoops"
"tam nauczę cię skakać przez obręcze"
"you will learn to stand upright on your hind legs"
"Nauczysz się stać prosto na tylnych nogach"
"and you will learn to dance waltzes and polkas"
"I nauczysz się tańczyć walce i polki"
Poor Pinocchio had to learn all these fine things
Biedny Pinokio musiał nauczyć się tych wszystkich wspaniałych rzeczy
and I can't say it was easy to learn

i nie mogę powiedzieć, że było to łatwe do nauczenia
it took him three months to learn the tricks
Trzy miesiące zajęło mu nauczenie się sztuczek
he got many a whipping that nearly took off his skin
Dostał wiele batów, które prawie zdjęły mu skórę
At last his master made the announcement
W końcu jego pan wydał oświadczenie
many coloured placards stuck on the street corners
wiele kolorowych plakatów przyklejonych na rogach ulic
"Great Full Dress Representation"
"Wspaniała pełna reprezentacja stroju"
"TONIGHT will Take Place the Usual Feats and Surprises"
"Dziś wieczorem odbędą się zwykłe wyczyny i niespodzianki"
"Performances Executed by All the Artists and horses"
"Występy w wykonaniu wszystkich artystów i koni"
"and moreover; The Famous LITTLE DONKEY PINOCCHIO"
"A ponadto; Słynny MAŁY OSIOŁEK PINOKIO"
"THE STAR OF THE DANCE"
"GWIAZDA TAŃCA"
"the theatre will be brilliantly illuminated"
"Teatr będzie wspaniale oświetlony"
you can imagine how crammed the theatre was
Można sobie wyobrazić, jak przepełniony był teatr
The circus was full of children of all ages
Cyrk był pełen dzieci w różnym wieku
all came to see the famous little donkey Pinocchio dance
wszyscy przybyli, aby zobaczyć słynny taniec małego osiołka Pinokia
the first part of the performance was over
Pierwsza część występu dobiegła końca
the director of the company presented himself to the public
Dyrektor firmy przedstawił się publiczności
he was dressed in a black coat and white breeches
Ubrany był w płaszcz i białe bryczesy
and big leather boots that came above his knees
i duże skórzane buty, które sięgały mu powyżej kolan

he made a profound bow to the crowd
Złożył głęboki ukłon w stronę tłumu
he began with much solemnity a ridiculous speech:
Rozpoczął z wielką powagą śmieszną przemowę:
"Respectable public, ladies and gentlemen!"
"Szanowna publiczność, panie i panowie!"
"it is with great honour and pleasure"
"To z wielkim zaszczytem i przyjemnością"
"I stand here before this distinguished audience"
"Stoję tutaj przed tą dostojną publicznością"
"and I present to you the celebrated little donkey"
"A ja wam przedstawiam sławnego małego osiołka"
"the little donkey who has already had the honour"
"Mały osiołek, który już dostąpił tego zaszczytu"
"the honour of dancing in the presence of His Majesty"
"zaszczyt tańczenia w obecności Jego Królewskiej Mości"
"And, thanking you, I beg of you to help us"
"I, dziękując ci, błagam cię, pomóż nam"
"help us with your inspiring presence"
"Pomóż nam swoją inspirującą obecnością"
"and please, esteemed audience, be indulgent to us"
"I proszę, szanowna publiczność, bądź dla nas pobłażliwa"
This speech was received with much laughter and applause
Przemówienie to zostało przyjęte z wielkim śmiechem i oklaskami
but the applause soon was even louder than before
Wkrótce jednak oklaski stały się jeszcze głośniejsze niż przedtem
the little donkey Pinocchio made his appearance
pojawił się mały osiołek Pinokio
and he stood in the middle of the circus
i stanął w środku cyrku
He was decked out for the occasion
Był ubrany na tę okazję
He had a new bridle of polished leather
Miał nową uzdę z wypolerowanej skóry
and he was wearing brass buckles and studs

A na sobie miał mosiężne sprzączki i ćwieki
and he had two white camellias in his ears
A w uszach miał dwie białe kamelie
His mane was divided and curled
Jego grzywa była rozdwojona i podkręcona
and each curl was tied with bows of coloured ribbon
a każdy lok przewiązany był kokardkami z kolorowej wstążki
He had a girth of gold and silver round his body
Wokół jego ciała znajdował się obwód ze złota i srebra
his tail was plaited with amaranth and blue velvet ribbons
Jego ogon był zapleciony w amarantowe i niebieskie aksamitne wstążki
He was, in fact, a little donkey to fall in love with!
W rzeczywistości był małym osiołkiem, w którym można się zakochać!
The director added these few words:
Dyrektor dodał kilka słów:
"My respectable auditors!"
— Moi szanowni audytorzy!
"I am not here to tell you falsehoods"
"Nie jestem tu po to, by mówić wam kłamstwa"
"there were great difficulties I had to overcome"
"Musiałem pokonać wielkie trudności"
"I understood and subjugated this mammifer"
"Zrozumiałem i ujarzmiłem tego mammifera"
"he was grazing at liberty amongst the mountains"
"Pasł się na wolności wśród gór"
"he lived in the plains of the torrid zone"
"Mieszkał na równinach Strefy Gorącej"
"I beg you will observe the wild rolling of his eyes"
"Błagam, abyś obserwował dzikie przewracanie oczami"
"Every means had been tried in vain to tame him"
"Na próżno próbowano wszelkich środków, aby go oswoić"
"I have accustomed him to the life of domestic quadrupeds"
"Przyzwyczaiłem go do życia domowych czworonogów"
"and I spared him the convincing argument of the whip"
"i oszczędziłem mu przekonującego argumentu bata"

"But all my goodness only increased his viciousness"
"Ale cała moja dobroć tylko powiększyła jego okrucieństwo"
"However, I discovered in his cranium a bony cartilage"
"Odkryłem jednak w jego czaszce kostną chrząstkę"
"I had him inspected by the Faculty of Medicine of Paris"
"Kazałem go zbadać na Wydziale Lekarskim Paryża"
"I spared no cost for my little donkey's treatment"
"Nie szczędziłem pieniędzy na leczenie mojego małego osła"
"in him the doctors found the regenerating cortex of dance"
"Lekarze znaleźli w nim regenerującą się korę tańca"
"For this reason I have not only taught him to dance"
"Z tego powodu nie tylko nauczyłem go tańczyć"
"but I also taught him to jump through hoops"
"ale nauczyłem go też skakać przez obręcze"
"Admire him, and then pass your opinion on him!"
"Podziwiaj go, a potem podziel się z nami swoją opinią na jego temat!"
"But before taking my leave of you, permit me this;"
— Ale zanim cię pożegnam, pozwól mi to.
"ladies and gentlemen, esteemed members of the crowd"
"Panie i Panowie, szanowni członkowie tłumu"
"I invite you to tomorrow's daily performance"
"Zapraszam na jutrzejszy codzienny występ"
Here the director made another profound bow
Tu reżyser zrobił kolejny głęboki ukłon
and, then turning to Pinocchio, he said:
a potem, zwracając się do Pinokia, powiedział:
"Courage, Pinocchio! But before you begin:"
"Odwagi, Pinokio! Ale zanim zaczniesz:
"bow to this distinguished audience"
"Ukłon w stronę tej dostojnej publiczności"
Pinocchio obeyed his master's commands
Pinokio był posłuszny rozkazom swojego pana
and he bent both his knees till they touched the ground
I zgiął oba kolana, aż dotknęły ziemi
the director cracked his whip and shouted:
Dyrektor trzasnął batem i krzyknął:

"At a foot's pace, Pinocchio!"
— W tempie metra, Pinokio!
Then the little donkey raised himself on his four legs
Wtedy mały osiołek podniósł się na czterech nogach
and he began to walk round the theatre
I zaczął przechadzać się po teatrze
and the whole time he kept at a foot's pace
i cały czas trzymał się kroku nogą
After a little time the director shouted again:
Po chwili dyrektor krzyknął znowu:
"Trot!" and Pinocchio, obeyed the order
"Kłus!" i Pinokio posłuchali rozkazu
and he changed his pace to a trot
i zmienił tempo na kłus
"Gallop!" and Pinocchio broke into a gallop
"Galop!" i Pinokio zerwał się do galopu
"Full gallop!" and Pinocchio went full gallop
"Pełny galop!" i Pinokio ruszył pełnym galopem
he was running round the circus like a racehorse
Biegał po cyrku jak koń wyścigowy
but then the director fired off a pistol
Ale wtedy reżyser wystrzelił z pistoletu
at full speed he fell to the floor
Z pełną prędkością upadł na podłogę
and the little donkey pretended to be wounded
A mały osiołek udawał, że jest ranny
he got up from the ground amidst an outburst of applause
Podniósł się z ziemi wśród wybuchu oklasków
there were shouts and clapping of hands
Słychać było krzyki i klaskanie w dłonie
and he naturally raised his head and looked up
Naturalnie podniósł głowę i spojrzał w górę
and he saw in one of the boxes a beautiful lady
I zobaczył w jednej z loży piękną damę
she wore round her neck a thick gold chain
Na szyi nosiła gruby złoty łańcuszek
and from the chain hung a medallion

a z łańcuszka zwisał medalion
On the medallion was painted the portrait of a puppet
Na medalionie namalowany został portret kukiełki
"That is my portrait!" realized Pinocchio
"To jest mój portret!" – zdał sobie sprawę Pinokio
"That lady is the Fairy!" said Pinocchio to himself
"Ta pani to Wróżka!" powiedział do siebie Pinokio
Pinocchio had recognized her immediately
Pinokio rozpoznał ją natychmiast
and, overcome with delight, he tried to call her
I, ogarnięty zachwytem, próbował ją zawołać
"Oh, my little Fairy! Oh, my little Fairy!"
"Och, moja mała wróżko! Och, moja mała wróżko!"
But instead of these words a bray came from his throat
Ale zamiast tych słów z jego gardła dobiegł ryk
a bray so prolonged that all the spectators laughed
Ryk był tak długi, że wszyscy widzowie wybuchnęli śmiechem
and all the children in the theatre especially laughed
A wszystkie dzieci w teatrze szczególnie się śmiały
Then the director gave him a lesson
Potem dyrektor dał mu nauczkę
it is not good manners to bray before the public
Nie jest dobrym obyczajem krzyczeć przed publicznością
with the handle of his whip he smacked the donkey's nose
Rękojeścią bata uderzył osła w nos
The poor little donkey put his tongue out an inch
Biedny mały osioł wystawił język na cal
and he licked his nose for at least five minutes
i lizał nos przez co najmniej pięć minut
he thought perhaps that it would ease the pain
Pomyślał, że może to złagodzi ból
But how he despaired when looking up a second time
Ale jakże rozpaczał, gdy po raz drugi podniósł wzrok
he saw that the seat was empty
Zobaczył, że siedzenie jest puste
the good Fairy of his had disappeared!

jego dobra wróżka zniknęła!
He thought he was going to die
Myślał, że umrze
his eyes filled with tears and he began to weep
Jego oczy napełniły się łzami i zaczął płakać
Nobody, however, noticed his tears
Nikt jednak nie zauważył jego łez
"Courage, Pinocchio!" shouted the director
"Odwagi, Pinokio!" – krzyknął dyrektor
"show the audience how gracefully you can jump through the hoops"
"Pokaż publiczności, z jaką gracją potrafisz skakać przez obręcze"
Pinocchio tried two or three times
Pinokio próbował dwa lub trzy razy
but going through the hoop is not easy for a donkey
Ale przejście przez obręcz nie jest łatwe dla osła
and he found it easier to go under the hoop
i łatwiej było mu wejść pod obręcz
At last he made a leap and went through the hoop
W końcu skoczył i przeszedł przez obręcz
but his right leg unfortunately caught in the hoop
ale jego prawa noga niestety zahaczyła o obręcz
and that caused him to fall to the ground
i to spowodowało, że upadł na ziemię
he was doubled up in a heap on the other side
Został podwojony w stosie po drugiej stronie
When he got up he was lame
Kiedy wstał, był kulawy
only with great difficulty did he return to the stable
Z wielkim trudem powrócił do stajni
"Bring out Pinocchio!" shouted all the boys
"Przyprowadźcie Pinokia!" – krzyczeli wszyscy chłopcy
"We want the little donkey!" roared the theatre
"Chcemy małego osiołka!" – ryknął teatr
they were touched and sorry for the sad accident
Byli wzruszeni i było im przykro z powodu tego smutnego

wypadku
But the little donkey was seen no more that evening
Tego wieczoru nie widziano już jednak małego osiołka
The following morning the veterinary paid him a visit
Następnego ranka odwiedził go weterynarz
the vets are doctors to the animals
Weterynarze są lekarzami zwierząt
and he declared that he would remain lame for life
i oświadczył, że pozostanie chromem do końca życia
The director then said to the stable-boy:
Wtedy dyrektor rzekł do chłopca stajennego:
"What do you suppose I can do with a lame donkey?"
– Jak myślisz, co mogę zrobić z kulawym osłem?
"He will eat food without earning it"
"Będzie jadł pokarm, nie zasłużąc na niego"
"Take him to the market and sell him"
"Zabierz go na targ i sprzedaj"
When they reached the market a purchaser was found at once
Kiedy dotarli na rynek, od razu znaleziono nabywcę
He asked the stable-boy:
Zapytał chłopca stajennego:
"How much do you want for that lame donkey?"
– Ile chcesz za tego kulawego osła?
"Twenty dollars and I'll sell him to you"
"Dwadzieścia dolarów, a ja ci go sprzedam"
"I will give you two dollars"
"Dam ci dwa dolary"
"but don't suppose that I will make use of him"
"ale nie sądź, że się nim posłużę"
"I am buying him solely for his skin"
"Kupuję go wyłącznie dla jego skóry"
"I see that his skin is very hard"
"Widzę, że jego skóra jest bardzo twarda"
"I intend to make a drum with him"
"Zamierzam zrobić z nim bęben"
he heard that he was destined to become a drum!

Usłyszał, że jego przeznaczeniem jest stać się bębnem!
you can imagine poor Pinocchio's feelings
możesz sobie wyobrazić uczucia biednego Pinokia
the two dollars were handed over
Dwa dolary zostały przekazane
and the man was given his donkey
Człowiekowi temu dano osła
he led the little donkey to the seashore
Zaprowadził małego osiołka nad brzeg morza
he then put a stone round his neck
Następnie założył mu kamień na szyję
and he gave him a sudden push into the water
i pchnął go nagle do wody
Pinocchio was weighted down by the stone
Pinokio został przygnieciony kamieniem
and he went straight to the bottom of the sea
i poszedł prosto na dno morza
his owner kept tight hold of the cord
Jego właściciel trzymał mocno sznur
he sat down quietly on a piece of rock
Usiadł cicho na kawałku skały
and he waited until the little donkey was drowned
I czekał, aż mały osiołek utonie
and then he intended to skin him
A potem zamierzał go obedrzeć ze skóry

Pinocchio gets Swallowed by the Dog-Fish
Pinokio zostaje połknięty przez psią rybę

Pinocchio had been fifty minutes under the water
Pinokio spędził pięćdziesiąt minut pod wodą
his purchaser said aloud to himself:
Jego nabywca powiedział głośno do siebie:
"My little lame donkey must by now be quite drowned"
"Mój mały kulawy osioł musi już całkiem utonąć"
"I will therefore pull him out of the water"

"Wyciągnę go więc z wody"
"and I will make a fine drum of his skin"
"I zrobię piękny bęben z jego skóry"
And he began to haul in the rope
I zaczął ciągnąć linę
the rope he had tied to the donkey's leg
Lina, którą przywiązał do nogi osła,
and he hauled, and hauled, and hauled
I ciągnął, i ciągnął, i ciągnął, i ciągnął
he hauled until at last...
Ciągnął, aż w końcu...
what do you think appeared above the water?
Jak myślisz, co pojawiło się nad wodą?
he did not pull a dead donkey to land
Nie ciągnął martwego osła na ląd
instead he saw a living little puppet
Zamiast tego zobaczył żywą małą marionetkę

and this little puppet was wriggling like an eel!
A ta mała pacynka wiła się jak węgorz!
the poor man thought he was dreaming
Biedakowi wydawało się, że śni
and he was struck dumb with astonishment
i oniemiał ze zdumienia
he eventually recovered from his stupefaction
W końcu otrząsnął się z odrętwienia
and he asked the puppet in a quavering voice:
I zapytał kukłę drżącym głosem:
"where is the little donkey I threw into the sea?"
"Gdzie jest ten mały osiołek, którego wrzuciłem do morza?"
"I am the little donkey!" said Pinocchio
"Jestem małym osiołkiem!" powiedział Pinokio
and Pinocchio laughed at being a puppet again
a Pinokio śmiał się, że znowu jest marionetką
"How can you be the little donkey??"
"Jak możesz być tym małym osiołkiem??"
"I was the little donkey," answered Pinocchio
— Byłem tym małym osiołkiem — odparł Pinokio
"and now I'm a little puppet again"
"a teraz znowu jestem małą marionetką"
"Ah, a young scamp is what you are!!"
"Ach, młody jest tym, kim jesteś!!"
"Do you dare to make fun of me?"
— Śmiesz się ze mnie śmiać?
"To make fun of you?" asked Pinocchio
"Żeby się z ciebie śmiać?" zapytał Pinokio
"Quite the contrary, my dear master?"
— Wręcz przeciwnie, mój drogi mistrzu?
"I am speaking seriously with you"
"Rozmawiam z tobą poważnie"
"a short time ago you were a little donkey"
"Niedawno byłeś małym osiołkiem"
"how can you have become a wooden puppet?"
"Jak mogłeś stać się drewnianą marionetką?"
"being left in the water does not do that to a donkey!"

"Pozostawienie w wodzie nie robi tego osłem!"
"It must have been the effect of sea water"
"To musiał być efekt działania wody morskiej"
"The sea causes extraordinary changes"
"Morze powoduje niezwykłe zmiany"
"Beware, puppet, I am not in the mood!"
"Strzeż się, marionetko, nie jestem w nastroju!"
"Don't imagine that you can amuse yourself at my expense"
"Nie wyobrażaj sobie, że możesz się bawić moim kosztem"
"Woe to you if I lose patience!"
"Biada wam, jeśli stracę cierpliwość!"
"Well, master, do you wish to know the true story?"
— No cóż, mistrzu, czy chcesz poznać prawdziwą historię?
"If you set my leg free I will tell it you"
"Jeśli uwolnisz moją nogę, powiem ci to"
The good man was curious to hear the true story
Dobry człowiek był ciekawy, co się dzieje
and he immediately untied the knot
i natychmiast rozwiązał węzeł
Pinocchio was again as free as a bird in the air
Pinokio znów był wolny jak ptak w powietrzu
and he commenced to tell his story
I zaczął opowiadać swoją historię
"You must know that I was once a puppet"
"Musisz wiedzieć, że kiedyś byłem marionetką"
"that is to say, I wasn't always a donkey"
"To znaczy, że nie zawsze byłem osłem"
"I was on the point of becoming a boy"
"Byłem o krok od zostania chłopcem"
"I would have been like the other boys in the world"
"Byłbym taki jak inni chłopcy na świecie"
"but like other boys, I wasn't fond of study"
"ale jak inni chłopcy nie przepadałem za nauką"
"and I followed the advice of bad companions"
"i poszedłem za radą złych towarzyszy"
"and finally I ran away from home"
"i w końcu uciekłam z domu"

"One fine day when I awoke I found myself changed"
"Pewnego pięknego dnia, kiedy się obudziłem, zauważyłem, że jestem odmieniony"
"I had become a donkey with long ears"
"Stałem się osłem z długimi uszami"
"and I had grown a long tail too"
"I mi też wyrósł długi ogon"
"What a disgrace it was to me!"
"Cóż to była za hańba dla mnie!"
"even your worst enemy would not inflict it upon you!"
"Nawet twój najgorszy wróg nie zadałby ci tego!"
"I was taken to the market to be sold"
"Zabrano mnie na targ, żeby mnie sprzedać"
"and I was bought by an equestrian company"
"i zostałem kupiony przez firmę jeździecką"
"they wanted to make a famous dancer of me"
"Chcieli zrobić ze mnie sławnego tancerza"
"But one night during a performance I had a bad fall"
"Ale pewnej nocy podczas występu miałem poważny upadek"
"and I was left with two lame legs"
"i zostałem z dwiema kulawymi nogami"
"I was of no use to the circus no more"
"Nie byłem już do niczego przydatny w cyrku"
"and again I was taken to the market
"i znowu zabrano mnie na targ
"and at the market you were my purchaser!"
— A na targu byłeś moim nabywcą!
"Only too true," remembered the man
— To aż nazbyt prawdziwe — przypomniał sobie mężczyzna
"And I paid two dollars for you"
"I zapłaciłem za ciebie dwa dolary"
"And now, who will give me back my good money?"
— A teraz, kto mi odda moje dobre pieniądze?
"And why did you buy me?"
– A dlaczego mnie kupiłeś?
"You bought me to make a drum of my skin!"
"Kupiłeś mnie, żebym zrobił bęben z mojej skóry!"

"Only too true!" said the man
"To aż nazbyt prawdziwe!" powiedział mężczyzna
"And now, where shall I find another skin?"
— A teraz, gdzie znajdę inną skórę?
"Don't despair, master"
"Nie rozpaczaj, mistrzu"
"There are many little donkeys in the world!"
"Na świecie jest wiele małych osiołków!"
"Tell me, you impertinent rascal;"
— Powiedz mi, ty impertynencki łobuzie.
"does your story end here?"
— Czy twoja historia kończy się w tym miejscu?
"No," answered the puppet
— Nie — odparła marionetka
"I have another two words to say"
"Mam jeszcze dwa słowa do powiedzenia"
"and then my story shall have finished"
"A wtedy moja historia się skończy"
"you brought me to this place to kill me"
"Przyprowadziłeś mnie tu tutaj, aby mnie zabić"
"but then you yielded to a feeling of compassion"
"Ale potem poddałeś się uczuciu współczucia"
"and you preferred to tie a stone round my neck
— A ty wolałeś przywiązać mi kamień do szyi
"and you threw me into the sea"
"I wrzuciłeś mnie do morza"
"This humane feeling does you great honour"
"To ludzkie uczucie przynosi ci wielki zaszczyt"
"and I shall always be grateful to you"
"i zawsze będę ci wdzięczny"
"But, nevertheless, dear master, you forgot one thing"
— Ależ jednak, drogi mistrzu, zapomniałeś o jednej rzeczy.
"you made your calculations without considering the Fairy!"
"Dokonałeś swoich obliczeń, nie biorąc pod uwagę Wróżki!"
"And who is the Fairy?"
— A kim jest Wróżka?
"She is my mamma," replied Pinocchio

– To moja mama – odparł Pinokio
"and she resembles all other good mammas"
"I jest podobna do wszystkich innych dobrych mam"
"and all good mammas care for their children"
"I wszystkie dobre mamusie troszczą się o swoje dzieci"
"mammas who never lose sight of their children""
"Mamy, które nigdy nie tracą z oczu swoich dzieci"
"mammas who help their children lovingly"
"Mamy, które z miłością pomagają swoim dzieciom"
"and they love them even when they deserve to be abandoned"
"I kochają ich nawet wtedy, gdy zasługują na to, by je opuść"
"my good mamma kept me in her sight"
"Moja dobra mama nie spuszczała mnie z oczu"
"and she saw that I was in danger of drowning"
"I zobaczyła, że grozi mi utonięcie"
"so she immediately sent an immense shoal of fish"
"Natychmiast więc posłała ogromną ławicę ryb"
"first they really thought I was a little dead donkey"
"Najpierw naprawdę myśleli, że jestem małym martwym osłem"
"and so they began to eat me in big mouthfuls"
"I tak zaczęli mnie jeść dużymi kęsami"
"I never knew fish were greedier than boys!"
"Nigdy nie wiedziałam, że ryby są bardziej chciwe niż chłopcy!"
"Some ate my ears and my muzzle"
"Niektórzy zjedli mi uszy i pysk"
"and other fish my neck and mane"
"a inne ryby moją szyję i grzywę"
"some of them ate the skin of my legs"
"Niektórzy z nich zjedli skórę z moich nóg"
"and others took to eating my fur"
"A inni zaczęli jeść moje futro"
"Amongst them there was an especially polite little fish"
"Wśród nich znajdowała się wyjątkowo grzeczna rybka"
"and he condescended to eat my tail",

"I raczył zjeść mój ogon"
the purchaser was horrified by what he heard
Nabywca był przerażony tym, co usłyszał
"I swear that I will never touch fish again!"
"Przysięgam, że już nigdy nie tknę ryb!"
"imagine opening a mullet and finding a donkey's tail!"
"Wyobraź sobie, że otwierasz cefala i znajdujesz ogon osła!"
"I agree with you," said the puppet, laughing
— Zgadzam się z tobą — powiedziała marionetka, śmiejąc się
"However, I must tell you what happened next"
"Muszę ci jednak powiedzieć, co było dalej"
"the fish had finished eating the donkey's hide"
"Ryba skończyła jeść skórę osła"
"the donkey's hide that had covered me"
"Ośla skóra, która mnie okrywała"
"then they naturally reached the bone"
"Wtedy w naturalny sposób dotarli do kości"
"but it was not bone, but rather wood"
"Ale to nie była kość, tylko drewno"
"for, as you see, I am made of the hardest wood"
"bo, jak widzisz, jestem z najtwardszego drzewa"
"they tried to take a few more bites"
"Próbowali wziąć jeszcze kilka kęsów"
"But they soon discovered I was not for eating"
"Ale wkrótce odkryli, że nie jestem do jedzenia"
"disgusted with such indigestible food, they swam off"
"Zniesmaczeni tak niestrawnym jedzeniem, odpłynęli"
"and they left without even saying thank you"
"I odeszli, nawet nie dziękując"
"And now, at last, you have heard my story"
"A teraz, nareszcie, usłyszałeś moją historię"
"and that is why you didn't find a dead donkey"
"I dlatego nie znalazłeś martwego osła"
"and instead you found a living puppet"
"A zamiast tego znalazłeś żywą marionetkę"
"I laugh at your story," cried the man in a rage
— Śmieję się z twojej historii — zawołał mężczyzna z

wściekłością
"I only know that I spent two dollars to buy you"
"Wiem tylko, że wydałem dwa dolary, żeby cię kupić"
"and I will have my money back"
"i odzyskam swoje pieniądze"
"Shall I tell you what I will do?"
— Czy mam ci powiedzieć, co zrobię?
"I will take you back to the market"
"Zabiorę cię z powrotem na rynek"
"and I will sell you by weight as seasoned wood"
"I sprzedam cię na wagę jako drewno zaprawione"
and the purchaser can light fires with you"
a nabywca może z tobą rozpalić ogień"
Pinocchio was not too worried about this
Pinokio nie martwił się tym zbytnio
"Sell me if you like; I am content"
— Sprzedaj mnie, jeśli chcesz. Jestem zadowolony"
and he plunged back into the water
i zanurzył się z powrotem w wodzie
he swam gaily away from the shore
Wesoło oddalił się od brzegu
and he called to his poor owner
I zawołał do swego biednego właściciela
"Good-bye, master, don't forget me"
"Żegnaj mistrzu, nie zapomnij o mnie"
"the wooden puppet you wanted for its skin"
"Drewniana marionetka, którą chciałeś dla jej skóry"
"and I hope you get your drum one day"
"i mam nadzieję, że pewnego dnia dostaniesz swój bęben"
And he laughed and went on swimming
Roześmiał się i poszedł dalej pływać
and after a while he turned around again
A po chwili odwrócił się znowu
"Good-bye, master," he shouted louder
— Żegnaj, mistrzu — krzyknął głośniej
"and remember me when you need well seasoned wood"
"I pamiętaj o mnie, gdy potrzebujesz dobrze wysezonowanego

drewna"
"and think of me when you're lighting a fire"
"I pomyśl o mnie, gdy rozpalasz ogień"
soon Pinocchio had swam towards the horizon
wkrótce Pinokio popłynął w stronę horyzontu
and now he was scarcely visible from the shore
A teraz był ledwo widoczny z brzegu
he was a little black speck on the surface of the sea
Był małą czarną plamką na powierzchni morza
from time to time he lifted out of the water
Od czasu do czasu wynurzał się z wody
and he leaped and capered like a happy dolphin
Skakał i skakał jak szczęśliwy delfin
Pinocchio was swimming and he knew not whither
Pinokio płynął i nie wiedział dokąd,
he saw in the midst of the sea a rock
Ujrzał pośrodku morza skałę
the rock seemed to be made of white marble
Skała wydawała się być zrobiona z białego marmuru
and on the summit there stood a beautiful little goat
A na szczycie stała piękna mała koziołka
the goat bleated lovingly to Pinocchio
koza beczała z miłością do Pinokia
and the goat made signs to him to approach
A kozioł dał mu znaki, aby się zbliżył
But the most singular thing was this:
Ale najbardziej osobliwą rzeczą było to, że:
The little goat's hair was not white nor black
Sierść koziołka nie była ani biała, ani
nor was it a mixture of two colours
Nie była to też mieszanina dwóch kolorów
this is usual with other goats
Jest to normalne w przypadku innych kóz
but the goat's hair was a very vivid blue
Ale sierść kozła była bardzo jaskrawo niebieska
a vivid blue like the hair of the beautiful Child
żywy błękit jak włosy pięknego Dzieciątka

imagine how rapidly Pinocchio's heart began to beat
wyobraź sobie, jak szybko zaczęło bić serce Pinokia
He swam with redoubled strength and energy
Pływał ze zdwojoną siłą i energią
and in no time at all he was halfway there
i w mgnieniu oka znalazł się w połowie drogi
but then he saw something came out the water
Ale potem zobaczył, że coś wypływa z wody
the horrible head of a sea-monster!
Straszliwa głowa morskiego potwora!
His mouth was wide open and cavernous
Jego usta były szeroko otwarte i przepastne
there were three rows of enormous teeth
Były tam trzy rzędy ogromnych zębów
even a picture of if would terrify you
Nawet zdjęcie "jeśli" by cię przeraziło
And do you know what this sea-monster was?
A czy wiesz, kim był ten potwór morski?
it was none other than that gigantic Dog-Fish
Był to nie kto inny, jak ten gigantyczny Pies-Ryba
the Dog-Fish mentioned many times in this story
Pies-Ryba wielokrotnie wspominany w tej historii
I should tell you the name of this terrible fish
Powinienem ci powiedzieć, jak nazywa się ta straszna ryba
Attila of Fish and Fishermen
Attyla ryb i rybaków
on account of his slaughter and insatiable voracity
ze względu na jego rzeź i nienasyconą żarłoczność
think of poor Pinocchio's terror at the sight
pomyśl o przerażeniu biednego Pinokia na ten widok
a true sea monster was swimming at him
Pływał przy nim prawdziwy potwór morski
He tried to avoid the Dog-Fish
Starał się unikać Dog-Fish
he tried to swim in other directions
Próbował płynąć w innych kierunkach
he did everything he could to escape

Robił wszystko, co mógł, aby uciec
but that immense wide-open mouth was too big
Ale ta ogromna, szeroko otwarta paszcza była za duża
and it was coming with the velocity of an arrow
i zbliżał się z prędkością strzały
the beautiful little goat tried to bleat
Piękna mała koza próbowała beczeć
"Be quick, Pinocchio, for pity's sake!"
— Spiesz się, Pinokio, na litość boską!
And Pinocchio swam desperately with all he could
A Pinokio pływał rozpaczliwie, ile tylko mógł
his arms, his chest, his legs, and his feet
Jego ramiona, klatka piersiowa, nogi i stopy
"Quick, Pinocchio, the monster is close upon you!"
"Prędko, Pinokio, potwór jest blisko ciebie!"
And Pinocchio swam quicker than ever
A Pinokio pływał szybciej niż kiedykolwiek
he flew on with the rapidity of a ball from a gun
Leciał dalej z szybkością kuli wystrzelonej z pistoletu
He had nearly reached the rock
Już prawie dotarł do skały
and he had almost reached the little goat
I prawie doszedł do małej kozy
and the little goat leaned over towards the sea
A mała koza pochyliła się w stronę morza
she stretched out her fore-legs to help him
Rozprostowała przednie łapy, żeby mu pomóc
perhaps she could get him out of the water
Być może uda jej się wyciągnąć go z wody
But all their efforts were too late!
Ale na wszystkie ich wysiłki było już za późno!
The monster had overtaken Pinocchio
Potwór wyprzedził Pinokia
he drew in a big breath of air and water
Wciągnął duży wdech powietrza i wody
and he sucked in the poor puppet
I wciągnął biedną marionetkę

like he would have sucked a hen's egg
jakby ssał kurze jajko
and the Dog-Fish swallowed him whole
a Pies-Ryba połknął go w całości

Pinocchio tumbled through his teeth
Pinokio przewrócił się przez zęby
and he tumbled down the Dog-Fish's throat
i runął do gardła Psiej Rybie
and finally he landed heavily in his stomach
i w końcu wylądował ciężko w brzuchu
he remained unconscious for a quarter of an hour
Przez kwadrans pozostawał nieprzytomny
but eventually he came to himself again
Ale w końcu doszedł do siebie
he could not in the least imagine in what world he was
Nie potrafił sobie nawet wyobrazić, w jakim świecie się znajduje

All around him there was nothing but darkness
Wokół niego nie było nic prócz ciemności
it was as if he had fallen into a pot of ink
Wyglądało to tak, jakby wpadł do garnka z atramentem
He listened, but he could hear no noise
Nasłuchiwał, ale nie słyszał żadnego hałasu
occasionally great gusts of wind blew in his face
Od czasu do czasu silne podmuchy wiatru mu w twarz
first he could not understand from where it came from
Po pierwsze, nie mógł zrozumieć, skąd to się wzięło
but at last he discovered the source
Ale w końcu odkrył źródło
it came out of the monster's lungs
Wydostał się z płuc potwora
there is one thing you must know about the Dog-Fish
jest jedna rzecz, którą musisz wiedzieć o Dog-Fish
the Dog-Fish suffered very much from asthma
Dog-Fish bardzo cierpiał na astmę
when he breathed it was exactly like the north wind
Kiedy oddychał, było dokładnie tak, jak północny wiatr
Pinocchio at first tried to keep up his courage
Pinokio z początku starał się zachować odwagę
but the reality of the situation slowly dawned on him
Powoli jednak docierała do niego rzeczywistość
he was really shut up in the body of this sea-monster
Był naprawdę zamknięty w ciele tego morskiego potwora
and he began to cry and scream and sob
I zaczął płakać, krzyczeć i szlochać
"Help! help! Oh, how unfortunate I am!"
"Pomocy! Pomoc! Och, jakże jestem nieszczęśliwy!"
"Will nobody come to save me?"
"Czy nikt nie przyjdzie, aby mnie uratować?"
from the dark there came a voice
Z ciemności dobiegł nas głos
the voice sounded like a guitar out of tune
Głos brzmiał jak rozstrojona gitara
"Who do you think could save you, unhappy wretch?"

— Jak myślisz, kto mógłby cię uratować, nieszczęsny nędzniku?
Pinocchio froze with terror at the voice
Pinokio zamarł z przerażenia na ten głos
"Who is speaking?" asked Pinocchio, finally
"Kto mówi?" zapytał w końcu Pinokio
"It is I! I am a poor Tunny Fish"
"To ja! Jestem biednym tuńczykiem"
"I was swallowed by the Dog-Fish along with you"
"Zostałem połknięty przez Dog-Fish razem z tobą"
"And what fish are you?"
— A jaką rybą jesteś?
"I have nothing in common with fish"
"Nie mam nic wspólnego z rybami"
"I am a puppet," added Pinocchio
– Jestem marionetką – dodał Pinokio
"Then why did you let yourself be swallowed?"
– To dlaczego pozwoliłeś się połknąć?
"I didn't let myself be swallowed"
"Nie dałem się połknąć"
"it was the monster that swallowed me!"
"To był potwór, który mnie połknął!"
"And now, what are we to do here in the dark?"
— A teraz, co mamy tu robić w ciemnościach?
"there's not much we can do but to resign ourselves"
"Niewiele możemy zrobić, tylko zrezygnować"
"and now we wait until the Dog-Fish has digested us"
"a teraz czekamy, aż Pies-Ryba nas strawi"
"But I do not want to be digested!" howled Pinocchio
"Ale ja nie chcę być strawiony!" zawył Pinokio
and he began to cry again
I znowu zaczął płakać
"Neither do I want to be digested," added the Tunny Fish
— Nie chcę też być strawiony — dodał tuńczyk
"but I am enough of a philosopher to console myself"
"ale jestem na tyle filozofem, że mogę się pocieszać"
"when one is born a Tunny Fish life can be made sense of"

"kiedy ktoś się rodzi, życie tuńczyka może mieć sens"
"it is more dignified to die in the water than in oil"
"Godniej jest umrzeć w wodzie niż w oleju"
"That is all nonsense!" cried Pinocchio
"To wszystko bzdury!" zawołał Pinokio
"It is my opinion," replied the Tunny Fish
— Takie jest moje zdanie — odparł tuńczyk
"and opinions ought to be respected"
"A opinie powinny być szanowane"
"that is what the political Tunny Fish say"
"tak mówią polityczni Tubny Fish"
"To sum it all up, I want to get away from here"
"Podsumowując, chcę stąd uciec"
"I do want to escape."
– Naprawdę chcę uciec.
"Escape, if you are able!"
— Uciekaj, jeśli możesz!
"Is this Dog-Fish who has swallowed us very big?"
— Czy ten Pies-Ryba, który nas połknął, jest bardzo duży?
"Big? My boy, you can only imagine"
— Duży? Mój chłopcze, możesz sobie tylko wyobrazić"
"his body is two miles long without counting his tail"
"Jego ciało ma dwie mile długości, nie licząc ogona"
they held this conversation in the dark for some time
Przez jakiś czas prowadzili tę rozmowę w ciemności
eventually Pinocchio's eyes adjusted to the darkness
w końcu oczy Pinokia przyzwyczaiły się do ciemności
Pinocchio thought that he saw a light a long way off
Pinokio pomyślał, że widzi światło w oddali
"What is that little light I see in the distance?"
"Co to za małe światełko, które widzę w oddali?"
"It is most likely some companion in misfortune"
"Najprawdopodobniej jest to jakiś towarzysz nieszczęścia"
"he, like us, is waiting to be digested"
"On, podobnie jak my, czeka na przetrawienie"
"I will go and find him"
"Pójdę i go znajdę"

"perhaps it is an old fish that knows his way around"
"Być może to stara ryba, która zna się na rzeczy"
"I hope it may be so, with all my heart, dear puppet"
"Mam nadzieję, że tak może być, z całego serca, droga marionetko"
"Good-bye, Tunny Fish" - "Good-bye, puppet"
"Good-bye, Tunny Fish" - "Żegnaj, marionetko"
"and I wish a good fortune to you"
"i życzę ci powodzenia"
"Where shall we meet again?"
— Gdzie się znowu spotkamy?
"Who can see such things in the future?"
"Kto może zobaczyć takie rzeczy w przyszłości?"
"It is better not even to think of it!"
"Lepiej nawet o tym nie myśleć!"

A Happy Surprise for Pinocchio
Miła niespodzianka dla Pinokia

Pinocchio said farewell to his friend the Tunny Fish
Pinokio pożegnał się ze swoim przyjacielem, Rybą Tuńczykiem
and he began to grope his way through the Dog-Fish
i zaczął po omacku przedzierać się przez Dog-Fish
he took small steps in the direction of the light
Robił małe kroki w kierunku światła
the small light shining dimly at a great distance
małe światełko świecące słabo z daleka
the farther he advanced the brighter became the light
Im dalej się, tym jaśniejsze stawało się światło
and he walked and walked until at last he reached it
I szedł i szedł, aż w końcu do niego dotarł
and when he reached the light, what did he find?
A kiedy dotarł do światła, co znalazł?
I will let you have a thousand and one guesses
Dam ci tysiąc i jeden domysłów

what he found was a little table all prepared
To, co znalazł, było małym stolikiem, przygotowanym
on the table was a lighted candle in a green bottle
Na stole stała zapalona świeca w zielonej butelce
and seated at the table was a little old man
A przy stole siedział mały starszy człowiek
the little old man was eating some live fish
Mały staruszek jadł jakąś żywą rybę
and the little live fish were very much alive
A małe żywe rybki były bardzo żywe
some of the little fish even jumped out of his mouth
Niektóre z małych rybek wyskakiwały mu nawet z pyska
at this sight Pinocchio was filled with happiness
na ten widok Pinokio przepełnił się szczęściem
he became almost delirious with unexpected joy
Niemal zaczął majaczyć z nieoczekiwanej radości
He wanted to laugh and cry at the same time
Chciało mu się śmiać i płakać jednocześnie
he wanted to say a thousand things at once
Miał ochotę powiedzieć tysiąc rzeczy naraz
but all he managed were a few confused words
Ale jedyne, co udało mu się wydusić, to kilka niezrozumiałych słów
At last he succeeded in uttering a cry of joy
W końcu udało mu się wydać z siebie okrzyk radości
and he threw his arm around the little old man
I objął ramieniem małego starca,
"Oh, my dear papa!" he shouted with joy
"Och, mój kochany tatusiu!" – krzyknął z radością
"I have found you at last!" cried Pinocchio
"Nareszcie cię znalazłem!" zawołał Pinokio
"I will never never never never leave you again"
"Nigdy cię nie opuszczę, nigdy, nigdy, nigdy więcej"
the little old man couldn't believe it either
Mały staruszek też nie mógł w to uwierzyć
"are my eyes telling the truth?" he said
"Czy moje oczy mówią prawdę?" – zapytał

and he rubbed his eyes to make sure
i przetarł oczy, żeby się upewnić
"then you are really my dear Pinocchio?"
— Więc naprawdę jesteś moim drogim Pinokio?
"Yes, yes, I am Pinocchio, I really am!"
"Tak, tak, jestem Pinokio, naprawdę jestem!"
"And you have forgiven me, have you not?"
— I przebaczyłeś mi, nieprawdaż?
"Oh, my dear papa, how good you are!"
"Och, mój drogi tatusiu, jaki jesteś dobry!"
"And to think how bad I've been to you"
"I pomyśleć, jak zły byłem dla ciebie"
"but if you only knew what I've gone through"
"ale gdybyś tylko wiedział, przez co przeszedłem"
"all the misfortunes I've had poured on me"
"wszystkie nieszczęścia, które na mnie spadły"
"and all the other things that have befallen me!"
"I wszystkie inne rzeczy, które mnie spotkały!"
"oh think back to the day you sold your jacket"
"Och, pomyśl o dniu, w którym sprzedałeś swoją kurtkę"
"oh you must have been terribly cold"
"Och, musiałeś być strasznie zimny"
"but you did it to buy me a spelling book"
"Ale zrobiłeś to, żeby kupić mi książkę do ortografii"
"so that I could study like the other boys"
"żebym mógł uczyć się jak inni chłopcy"
"but instead I escaped to see the puppet show"
"ale zamiast tego uciekłem, żeby zobaczyć przedstawienie kukiełkowe"
"and the showman wanted to put me on the fire"
"A showman chciał mnie podpalić"
"so that I could roast his mutton for him"
"abym mógł upiec dla niego baraninę"
"but then the same showman gave me five gold pieces"
"Ale potem ten sam showman dał mi pięć sztuk złota"
"he wanted me to give you the gold"
"Chciał, żebym ci dał złoto"

"**but then I met the Fox and the Cat**"
"ale potem spotkałem Lisa i Kota"
"**and they took me to the inn of The Red Craw-Fish**"
"I zaprowadzili mnie do gospody Pod Czerwonym Rakiem"
"**and at the inn they ate like hungry wolves**"
"A w gospodzie jedli jak wygłodniałe wilki"
"**and I left by myself in the middle of the night**"
"i odszedłem sam w środku nocy"
"**and I encountered assassins who ran after me**"
"i spotkałem zabójców, którzy biegli za mną"
"**and I ran away from the assassins**"
"i uciekłem przed zabójcami"
"**but the assassins followed me just as fast**"
"Ale zabójcy podążali za mną równie szybko"
"**and I ran away from them as fast as I could**"
"i uciekłem od nich tak szybko, jak tylko mogłem"
"**but they always followed me however fast I ran**"
"ale oni zawsze szli za mną, bez względu na to, jak szybko biegłem"
"**and I kept running to get away from them**"
"A ja uciekałem, żeby od nich uciec"
"**but eventually they caught me after all**"
"Ale w końcu mnie złapali"
"**and they hung me to a branch of a Big Oak**"
"I powiesili mnie na gałęzi dużego dębu"
"**but then there was the beautiful Child with blue hair**"
"ale potem było piękne Dzieciątko o niebieskich włosach"
"**she sent a little carriage to fetch me**"
"Posłała po mnie mały powóz"
"**and the doctors all had a good look at me**"
"I wszyscy lekarze dobrze mi się przyjrzeli"
"**and they immediately made the same diagnosis**"
"I natychmiast postawili tę samą diagnozę"
"**If he is not dead, it is a proof that he is still alive**"
"Jeśli nie jest martwy, to jest to dowód, że jeszcze żyje"
"**and then by chance I told a lie**"
"A potem przypadkiem skłamałem"

"and my nose began to grow and grow and grow"
"I nos mi zaczął rosnąć i rosnąć, i rosnąć"
"and soon I could no longer get through the door"
"i wkrótce nie mogłem już przejść przez drzwi"
"so I went again with the Fox and the Cat"
"więc poszedłem znowu z Lisem i Kotem"
"and together we buried the four gold pieces"
"I razem zakopaliśmy cztery złote monety"
"because one piece of gold I had spent at the inn"
"bo jedną sztukę złota wydałem w gospodzie"
"and the Parrot began to laugh at me"
"A Papuga zaczęła się ze mnie śmiać"
"and there were not two thousand pieces of gold"
"I nie było dwóch tysięcy sztuk złota"
"there were no pieces of gold at all anymore"
"Nie było już żadnych sztuk złota"
"so I went to the judge of the town to tell him"
"Poszedłem więc do sędziego miejskiego, aby mu to powiedzieć"
"he said I had been robbed, and put me in prison"
"Powiedział, że zostałem okradziony i wsadził mnie do więzienia"
"while escaping I saw a beautiful bunch of grapes"
"podczas ucieczki zobaczyłem piękną kiść winogron"
"but in the field I was caught in a trap"
"ale na polu wpadłem w pułapkę"
"and the peasant had every right to catch me"
"A chłop miał pełne prawo mnie złapać"
"he put a dog-collar round my neck"
"Założył mi na szyję obrożę dla psa"
"and he made me the guard dog of the poultry-yard"
"I uczynił mnie psem stróżującym kurnika"
"but he acknowledged my innocence and let me go"
"Lecz on uznał moją niewinność i pozwolił mi odejść"
"and the Serpent with the smoking tail began to laugh"
"A Wąż z dymiącym ogonem zaczął się śmiać"
"but the Serpent laughed until he broke a blood-vessel"

"Lecz Wąż śmiał się, aż rozbił naczynie krwionośne"
"and so I returned to the house of the beautiful Child"
"I tak wróciłam do domu pięknego Dzieciątka"
"but then the beautiful Child was dead"
"Lecz wtedy piękne Dzieciątko umarło"
"and the Pigeon could see that I was crying"
"A gołąb widział, że płaczę"
"and the Pigeon said, 'I have seen your father'"
"A gołąb rzekł: «Widziałem twego ojca»"
'he was building a little boat to search of you'
"Budował małą łódź, żeby cię szukać"
"and I said to him, 'Oh! if I also had wings,'"
"I powiedziałam mu: 'Och! gdybym i ja miał skrzydła'"
"and he said to me, 'Do you want to see your father?'"
"I rzekł do mnie: 'Czy chcesz zobaczyć swego ojca?'"
"and I said, 'Without doubt I would like to see him!'"
"A ja na to: 'Bez wątpienia chciałbym go zobaczyć!'"
"'but who will take me to him?' I asked"
"'A któż mnie do niego zaprowadzi?' – spytałem"
"and he said to me, 'I will take you,'"
"I rzekł do mnie: 'Wezmę cię'"
"and I said to him, 'How will you take me?'"
"I rzekłem do niego: 'Jak mnie weźmiesz?'"
"and he said to me, 'Get on my back,'"
"I rzekł do mnie: 'Wejdź mi na plecy'"
"and so we flew through all that night"
"I tak przelecieliśmy całą tę noc"
"and then in the morning there were all the fishermen"
"A potem rano byli już wszyscy rybacy"
"and the fishermen were looking out to sea"
"A rybacy patrzyli na morze"
"and one said to me, 'There is a poor man in a boat'"
"I rzekł do mnie jeden: «W łodzi jest biedny człowiek»"
"he is on the point of being drowned"
"Jest bliski utonięcia"
"and I recognized you at once, even at that distance
"I poznałem cię od razu, nawet z tej odległości

"because my heart told me that it was you"
"Bo moje serce mówiło mi, że to ty"
"and I made signs so that you would return to land"
"I uczyniłem znaki, abyście wrócili na ląd"
"I also recognized you," said Geppetto
— Ja też cię poznałem — rzekł Geppetto
"and I would willingly have returned to the shore"
"i chętnie wróciłbym na brzeg"
"but what was I to do so far out at sea?"
— Ale cóż ja miałem robić tak daleko na morzu?
"The sea was tremendously angry that day"
"Tego dnia morze było strasznie wściekłe"
"and a great wave came over and upset my boat"
"I nadeszła wielka fala, która wywróciła moją łódź"
"Then I saw the horrible Dog-Fish"
"Wtedy zobaczyłem straszliwą Psią Rybę"
"and the horrible Dog-Fish saw me too"
"i ten okropny Pies-Ryba też mnie widział"
"and so the horrible Dog-Fish came to me"
"i tak przyszedł do mnie ten okropny Pies-Ryba"
"and he put out his tongue and swallowed me"
"I wysunął język swój, i połknął mnie"
"as if I had been a little apple tart"
"jakbym był małą tartą jabłkową"
"And how long have you been shut up here?"
— I jak długo jesteś tu zamknięty?
"that day must have been nearly two years ago"
"Ten dzień musiał być prawie dwa lata temu"
"two years, my dear Pinocchio," he said
— Dwa lata, mój drogi Pinokio — rzekł
"those two years seemed like two centuries!"
"Te dwa lata wydawały mi się dwoma stuleciami!"
"And how have you managed to live?"
— A jak ci się udało żyć?
"And where did you get the candle?"
— A skąd wziąłeś świecę?
"And from where are the matches for the candle?

"A skąd są zapałki do świecy?
"Stop, and I will tell you everything"
"Przestań, a wszystko ci opowiem"
"I was not the only one at sea that day"
"Nie byłem jedyną osobą na morzu tego dnia"
"the storm had also upset a merchant vessel"
"Sztorm zakłócił również statek handlowy"
"the sailors of the vessel were all saved"
"Wszyscy marynarze ze statku zostali uratowani"
"but the cargo of the vessel sunk to the bottom"
"ale ładunek statku poszedł na dno"
"the Dog-Fish had an excellent appetite that day"
"Pies-Ryba miał tego dnia doskonały apetyt"
"after swallowing me he swallowed the vessel"
"Po połknięciu mnie połknął naczynie"
"How did he swallow the entire vessel?"
– Jak to się stało, że połknął całe naczynie?
"He swallowed the whole boat in one mouthful"
"Połknął całą łódź jednym kęsem"
"the only thing that he spat out was the mast"
"Jedyne, co wypluł, to maszt"
"it had stuck between his teeth like a fish-bone"
"Tkwiła mu między zębami jak rybia ość"
"Fortunately for me, the vessel was fully laden"
"Na szczęście dla mnie, statek był w pełni załadowany"
"there were preserved meats in tins, biscuit"
"W puszkach były konserwy mięsne, suchary"
"and there were bottles of wine and dried raisins"
"Były też butelki wina i suszone rodzynki"
"and I had cheese and coffee and sugar"
"A ja miałem ser, kawę i cukier"
"and with the candles were boxes of matches"
"A ze świecami były pudełka zapałek"
"With this I have been able to live for two years"
"Dzięki temu mogę żyć od dwóch lat"
"But I have arrived at the end of my resources"
"Ale doszedłem do kresu moich możliwości"

"there is nothing left in the larder"
"W spiżarni nic nie zostało"
"and this candle is the last that remains"
"A ta świeca jest ostatnią, która pozostała"
"And after that what will we do?"
— A potem, co zrobimy?
"oh my dear boy, Pinocchio," he cried
— Och, mój drogi chłopcze, Pinokio — zawołał
"After that we shall both remain in the dark"
"Potem oboje pozostaniemy w ciemności"
"Then, dear little papa there is no time to lose"
"W takim razie, kochany tatusiu, nie ma czasu do stracenia"
"We must think of a way of escaping"
"Musimy wymyślić sposób na ucieczkę"
"what way of escaping can we think of?"
— Jaki sposób ucieczki możemy wymyślić?
"We must escape through the mouth of the Dog-Fish"
"Musimy uciec przez paszczy Dog-Fish"
"we must throw ourselves into the sea and swim away"
"Musimy rzucić się do morza i odpłynąć"
"You talk well, my dear Pinocchio"
— Dobrze mówisz, mój drogi Pinokio.
"but I don't know how to swim"
"ale ja nie umiem pływać"
"What does that matter?" replied Pinocchio
"Jakie to ma znaczenie?" odparł Pinokio
"I am a good swimmer," he suggested
— Jestem dobrym pływakiem — zasugerował
"you can get on my shoulders"
"Możesz wejść mi na ramiona"
"and I will carry you safely to shore"
"i przeniosę cię bezpiecznie na brzeg"
"All illusions, my boy!" replied Geppetto
— To tylko złudzenia, mój chłopcze — odparł Geppetto
and he shook his head with a melancholy smile
i potrząsnął głową z melancholijnym uśmiechem
"my dear Pinocchio, you are scarcely a yard high"

"mój drogi Pinokio, masz zaledwie metr wzrostu"
"how could you swim with me on your shoulders?"
"Jak mogłeś pływać ze mną na ramionach?"
"Try it and you will see!" replied Pinocchio
"Spróbuj, a zobaczysz!" odpowiedział Pinokio
Without another word Pinocchio took the candle
Bez słowa Pinokio wziął świecę
"Follow me, and don't be afraid"
"Pójdź za mną i nie bój się"
and they walked for some time through the Dog-Fish
i szli przez jakiś czas przez Dog-Fish
they walked all the way through the stomach
Przeszli całą drogę przez żołądek
and they were where the Dog-Fish's throat began
i to właśnie w nich zaczynało się gardło Psiej Ryby
and here they thought they should better stop
I tu pomyśleli, że lepiej będzie się zatrzymać
and they thought about the best moment for escaping
i zastanawiali się, jaki jest najlepszy moment na ucieczkę
Now, I must tell you that the Dog-Fish was very old
Muszę wam powiedzieć, że Dog-Fish był bardzo stary
and he suffered from asthma and heart palpitations
i cierpiał na astmę i kołatanie serca
so he was obliged to sleep with his mouth open
Musiał więc spać z otwartymi ustami
and through his mouth they could see the starry sky
a przez jego usta widzieli rozgwieżdżone niebo
and the sea was lit up by beautiful moonlight
a morze rozświetlało piękne światło księżyca
Pinocchio carefully and quietly turned to his father
Pinokio ostrożnie i cicho odwrócił się do ojca
"This is the moment to escape," he whispered to him
— To jest moment, by uciec — szepnął do niego
"the Dog-Fish is sleeping like a dormouse"
"Pies-Ryba śpi jak popielica"
"the sea is calm, and it is as light as day"
"Morze jest spokojne i jest jasne jak dzień"

"follow me, dear papa," he told him
– Chodź za mną, kochany tato – powiedział
"and in a short time we shall be in safety"
"I w niedługim czasie będziemy bezpieczni"
they climbed up the throat of the sea-monster
Wspięli się na gardło morskiego potwora
and soon they reached his immense mouth
i wkrótce dotarli do jego ogromnych ust
so they began to walk on tiptoe down his tongue
Zaczęli więc chodzić na palcach po jego języku
they were about to make the final leap
Mieli właśnie wykonać ostatni skok
the puppet turned around to his father
Marionetka odwróciła się do ojca
"Get on my shoulders, dear Papa," he whispered
– Weź mi na ramiona, drogi tatusiu – wyszeptał
"and put your arms tightly around my neck"
"I obejmij mi mocno ramiona na szyi"
"I will take care of the rest," he promised
– Ja zajmę się resztą – obiecał
soon Geppetto was firmly settled on his son's shoulders
Wkrótce Geppetto mocno usadowił się na ramionach syna
Pinocchio took a moment to build up courage
Pinokio poświęcił chwilę, by zebrać się na odwagę
and then he threw himself into the water
A potem rzucił się do wody
and began to swim away from the Dog-Fish
i zaczął odpływać od Dog-Fish
The sea was as smooth as oil
Morze było gładkie jak ropa
the moon shone brilliantly in the sky
Księżyc świecił jasno na niebie
and the Dog-Fish was in deep sleep
a Pies-Ryba był pogrążony w głębokim śnie
even cannons wouldn't have awoken him
Nawet armaty by go nie obudziły

Pinocchio at last Ceases to be a Puppet and Becomes a Boy
Pinokio w końcu przestaje być marionetką, a staje się chłopcem

Pinocchio was swimming quickly towards the shore
Pinokio płynął szybko w kierunku brzegu
Geppetto had his legs on his son's shoulders
Geppetto trzymał nogi na ramionach syna
but Pinocchio discovered his father was trembling
ale Pinokio odkrył, że jego ojciec się trzęsie
he was shivering from cold as if in a fever
Trząsł się z zimna, jakby w gorączce
but cold was not the only cause of his trembling
Ale chłód nie był jedynym powodem jego drżenia
Pinocchio thought the cause of the trembling was fear
Pinokio uważał, że przyczyną drżenia był strach
and the Puppet tried to comfort his father
a Marionetka próbowała pocieszyć ojca
"Courage, papa! See how well I can swim?"
— Odwagi, tato! Zobacz, jak dobrze umiem pływać?"
"In a few minutes we shall be safely on shore"
"Za kilka minut będziemy bezpiecznie na brzegu"
but his father had a higher vantage point
Ale jego ojciec miał wyższy punkt obserwacyjny
"But where is this blessed shore?"
— Ale gdzież jest ten błogosławiony brzeg?
and he became even more frightened
I przestraszył się jeszcze bardziej
and he screwed up his eyes like a tailor
i wytrzeszczył oczy jak krawiec
when they thread string through a needle
kiedy przewlekają sznurek przez igłę
"I have been looking in every direction"
"Rozglądałem się we wszystkich kierunkach"
"and I see nothing but the sky and the sea"
"i nie widzę nic prócz nieba i morza"
"But I see the shore as well," said the puppet

— Ale ja widzę też brzeg — powiedziała marionetka
"You must know that I am like a cat"
"Musisz wiedzieć, że jestem jak kot"
"I see better by night than by day"
"Lepiej widzę w nocy niż za dnia"
Poor Pinocchio was making a pretence
Biedny Pinokio udawał
he was trying to show optimism
Starał się okazywać optymizm
but in reality he was beginning to feel discouraged
Ale w rzeczywistości zaczynał czuć się zniechęcony
his strength was failing him rapidly
Siły szybko go opuszczały
and he was gasping and panting for breath
Z trudem łapał oddech
He could not swim much further anymore
Nie mógł już płynąć dalej
and the shore was still far off
a brzeg był jeszcze daleko
He swam until he had no breath left
Pływał tak długo, aż zabrakło mu tchu
and then he turned his head to Geppetto
a potem odwrócił głowę do Geppetto
"Papa, help me, I am dying!" he said
"Tato, pomóż mi, umieram!" powiedział
The father and son were on the point of drowning
Ojciec i syn byli bliscy utonięcia
but they heard a voice like an out of tune guitar
ale usłyszeli głos jakby rozstrojonej gitary
"Who is it that is dying?" said the voice
"Kto umiera?" – zapytał głos
"It is I, and my poor father!"
— To ja i mój biedny ojciec!
"I know that voice! You are Pinocchio!"
— Znam ten głos! Jesteś Pinokio!"
"Precisely; and you?" asked Pinocchio
— Właśnie. a ty?" zapytał Pinokio

"I am the Tunny Fish," said his prison companion
— Jestem tuńczykiem — rzekł jego towarzysz z więzienia
"we met in the body of the Dog-Fish"
"spotkaliśmy się w ciele Psa-Ryby"
"And how did you manage to escape?"
– A jak udało ci się uciec?
"I followed your example"
"Poszedłem za twoim przykładem"
"You showed me the road"
"Pokazałeś mi drogę"
"and I escaped after you"
"i uciekłem za tobą"
"Tunny Fish, you have arrived at the right moment!"
"Rybko Tunny, przybyłeś we właściwym momencie!"
"I implore you to help us or we are dead"
"Błagam cię, pomóż nam, bo inaczej zginiemy"
"I will help you willingly with all my heart"
"Chętnie ci pomogę z całego serca"
"You must, both of you, take hold of my tail"
"Musicie oboje złapać mnie za ogon"
"leave it to me to guide you
"Zostaw to mnie, abym cię prowadził
"I will take you both on shore in four minutes"
"Za cztery minuty zabiorę was obu na brzeg"
I don't need to tell you how happy they were
Nie muszę ci mówić, jak bardzo byli szczęśliwi
Geppetto and Pinocchio accepted the offer at once
Geppetto i Pinokio od razu przyjęli propozycję
but grabbing the tail was not the most comfortable
Ale chwytanie za ogon nie było najwygodniejsze
so they got on the Tunny Fish's back
więc wsiedli na grzbiet Tunny Fisha

The Tunny Fish did indeed take only four minutes
Ryba Tunny rzeczywiście zajęła tylko cztery minuty
Pinocchio was the first to jump onto the land
Pinokio był pierwszym, który wskoczył na ląd
that way he could help his father off the fish
W ten sposób mógł pomóc ojcu zejść z ryby
He then turned to his friend the Tunny Fish
Następnie zwrócił się do swojego przyjaciela, Ryba Tuńczyk
"My friend, you have saved my papa's life"
"Mój przyjacielu, uratowałeś życie mojemu tacie"

Pinocchio's voice was full of deep emotions
Głos Pinokia był pełen głębokich emocji
"I can find no words with which to thank you properly"
"Nie znajduję słów, którymi mógłbym Ci odpowiednio podziękować"
"Permit me at least to give you a kiss"
"Pozwól mi przynajmniej dać ci buziaka"
"it is a sign of my eternal gratitude!"
"To znak mojej dozgonnej wdzięczności!"
The Tunny put his head out of the water
Tunny wystawił głowę z wody
and Pinocchio knelt on the edge of the shore
a Pinokio ukląkł na skraju brzegu
and he kissed him tenderly on the mouth
i pocałował go czule w usta
The Tunny Fish was not used to such warm affection
Tuńczyk nie był przyzwyczajony do tak ciepłych uczuć
he felt both very touched, but also ashamed
Czuł się zarówno bardzo wzruszony, jak i zawstydzony
because he had started crying like a small child
bo zaczął płakać jak małe dziecko
and he plunged back into the water and disappeared
Zanurzył się z powrotem w wodzie i zniknął
By this time the day had dawned
O tej porze dzień już zaświtał
Geppetto had scarcely breath to stand
Geppetto ledwo łapał oddech, by ustać na nogach
"Lean on my arm, dear papa, and let us go"
"Oprzyj się na moim ramieniu, kochany tato, i chodźmy"
"We will walk very slowly, like the ants"
"Będziemy szli bardzo powoli, jak mrówki"
"and when we are tired we can rest by the wayside"
"A kiedy jesteśmy zmęczeni, możemy odpocząć przy drodze"
"And where shall we go?" asked Geppetto
"I dokąd pójdziemy?" zapytał Geppetto
"let us search for some house or cottage"
"Poszukajmy jakiegoś domu lub chaty"

"there they will give us some charity"
"Tam dadzą nam trochę jałmużny"
"perhaps we will receive a mouthful of bread"
"Być może otrzymamy kęs chleba"
"and a little straw to serve as a bed"
"I trochę słomy na posłanie"
Pinocchio and his father hadn't walked very far
Pinokio i jego ojciec nie przeszli zbyt daleko
they had seen two villainous-looking individuals
Widzieli dwóch złowieszczo wyglądających osobników
the Cat and the Fox were at the road begging
Kot i Lis byli przy drodze i żebrali

but they were scarcely recognizable
Ledwo jednak można było je rozpoznać
the Cat had feigned blindness all her life
Kotka przez całe życie udawała ślepotę

and now she became blind in reality
A teraz stała się ślepa w rzeczywistości
and a similar fate must have met the Fox
i podobny los musiał spotkać Lisa
his fur had gotten old and mangy
Jego futro zestarzało się i stało się parszywe
one of his sides was paralyzed
Jedna z jego stron była sparaliżowana
and he had not even his tail left
i nie został mu nawet ogon
he had fallen in the most squalid of misery
Upadł w najnędzniejsze z nieszczęść
and one fine day he was obliged to sell his tail
Pewnego pięknego dnia musiał sprzedać swój ogon
a travelling peddler bought his beautiful tail
Wędrowny handlarz kupił jego piękny ogon
and now his tail was used for chasing away flies
A teraz jego ogon służył do odpędzania much
"Oh, Pinocchio!" cried the Fox
"Och, Pinokio!" zawołał Lis
"give a little in charity to two poor, infirm people"
"Daj trochę na jałmużnę dwóm biednym, niedołężnym ludziom"
"Infirm people," repeated the Cat
— Niedołężni ludzie — powtórzył Kot
"Be gone, impostors!" answered the puppet
"Idźcie precz, oszuści!" odpowiedziała marionetka
"You fooled me once with your tricks"
"Raz mnie oszukałeś swoimi sztuczkami"
"but you will never catch me again"
"Ale już nigdy mnie nie złapiesz"
"this time you must believe us, Pinocchio"
"Tym razem musisz nam uwierzyć, Pinokio"
"we are now poor and unfortunate indeed!"
— Jesteśmy teraz naprawdę biedni i nieszczęśliwi!
"If you are poor, you deserve it"
"Jeśli jesteś biedny, zasługujesz na to"

and Pinocchio asked them to recollect a proverb
a Pinokio poprosił ich, aby przypomnieli sobie przysłowie
"Stolen money never fructifies"
"Skradzione pieniądze nigdy nie owocują"
"Be gone, impostors!" he told them
"Idźcie precz, oszuści!" — powiedział im
And Pinocchio and Geppetto went their way in peace
A Pinokio i Geppetto odeszli w pokoju
soon they had gone another hundred yards
Wkrótce przeszli kolejne sto jardów
they saw a path going into a field
Ujrzeli ścieżkę prowadzącą w pole
and in the field they saw a nice little hut
A na polu zobaczyli ładną chatkę
the hut was made from tiles and straw and bricks
Chata była wykonana z dachówek, słomy i cegieł
"That hut must be inhabited by someone"
"Ta chata musi być przez kogoś zamieszkana"
"Let us go and knock at the door"
"Chodźmy i zapukajmy do drzwi"
so they went and knocked at the door
Poszli więc i zapukali do drzwi
from in the hut came a little voice
Z wnętrza chaty dobiegł cichy głos
"who is there?" asked the little voice
"Kto tam?" zapytał cichy głos
Pinocchio answered to the little voice
Pinokio odpowiedział cichemu głosikowi
"We are a poor father and son"
"Jesteśmy biednym ojcem i synem"
"we are without bread and without a roof"
"Jesteśmy bez chleba i bez dachu nad głową"
the same little voice spoke again:
Ten sam cichy głos odezwał się znowu:
"Turn the key and the door will open"
"Przekręć kluczyk, a drzwi się otworzą"
Pinocchio turned the key and the door opened

Pinokio przekręcił klucz i drzwi się otworzyły
They went in and looked around
Weszli do środka i rozejrzeli się dookoła
they looked here, there, and everywhere
Rozglądali się to tu, to tam, to wszędzie
but they could see no one in the hut
Ale w chacie nie było widać nikogo
Pinocchio was much surprised the hut was empty
Pinokio był bardzo zdziwiony, że chata była pusta
"Oh! where is the master of the house?"
— Och! Gdzie jest pan domu?"
"Here I am, up here!" said the little voice
"Oto jestem, tutaj, na górze!" powiedział cichy głos
The father and son looked up to the ceiling
Ojciec i syn spojrzeli w sufit
and on a beam they saw the talking little Cricket
a na belce ujrzeli gadającego małego Świerszcza
"Oh, my dear little Cricket!" said Pinocchio
"Och, mój drogi mały Świerszcz!" powiedział Pinokio
and Pinocchio bowed politely to the little Cricket
a Pinokio ukłonił się grzecznie małemu świerszczowi
"Ah! now you call me your dear little Cricket"
— Ach! teraz nazywasz mnie swoim kochanym małym świerszczem"
"But do you remember when we first met?"
– Ale pamiętasz, kiedy spotkaliśmy się po raz pierwszy?
"you wanted me gone from your house"
"Chciałeś, żebym wyszedł z twojego domu"
"and you threw the handle of a hammer at me"
"I rzuciłeś we mnie trzonkiem młotka"
"You are right, little Cricket! Chase me away also!"
— Masz słuszność, mały Świerszczu! Przegań i mnie!"
"Throw the handle of a hammer at me"
"Rzuć we mnie trzonkiem młotka"
"but please, have pity on my poor papa"
"Ale proszę, zlituj się nad moim biednym tatusiem"
"I will have pity on both father and son"

"Będę się litował zarówno nad ojcem, jak i nad synem"
"but I wish to remind you of my ill treatment"
"ale pragnę ci przypomnieć o moim złym traktowaniu"
"the ill treatment I received from you"
"Złe traktowanie, jakiego doświadczyłem od ciebie"
"but there's a lesson I want you to learn"
"Ale jest lekcja, której chcę, żebyś się nauczył"
"life in this world is not always easy"
"Życie na tym świecie nie zawsze jest łatwe"
"when possible, we must be courteous to everyone"
"Jeśli to możliwe, musimy być uprzejmi dla wszystkich"
"only so can we expect to receive courtesy"
"Tylko w ten sposób możemy oczekiwać uprzejmości"
"because we never know when we might be in need"
"bo nigdy nie wiemy, kiedy możemy być w potrzebie"
"You are right, little Cricket, you are right"
"Masz rację, mały Świerszczku, masz rację"
"and I will bear in mind the lesson you have taught me"
"I będę pamiętał o lekcji, której mi udzieliłeś"
"But tell me how you managed to buy this beautiful hut"
"Ale powiedz mi, jak udało ci się kupić tę piękną chatę"
"This hut was given to me yesterday"
"Wczoraj dano mi tę chatę"
"the owner of the hut was a goat"
"Właścicielem chaty była koza"
"and she had wool of a beautiful blue colour"
"I miała wełnę pięknego niebieskiego koloru"
Pinocchio grew lively and curious at this news
Pinokio ożywił się i zaciekawił tą wiadomością
"And where has the goat gone?" asked Pinocchio
"A gdzie się podziała koza?" zapytał Pinokio
"I do not know where she has gone"
"Nie wiem, dokąd ona poszła"
"And when will the goat come back?" asked Pinocchio
"A kiedy koza wróci?" zapytał Pinokio
"oh she will never come back, I'm afraid"
"Och, obawiam się, że ona nigdy nie wróci"

"she went away yesterday in great grief"
"Odeszła wczoraj w wielkim smutku"
"her bleating seemed to want to say something"
"Jej beczenie zdawało się chcieć coś powiedzieć"
"Poor Pinocchio! I shall never see him again"
"Biedny Pinokio! Nigdy więcej go nie zobaczę"
"by now the Dog-Fish must have devoured him!"
— Do tej pory Pies-Ryba musiał go już pożarć!
"Did the goat really say that?"
– Czy koza naprawdę tak powiedziała?
"Then it was she, the blue goat"
"A więc to była ona, niebieska koza"
"It was my dear little Fairy," exclaimed Pinocchio
– To była moja kochana mała wróżka – wykrzyknął Pinokio
and he cried and sobbed bitter tears
i płakał, i szlochał gorzkimi łzami
When he had cried for some time he dried his eyes
Gdy płakał przez jakiś czas, otarł oczy
and he prepared a comfortable bed of straw for Geppetto
i przygotował wygodne posłanie ze słomy dla Geppetto
Then he asked the Cricket for more help
Potem poprosił Świerszcza o dalszą pomoc
"Tell me, little Cricket, please"
"Powiedz mi, mały Świerszczu, proszę"
"where can I find a tumbler of milk"
"gdzie mogę znaleźć kubek z mlekiem"
"my poor papa has not eaten all day"
"Mój biedny tatuś nie jadł przez cały dzień"
"Three fields from here there lives a gardener"
"Trzy pola stąd mieszka ogrodnik"
"the gardener is called Giangio"
"ogrodnik nazywa się Giangio"
"and in his garden he also has cows"
"A w swoim ogrodzie ma też krowy"
"he will let you have the milk you want"
"On pozwoli ci napić się mleka, na jakie masz ochotę"
Pinocchio ran all the way to Giangio's house

Pinokio pobiegł aż do domu Giangio
and the gardener asked him:
A ogrodnik zapytał go:
"How much milk do you want?"
"Ile mleka chcesz?"
"I want a tumblerful," answered Pinocchio
— Chcę kubek — odparł Pinokio
"A tumbler of milk costs five cents"
"Kubek mleka kosztuje pięć centów"
"Begin by giving me the five cents"
"Zacznij od dania mi pięciu centów"
"I have not even one cent," replied Pinocchio
— Nie mam ani centa — odparł Pinokio
and he was grieved from being so penniless
i był zasmucony, że został tak bez grosza przy duszy
"That is bad, puppet," answered the gardener
— To źle, marionetko — odparł ogrodnik
"If you have not one cent, I have not a drop of milk"
"Jeśli ty nie masz ani jednego centa, ja nie mam ani kropli mleka"
"I must have patience!" said Pinocchio
"Muszę uzbroić się w cierpliwość!" powiedział Pinokio
and he turned to go again
I odwrócił się, by iść znowu
"Wait a little," said Giangio
— Poczekaj chwilę — powiedział Giangio
"We can come to an arrangement together"
"Możemy dojść do porozumienia razem"
"Will you undertake to turn the pumping machine?"
— Czy podejmie się pan obrócenia maszyny pompującej?
"What is the pumping machine?"
"Co to jest maszyna pompująca?"
"It is a kind of wooden screw"
"To rodzaj drewnianej"
"it serves to draw up the water from the cistern"
"Służy do czerpania wody z cysterny"
"and then it waters the vegetables"

"A potem podlewa warzywa"
"I can try to turn the pumping machine"
"Mogę spróbować obrócić maszynę pompującą"
"great, I need a hundred buckets of water"
"Świetnie, potrzebuję stu wiader wody"
"and for the work you'll get a tumbler of milk"
"A za pracę dostaniesz kubek mleka"
"we have an agreement," confirmed Pinocchio
— Mamy porozumienie — potwierdził Pinokio
Giangio then led Pinocchio to the kitchen garden
Następnie Giangio zaprowadził Pinokia do ogrodu kuchennego
and he taught him how to turn the pumping machine
i nauczył go, jak obracać maszynę pompującą
Pinocchio immediately began to work
Pinokio natychmiast zabrał się do pracy
but a hundred buckets of water was a lot of work
Ale sto wiader wody to było dużo pracy
the perspiration was pouring from his head
Pot lał mu się z głowy
Never before had he undergone such fatigue
Nigdy przedtem nie doświadczył takiego zmęczenia
the gardener came to see Pinocchio's progress
ogrodnik przyszedł zobaczyć postępy Pinokia
"my little donkey used to do this work"
"Mój mały osiołek wykonywał tę pracę"
"but the poor animal is dying"
"Ale biedne zwierzę umiera"
"Will you take me to see him?" said Pinocchio
"Czy zabierzesz mnie do niego?" zapytał Pinokio
"sure, please come to see my little donkey"
"Jasne, proszę, przyjdź zobaczyć mojego małego osiołka"
Pinocchio went into the stable
Pinokio wszedł do stajni
and he saw a beautiful little donkey
I zobaczył pięknego małego osiołka
but the donkey was stretched out on the straw

ale osioł leżał rozciągnięty na słomie
he was worn out from hunger and overwork
Był wycieńczony głodem i przepracowaniem
Pinocchio was much troubled by what he saw
Pinokio był bardzo zaniepokojony tym, co zobaczył
"I am sure I know this little donkey!"
"Jestem pewna, że znam tego małego osiołka!"
"His face is not new to me"
"Jego twarz nie jest dla mnie nowa"
and Pinocchio came closer to the little Donkey
a Pinokio zbliżył się do małego osiołka
and he spoke to him in asinine language:
I przemówił do niego w niezrozumiałym języku:
"Who are you?" asked Pinocchio
"Kim jesteś?" zapytał Pinokio
the little donkey opened his dying eyes
Mały osiołek otworzył swoje umierające oczy
and he answered in broken words in the same language:
A on odpowiedział urywanymi słowami w tym samym języku:
"I... am... Candle-wick"
"Ja... jestem... Knot-świecy"
And, having again closed his eyes, he died
I, zamknąwszy znowu oczy, umarł
"Oh, poor Candle-wick!" said Pinocchio
"Och, biedny Knot-Świecy!" powiedział Pinokio
and he took a handful of straw
i wziął garść słomy
and he dried a tear rolling down his face
i otarł łzę, która spływała mu po twarzy
the gardener had seen Pinocchio cry
ogrodnik widział, jak Pinokio płacze
"Do you grieve for a dead donkey?"
– Czy opłakujesz martwego osła?
"it was not even your donkey"
"To nawet nie był twój osioł"
"imagine how I must feel"

"Wyobraź sobie, jak muszę się czuć"
Pinocchio tried to explain his grief
Pinokio próbował wyjaśnić swój smutek
"I must tell you, he was my friend!"
— Muszę ci powiedzieć, że to był mój przyjaciel!
"Your friend?" wondered the gardener
"Twój przyjaciel?" – zastanawiał się ogrodnik
"yes, one of my school-fellows!"
— Tak, jeden z moich szkolnych kolegów!
"How?" shouted Giangio, laughing loudly
"Jak?" krzyknął Giangio, śmiejąc się głośno
"Did you have donkeys for school-fellows?"
– Miałeś osły za kolegów ze szkoły?
"I can imagine the wonderful school you went to!"
"Mogę sobie wyobrazić, do jakiej wspaniałej szkoły chodziłeś!"
The puppet felt mortified at these words
Marionetka poczuła się zażenowana tymi słowami
but Pinocchio did not answer the gardener
ale Pinokio nie odpowiedział ogrodnikowi
he took his warm tumbler of milk
Wziął swój ciepły kubek z mlekiem
and he returned back to the hut
i wrócił do chaty
for more than five months he got up at daybreak
Przez ponad pięć miesięcy wstawał o świcie
every morning he turned the pumping machine
Każdego ranka obracał maszynę pompującą
and each day he earned a tumbler of milk
i każdego dnia zarabiał kubek mleka
the milk was of great benefit to his father
Mleko było bardzo korzystne dla jego ojca
because his father was in a bad state of health
ponieważ jego ojciec był w złym stanie zdrowia
but Pinocchio was now satisfied with working
ale Pinokio był teraz zadowolony z pracy
during the daytime he still had time
W ciągu dnia miał jeszcze czas

so he learned to make baskets of rushes
Nauczył się więc robić kosze z sitowia
and he sold the baskets in the market
i sprzedawał kosze na rynku
and the money covered all their expenses
a pieniądze pokryły wszystkie ich wydatki
he also constructed an elegant little wheel-chair
Skonstruował też elegancki wózek inwalidzki
and he took his father out in the wheel-chair
i odprowadził ojca na wózku inwalidzkim
and his father got to breathe fresh air
a jego ojciec mógł odetchnąć świeżym powietrzem
Pinocchio was a hard working boy
Pinokio był ciężko pracującym chłopcem
and he was ingenious at finding work
Był też pomysłowy w znajdowaniu pracy
he not only succeeded in helping his father
Udało mu się nie tylko pomóc ojcu
but he also managed to save five dollars
Ale udało mu się też zaoszczędzić pięć dolarów
One morning he said to his father:
Pewnego ranka powiedział do ojca:
"I am going to the neighbouring market"
"Idę na sąsiedni targ"
"I will buy myself a new jacket"
"Kupię sobie nową kurtkę"
"and I will buy a cap and pair of shoes"
"a ja kupię czapkę i parę butów"
and Pinocchio was in jolly spirits
a Pinokio był w wesołym nastroju
"when I return you'll think I'm a gentleman"
"Kiedy wrócę, pomyślisz, że jestem dżentelmenem"
And he began to run merrily and happily along
I zaczął biec wesoło i radośnie
All at once he heard himself called by name
Nagle usłyszał, jak wołają go po imieniu
he turned around and what did he see?

Odwrócił się i co zobaczył?
he saw a Snail crawling out from the hedge
zobaczył ślimaka wypełzającego z żywopłotu
"Do you not know me?" asked the Snail
"Nie znasz mnie?" zapytał Ślimak
"I'm sure I know you," thought Pinocchio
"Jestem pewien, że cię znam" – pomyślał Pinokio
"and yet I don't know from where I know you"
"a jednak nie wiem, skąd cię znam"
"Do you not remember the Snail?"
— Nie pamiętasz Ślimaka?
"the Snail who was a lady's-maid"
"Ślimak, który był pokojówką damy"
"a maid to the Fairy with blue hair"
"pokojówka Wróżki o niebieskich włosach"
"Do you not remember when you knocked on the door?"
– Nie pamiętasz, kiedy zapukałeś do drzwi?
"and I came downstairs to let you in"
"A ja zszedłem na dół, żeby cię wpuścić"
"and you had your foot caught in the door"
"I miałeś nogę uwięzioną w drzwiach"
"I remember it all," shouted Pinocchio
— Pamiętam wszystko — krzyknął Pinokio
"Tell me quickly, my beautiful little Snail"
"Powiedz mi szybko, mój piękny mały ślimaku"
"where have you left my good Fairy?"
— Gdzież zostawiłaś moją dobrą wróżkę?
"What is she doing?"
— Co ona robi?
"Has she forgiven me?"
— Czy mi wybaczyła?
"Does she still remember me?"
– Czy ona mnie jeszcze pamięta?
"Does she still wish me well?"
– Czy ona nadal dobrze mi życzy?
"Is she far from here?"
— Czy ona jest daleko stąd?

"Can I go and see her?"
– Czy mogę pójść i się z nią zobaczyć?
these were a lot of questions for a snail
To było dużo pytań jak na ślimaka
but she replied in her usual phlegmatic manner
Ona jednak odpowiedziała jak zwykle flegmatycznie
"My dear Pinocchio," said the snail
— Mój drogi Pinokio — rzekł ślimak
"the poor Fairy is lying in bed at the hospital!"
"Biedna Wróżka leży w łóżku w szpitalu!"
"At the hospital?" cried Pinocchio
"W szpitalu?" zawołał Pinokio
"It is only too true," confirmed the snail
— To prawda — potwierdził ślimak
"she has been overtaken by a thousand misfortunes"
"Spotkało ją tysiąc nieszczęść"
"she has fallen seriously ill"
"Ciężko zachorowała"
"she has not even enough to buy herself a mouthful of bread"
"Nie starcza jej nawet na to, by kupić sobie kęs chleba"
"Is it really so?" worried Pinocchio
"Czy tak jest naprawdę?" martwił się Pinokio
"Oh, what sorrow you have given me!"
"O, jakiż smutek mi dałeś!"
"Oh, poor Fairy! Poor Fairy! Poor Fairy!"
"Och, biedna wróżka! Biedna wróżka! Biedna wróżka!"
"If I had a million I would run and carry it to her"
"Gdybym miał milion, pobiegłbym i zaniósł go do niej"
"but I have only five dollars"
"Ale mam tylko pięć dolarów"
"I was going to buy a new jacket"
"Miałem zamiar kupić nową kurtkę"
"Take my coins, beautiful Snail"
"Weź moje monety, piękny Ślimaku"
"and carry the coins at once to my good Fairy"
"I natychmiast zanieś monety do mojej dobrej Wróżki"

"And your new jacket?" asked the snail
"A twoja nowa kurtka?" zapytał ślimak
"What matters my new jacket?"
"Co ma znaczenie dla mojej nowej kurtki?"
"I would sell even these rags to help her"
"Sprzedałbym nawet te, żeby jej pomóc"
"Go, Snail, and be quick"
"Idź, Ślimaku, i bądź szybki"
"return to this place, in two days"
"Wróć do tego miejsca, za dwa dni"
"I hope I can then give you some more money"
"Mam nadzieję, że wtedy będę mógł dać ci trochę więcej pieniędzy"
"Up to now I worked to help my papa"
"Do tej pory pracowałam, żeby pomóc mojemu tacie"
"from today I will work five hours more"
"od dzisiaj będę pracował pięć godzin więcej"
"so that I can also help my good mamma"
"abym mógł pomóc mojej dobrej mamie"
"Good-bye, Snail," he said
– Żegnaj, Ślimaku – powiedział
"I shall expect you in two days"
"Będę cię oczekiwał za dwa dni"
at this point the snail did something unusual
W tym momencie ślimak zrobił coś niezwykłego
she didn't move at her usual pace
Nie poruszała się w swoim zwykłym tempie
she ran like a lizard across hot stones
Biegała jak jaszczurka po gorących kamieniach
That evening Pinocchio sat up till midnight
Tego wieczoru Pinokio siedział do północy
and he made not eight baskets of rushes
i nie zrobił ośmiu koszy z sitowia
but be made sixteen baskets of rushes that night
ale tej nocy niech będzie zrobionych szesnaście koszy sitowia
Then he went to bed and fell asleep
Potem położył się do łóżka i zasnął

And whilst he slept he thought of the Fairy
A kiedy spał, myślał o Wróżce
he saw the Fairy, smiling and beautiful
zobaczył Wróżkę, uśmiechniętą i piękną
and he dreamt she gave him a kiss
i śniło mu się, że go pocałowała
"Well done, Pinocchio!" said the fairy
"Dobra robota, Pinokio!" powiedziała wróżka
"I will forgive you for all that is past"
"Przebaczę ci wszystko, co minęło"
"To reward you for your good heart"
"Aby cię wynagrodzić za twoje dobre serce"
"there are boys who minister tenderly to their parents"
"Są chłopcy, którzy czule służą swoim rodzicom"
"they assist them in their misery and infirmities"
"Pomagają im w ich nędzy i ułomnościach"
"such boys are deserving of great praise and affection"
"Tacy chłopcy zasługują na wielką pochwałę i uczucie"
"even if they cannot be cited as examples of obedience"
"nawet jeśli nie można ich przytoczyć jako przykładów posłuszeństwa"
"even if their good behaviour is not always obvious"
"nawet jeśli ich dobre zachowanie nie zawsze jest oczywiste"
"Try and do better in the future and you will be happy"
"Staraj się robić to lepiej w przyszłości, a będziesz szczęśliwy"
At this moment his dream ended
W tym momencie jego sen się skończył
and Pinocchio opened his eyes and awoke
a Pinokio otworzył oczy i obudził się
you should have been there for what happened next
Powinieneś był tam być na to, co wydarzyło się później
Pinocchio discovered that he was no longer a wooden puppet
Pinokio odkrył, że nie jest już drewnianą marionetką
but he had become a real boy instead
Ale zamiast tego stał się prawdziwym chłopcem
a real boy just like all other boys

Prawdziwy chłopiec, taki jak wszyscy inni chłopcy
Pinocchio glanced around the room
Pinokio rozejrzał się po pokoju
but the straw walls of the hut had disappeared
Ale słomiane ściany chaty zniknęły
now he was in a pretty little room
Teraz znajdował się w ładnym pokoiku
Pinocchio jumped out of bed
Pinokio wyskoczył z łóżka
in the wardrobe he found a new suit of clothes
W szafie znalazł nowy garnitur ubrań
and there was a new cap and pair of boots
Była też nowa czapka i para butów
and his new clothes fitted him beautifully
a jego nowe ubrania pięknie do niego pasowały
he naturally put his hands in his pocket
Naturalnie włożył ręce do kieszeni
and he pulled out a little ivory purse
I wyciągnął małą sakiewkę z kości słoniowej
on on the purse were written these words:
Na torebce widniały te słowa:
"From the Fairy with blue hair"
"Od Wróżki o niebieskich włosach"
"I return the five dollars to my dear Pinocchio"
"Zwracam pięć dolarów mojemu drogiemu Pinokio"
"and I thank him for his good heart"
"i dziękuję mu za jego dobre serce"
He opened the purse to look inside
Otworzył sakiewkę, by zajrzeć do środka
but there were not five dollars in the purse
Ale w sakiewce nie było pięciu dolarów
instead there were fifty shining pieces of gold
Zamiast tego było pięćdziesiąt lśniących kawałków złota
the coins had come fresh from the minting press
Monety pochodziły prosto z prasy menniczej
he then went and looked at himself in the mirror
Potem poszedł i spojrzał na siebie w lustrze

and he thought he was someone else
i myślał, że jest kimś innym
because he no longer saw his usual reflection
bo nie widział już swojego zwykłego odbicia
he no longer saw a wooden puppet in the mirror
Nie widział już drewnianej kukiełki w lustrze
he was greeted instead by a different image
Zamiast tego przywitał go inny obraz
the image of a bright, intelligent boy
Wizerunek bystrego, inteligentnego chłopca
he had chestnut hair and blue eyes
Miał kasztanowe włosy i niebieskie oczy
and he looked as happy as can be
i wyglądał na tak szczęśliwego, jak to tylko możliwe
as if it were the Easter holidays
jakby to były święta wielkanocne
Pinocchio felt quite bewildered by it all
Pinokio czuł się tym wszystkim dość oszołomiony
he could not tell if he was really awake
Nie potrafił stwierdzić, czy naprawdę się obudził
maybe he was dreaming with his eyes open
Może śnił z otwartymi oczami
"Where can my papa be?" he exclaimed suddenly
"Gdzie może być mój tata?" wykrzyknął nagle
and he went into the next room
i poszedł do sąsiedniego pokoju
there he found old Geppetto quite well
Tam zastał starego Geppetto całkiem dobrze
he was lively, and in good humour
Był żywy i w dobrym humorze
just as he had been formerly
tak jak dawniej,
He had already resumed his trade of wood-carving
Już wtedy powrócił do swojego rzemiosła rzeźbienia w drewnie
and he was designing a beautiful picture frame
i projektował piękną ramę na zdjęcia

there were leaves flowers and the heads of animals
Były tam liście, kwiaty i głowy zwierząt
"Satisfy my curiosity, dear papa," said Pinocchio
— Zaspokój moją ciekawość, drogi tatusiu — rzekł Pinokio
and he threw his arms around his neck
I zarzucił sobie ręce na szyję
and he covered him with kisses
i okrył go pocałunkami
"how can this sudden change be accounted for?"
"Jak można wytłumaczyć tę nagłą zmianę?"
"it comes from all your good doing," answered Geppetto
— To się bierze z całego twego dobra — odparł Geppetto
"how could it come from my good doing?"
"Jakże to może pochodzić z moich dobrych uczynków?"
"something happens when naughty boys turn over a new leaf"
"Coś się dzieje, gdy niegrzeczni chłopcy otwierają nową kartę"
"they bring contentment and happiness to their families"
"Przynoszą zadowolenie i szczęście swoim rodzinom"
"And where has the old wooden Pinocchio hidden himself?"
— A gdzie się ukrył stary drewniany Pinokio?
"There he is," answered Geppetto
— Oto on — odparł Geppetto
and he pointed to a big puppet leaning against a chair
I wskazał na wielką marionetkę opartą o krzesło
the Puppet had its head on one side
Marionetka miała głowę po jednej stronie
its arms were dangling at its sides
Jego ramiona zwisały po bokach
and its legs were crossed and bent
a nogi jego były skrzyżowane i zgięte
it was really a miracle that it remained standing
To był prawdziwy cud, że pozostał na miejscu
Pinocchio turned and looked at it
Pinokio odwrócił się i spojrzał na to
and he proclaimed with great complacency:
I oznajmił z wielkim zadowoleniem:

"**How ridiculous I was when I was a puppet!**"
"Jakże śmieszny byłem, kiedy byłem marionetką!"
"**And how glad I am that I have become a well-behaved little boy!**"
"Jakże się cieszę, że stałem się grzecznym chłopcem!"

www.ingramcontent.com/pod-product-compliance
Lightning Source LLC
Chambersburg PA
CBHW010019130526
44590CB00048B/3817